초판 발행일 | 2025년 08월 15일

지은이 | 창의코딩연구소
발행인 | 최용섭
책임편집 | 이준우
기획진행 | 김미경

㈜해람북스
주소 | 서울시 용산구 한남대로 11길 12, 6층
문의전화 | 02-6337-5419 **팩스** | 02-6337-5429
홈페이지 | https://class.edupartner.co.kr

발행처 | (주)미래엔에듀파트너
출판등록번호 | 제2020-000101호

ISBN 979-11-6571-242-6 13000

이 책은 저작권법에 따라 보호받는 저작물이므로 무단전재와 무단복제를 금지하며,
이 책 내용의 전부 또는 일부를 이용하려면 반드시 저작권자와 (주)미래엔에듀파트너의 서면동의를 받아야 합니다.

※ 잘못된 책은 바꾸어 드립니다.
※ 책 가격은 뒷면에 있습니다.

Copyright © NAVER Connect Foundation. Some Rights Reserved.

이 책의 구성

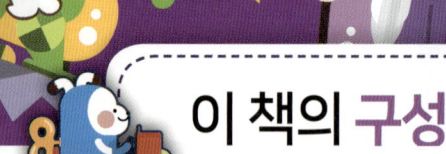

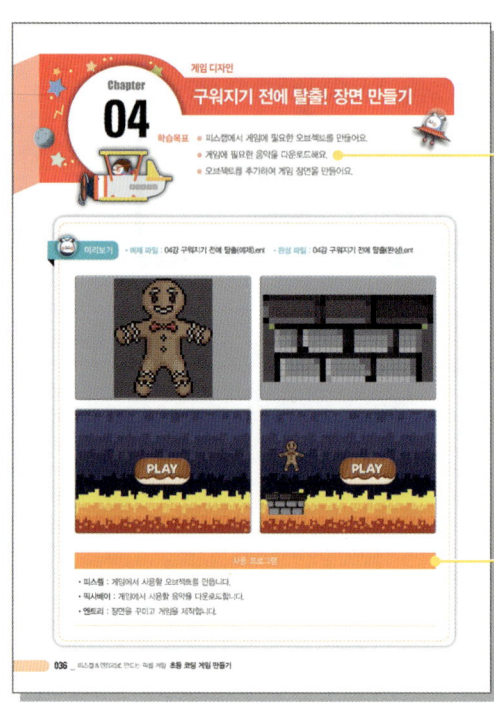

학습목표
단원별로 학습할 내용을 요약 정리하여 어떤 내용을 학습할지 미리 확인할 수 있도록 했어요.

게임 장면을 만들 때 사용하는 프로그램, 게임을 만들기 위한 주요 블록들, 게임 업그레이드 내용 등을 소개해 두었어요.

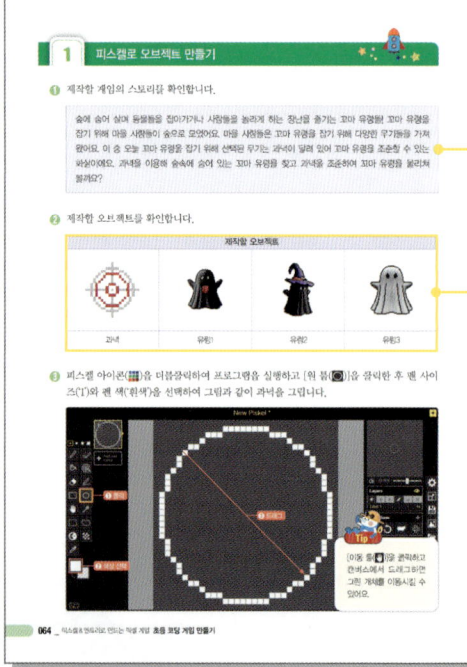

제작할 게임의 스토리를 제공하여 더욱 흥미 있게 스토리에 맞는 게임을 만들어 볼 수 있도록 하였어요.

제작할 오브젝트를 이미지로 제공하여 피스켈에서 쉽게 오브젝트를 만들어 볼 수 있도록 하였어요.

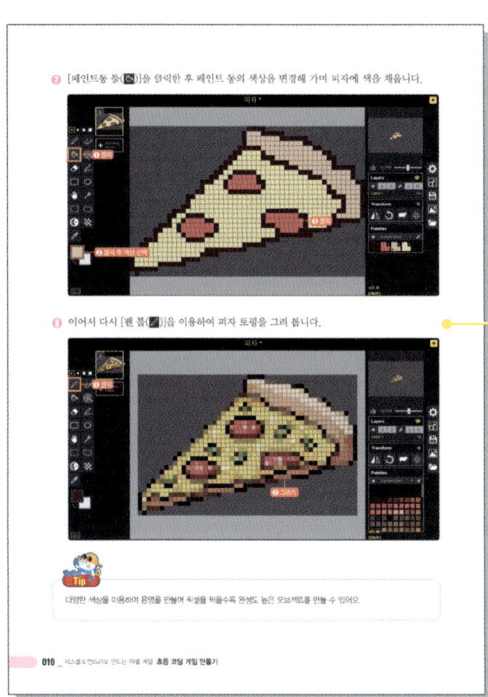

피스켈로 오브젝트 만들기
엔트리로 게임을 제작할 때 사용할 오브젝트를 피스켈에서 만들어 볼 수 있도록 하였어요.

따라하며 배우기
제작한 오브젝트를 추가하고 차근차근 따라하며 코딩을 통해 나만의 게임을 만들어 볼 수 있도록 하였어요.

tip
코드를 작성하며 알아두어야 할 내용이나 관련 정보, 주의할 점, 팁 등을 확인할 수 있어요.

작성한 코드가 어떠한 명령을 실행하기 위한 코드인지 알기 쉽게 설명해 두었어요.

이 책의 차례

Chapter 01	[게임 디자인] 꼬마 마녀의 음식 여행 장면 만들기	006
Chapter 02	[게임 만들기] 꼬마 마녀의 음식 여행 게임 만들기	019
Chapter 03	[게임 업그레이드] 꼬마 마녀의 음식 여행 레벨 업!	026
Chapter 04	[게임 디자인] 구워지기 전에 탈출! 장면 만들기	036
Chapter 05	[게임 만들기] 구워지기 전에 탈출! 게임 만들기	044
Chapter 06	[게임 업그레이드] 구워지기 전에 탈출! 레벨 업!	052
Chapter 07	[게임 디자인] 꼬마 유령 대소동! 장면 만들기	063
Chapter 08	[게임 만들기] 꼬마 유령 대소동! 게임 만들기	070
Chapter 09	[게임 업그레이드] 꼬마 유령 대소동! 레벨 업!	078
Chapter 10	[게임 디자인] 귀여운 돼지 지키기 장면 만들기	085
Chapter 11	[게임 만들기] 귀여운 돼지 지키기 게임 만들기	091
Chapter 12	[게임 업그레이드] 귀여운 돼지 지키기! 레벨 업!	099

Chapter 13	[게임 디자인] 슬라임 소탕 작전! 장면 만들기	109
Chapter 14	[게임 만들기] 슬라임 소탕 작전! 게임 만들기	114
Chapter 15	[게임 업그레이드] 슬라임 소탕 작전! 레벨 업!	122
Chapter 16	[게임 디자인] 알사탕 레이스 장면 만들기	131
Chapter 17	[게임 만들기] 알사탕 레이스 게임 만들기	138
Chapter 18	[게임 업그레이드] 알사탕 레이스 레벨 업!	146
Chapter 19	[게임 디자인] 펭귄의 얼음 등반 장면 만들기	154
Chapter 20	[게임 만들기] 펭귄의 얼음 등반 게임 만들기	160
Chapter 21	[게임 업그레이드] 펭귄의 얼음 등반 레벨 업!	170
Chapter 22	[게임 디자인] 바구니로 과일 받기 장면 만들기	177
Chapter 23	[게임 만들기] 바구니로 과일 받기 게임 만들기	185
Chapter 24	[게임 업그레이드] 바구니로 과일 받기 레벨 업!	194

Chapter 01

게임 디자인

꼬마 마녀의 음식 여행 장면 만들기

학습목표
- 피스켈에서 게임에 필요한 오브젝트를 만들어요.
- 게임에 필요한 음악을 다운로드해요.
- 오브젝트를 추가하여 게임 장면을 만들어요.

미리보기

• 예제 파일 : 01강 꼬마 마녀의 음식 여행(예제).ent　　• 완성 파일 : 01강 꼬마 마녀의 음식 여행(완성).ent

사용 프로그램

- **피스켈** : 게임에서 사용할 오브젝트를 만듭니다.
- **픽사베이** : 게임에서 사용할 음악을 다운로드합니다.
- **엔트리** : 장면을 꾸미고 게임을 제작합니다.

1 피스켈로 오브젝트 만들기

❶ 제작할 게임의 스토리를 확인합니다.

> 음식을 무척이나 좋아하는 꼬마 마녀는 마법의 나라에서 매일 맛있는 음식을 찾아 다니며 음식을 먹는 것에 행복해 했어요. 어느 날 마법 빗자루를 타고 세계 여행을 떠난 꼬마 마녀는 한국의 김밥, 미국의 피자, 일본의 초밥 등 다양한 나라의 음식을 맛보며 세계 여행을 즐겼어요. 그렇게 여행을 하며 음식에 대한 지식도 쑥쑥 자란 꼬마 마녀는 이제 음식만 봐도 어느 나라 음식인지 척척 맞히는 음식 박사가 되었어요.

❷ 제작할 오브젝트를 확인합니다.

제작할 오브젝트		
피자	김밥	초밥

Tip

피스켈 파일 불러오기

피스켈에서 새 캔버스를 실행하고 자유롭게 오브젝트를 만들어도 좋지만 처음부터 오브젝트를 만드는 것이 어려울 경우 완성된 피스켈 파일을 불러와 나만의 스타일로 수정하여 사용해도 좋아요.

❶ 피스켈을 실행하고 오른쪽 메뉴에서 [불러오기(📁)]를 클릭해요.
❷ [Browse .piskel files]를 클릭하여 [피스켈 파일]-[01강] 폴더에서 '피자.piskel' 파일을 불러와요.

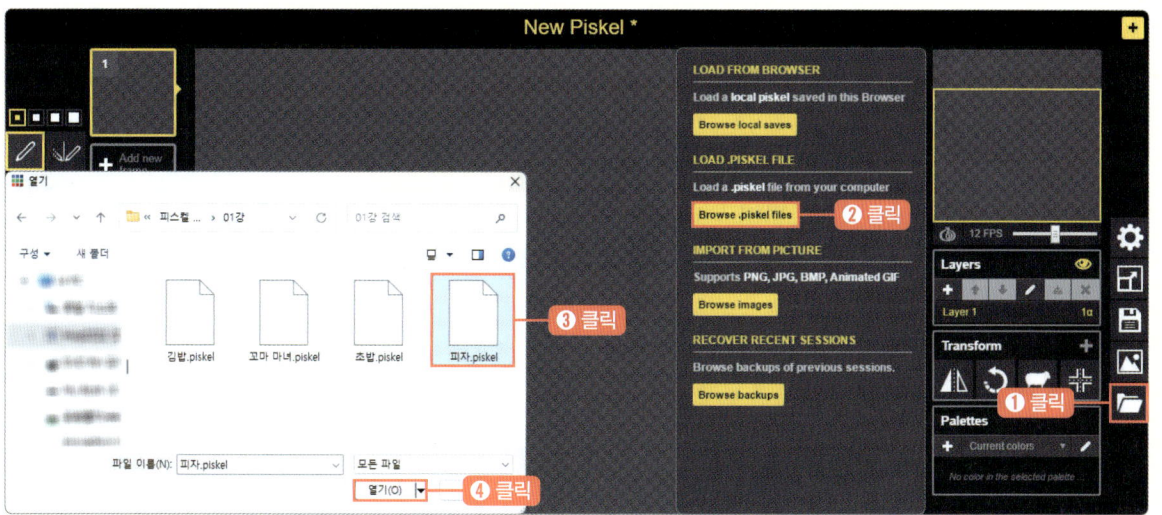

❸ 피스켈 아이콘(▦)을 더블클릭하여 프로그램을 실행하고 피스켈의 화면 구성을 살펴 봅니다.

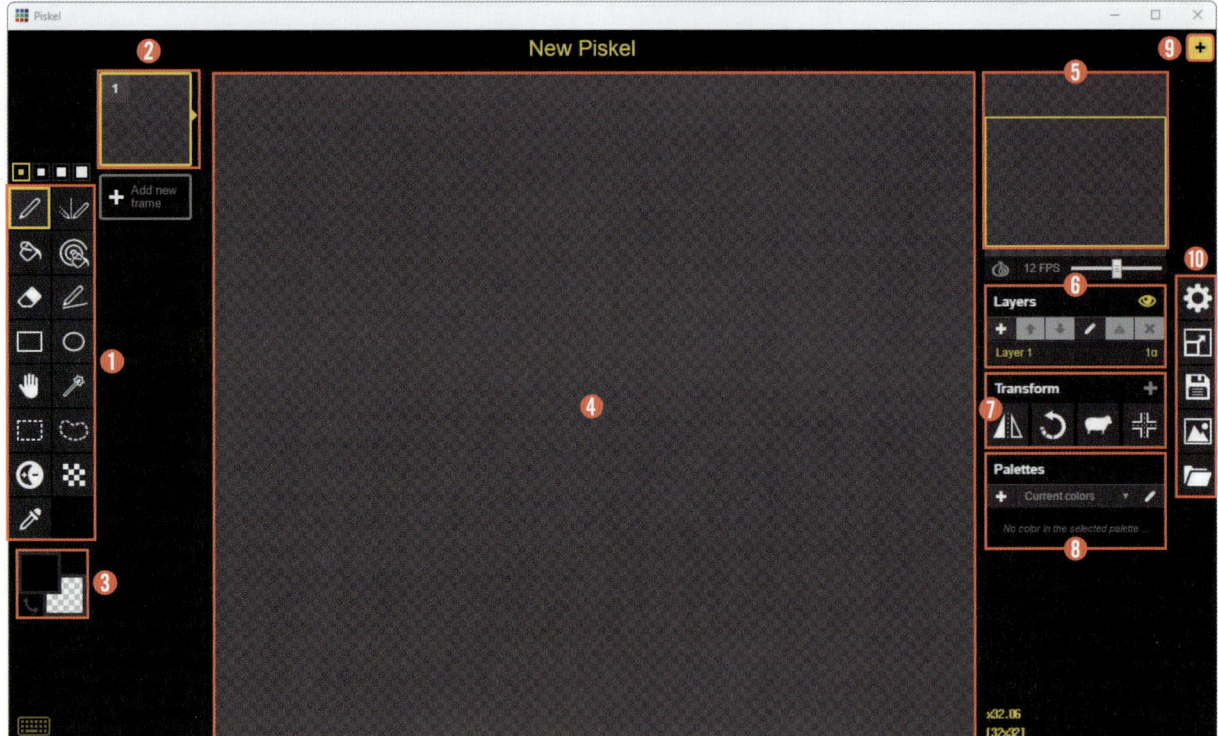

❶ **도구 모음** : 픽셀 단위로 이미지를 만들 수 있는 도구들이 모여 있는 곳입니다.

❷ **프레임** : 애니메이션을 만들기 위해 프레임을 추가하거나 삭제할 수 있습니다.

❸ **색상 변경** : 픽셀의 색상을 지정합니다.

❹ **캔버스** : 다양한 도구를 이용하여 픽셀 단위로 이미지를 그리는 곳입니다.

❺ **미리보기** : 캔버스에 그린 이미지나 애니메이션을 미리 확인할 수 있습니다.

❻ **레이어 팔레트** : 레이어를 추가, 삭제하거나 순서를 변경할 수 있습니다.

❼ **변형 팔레트** : 뒤집기, 회전, 가운데로 이동, 이미지에 맞춰 캔버스 자르기 등을 할 수 있습니다.

❽ **색상 팔레트** : 캔버스에서 사용한 색상이 저장되어 쉽게 색상을 불러올 수 있습니다.

❾ **새 스프라이트** : 새로운 캔버스를 만들고 작업할 수 있습니다.

❿ **파일 설정** : 환경 설정, 캔버스 설정, 저장하기, 내보내기, 불러오기 등을 할 수 있습니다.

Tip

피스켈은 무료 그래픽 편집 툴로서 픽셀을 이용하여 그림을 그릴 수 있는 편집기예요. 교재는 피스켈 오프라인 버전 (v0.14.0)을 사용하여 제작되었어요.

④ [캔버스 설정(▣)]을 클릭하여 [Maintain aspect ratio]에 체크 해제하고 Width('50px'), Height('31px')을 입력한 후 [Resize]를 클릭하여 캔버스 크기를 변경합니다.

⑤ [펜 툴(✏)]을 선택하고 펜 사이즈('1')를 선택한 후 펜의 색상을 자유롭게 선택합니다.

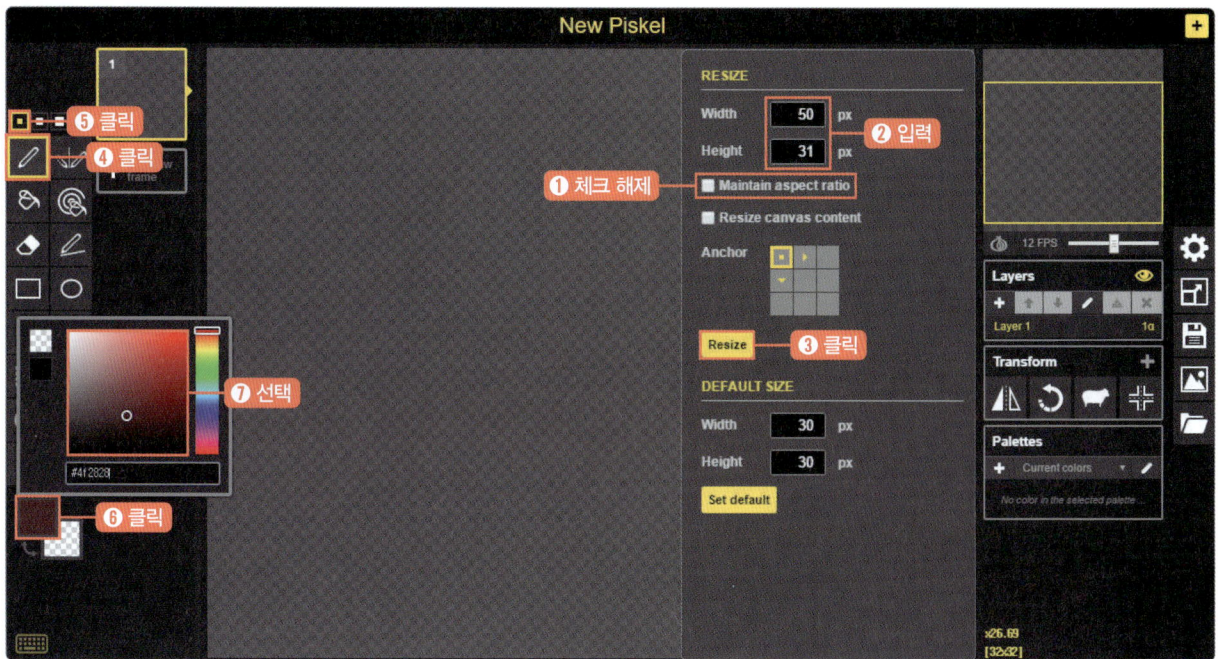

⑥ 캔버스에 픽셀을 찍거나 드래그하여 피자 모양을 만듭니다.

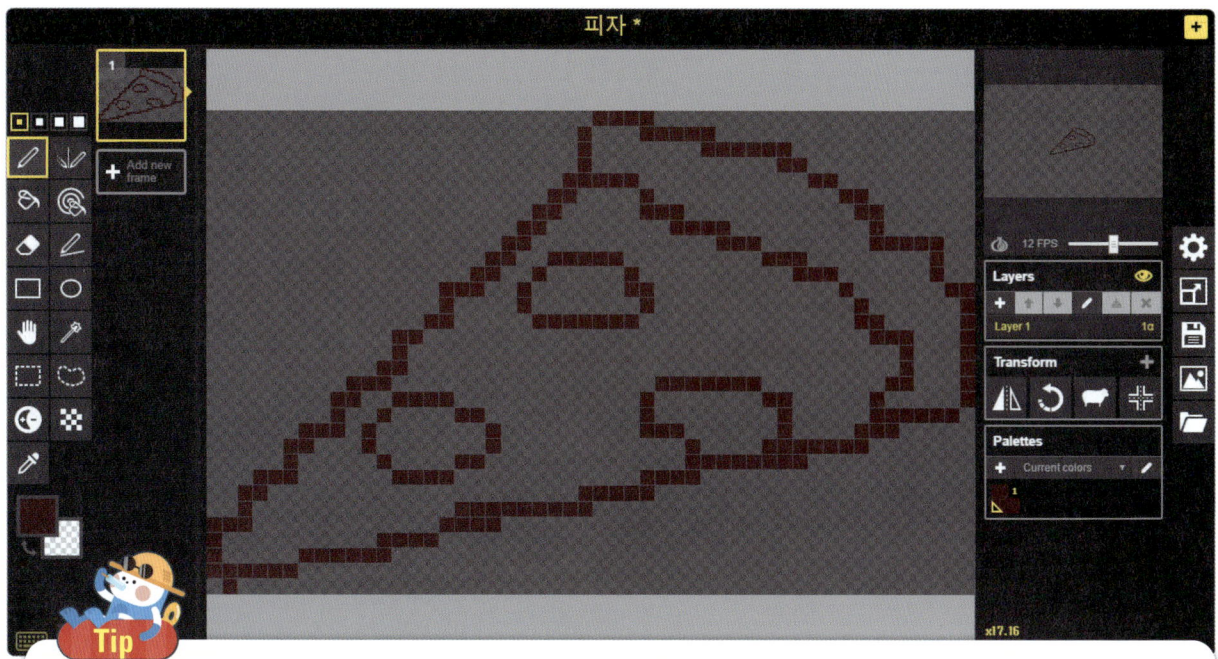

Tip 피스켈에서는 캔버스의 크기를 조절하여 사용할 수 있어요. [Maintain aspect ratio]에 체크를 해제하면 캔버스의 비율을 고정하지 않고 원하는 비율로 캔버스의 크기를 설정할 수 있어요.

❼ [페인트통 툴( )]을 클릭한 후 페인트 통의 색상을 변경해 가며 피자에 색을 채웁니다.

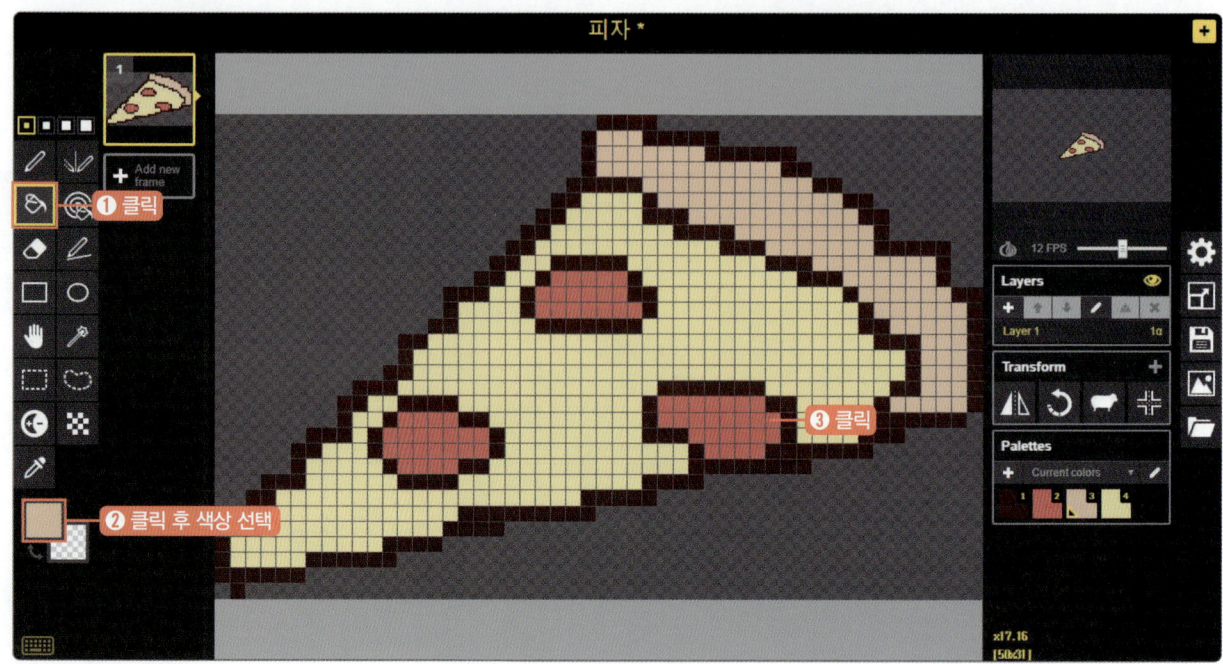

❽ 이어서 다시 [펜 툴( )]을 이용하여 피자 토핑을 그려 봅니다.

다양한 색상을 이용하여 음영을 만들며 픽셀을 찍을수록 완성도 높은 오브젝트를 만들 수 있어요.

2 완성된 오브젝트 저장하기

❶ [내보내기(🖼)]-[PNG]를 클릭하고 크기(Scale) 바를 드래그하거나 직접 이미지 크기를 지정합니다.

❷ [Download]를 클릭하여 [다른 이름으로 저장] 대화상자가 나타나면 파일 이름('피자')을 입력하고 [저장]을 클릭합니다.

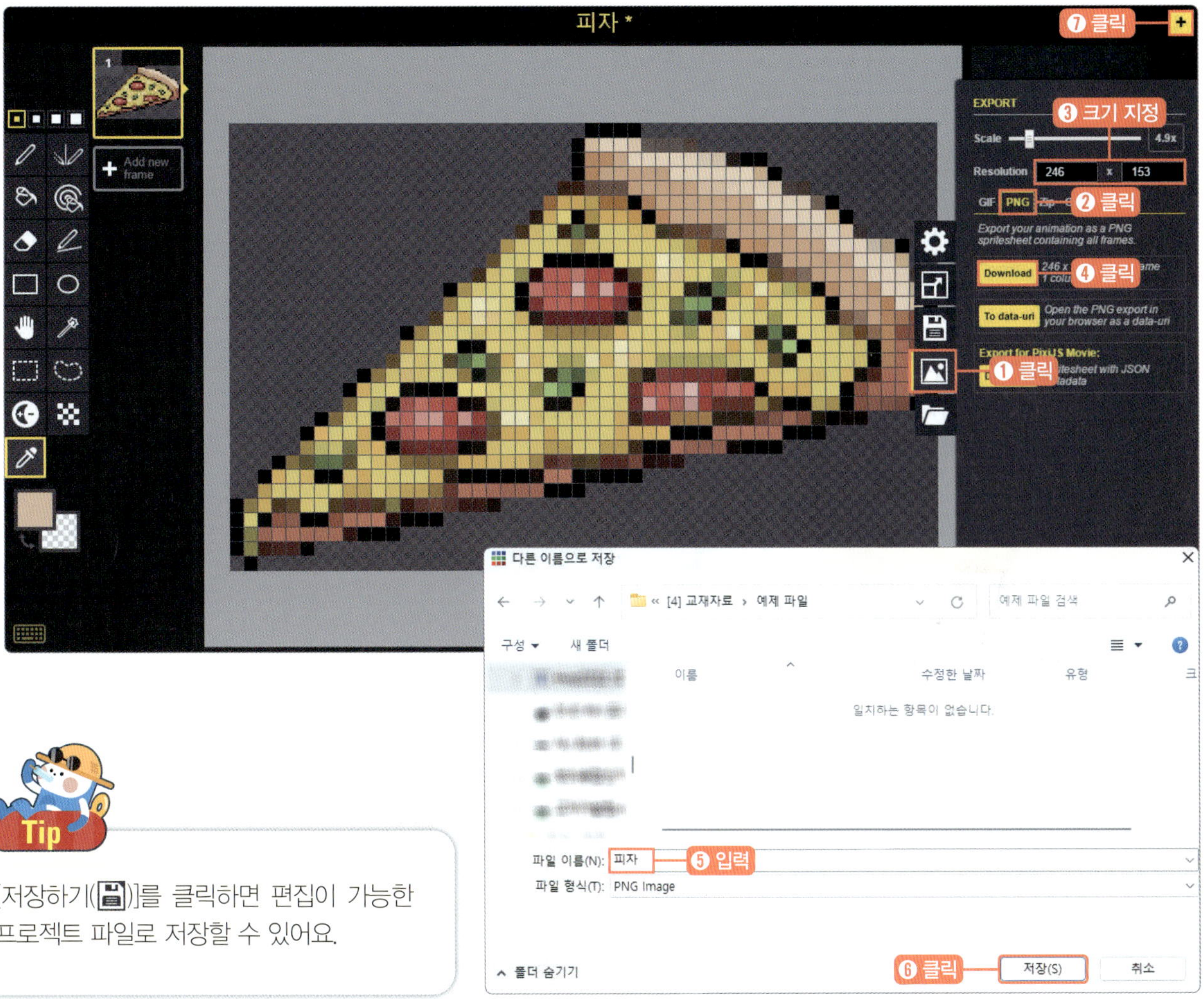

[저장하기(💾)]를 클릭하면 편집이 가능한 프로젝트 파일로 저장할 수 있어요.

❸ 같은 방법으로 피스켈을 이용해 제작할 오브젝트('초밥', '김밥')를 모두 그려 봅니다.

- '한국', '미국', '일본'과 관련된 다른 음식들을 자유롭게 그려 저장해도 좋아요.
- 각 오브젝트를 그리고 크기를 비슷하게 지정하여 저장해요.

CHAPTER 01 꼬마 마녀의 음식 여행 장면 만들기 _ **011**

AI를 활용하여 오브젝트를 생성하는 방법

❶ 번역기를 활용하여 생성하고 싶은 이미지의 프롬프트를 영문으로 번역해요.
❷ AI Pixel Art Generator 사이트(https://perchance.org/ai-pixel-art-generator)에 접속해요.
❸ 프롬프트 입력 칸에 영문으로 번역한 프롬프트를 붙여 넣은 후 [generate]를 클릭하여 이미지를 생성해요.

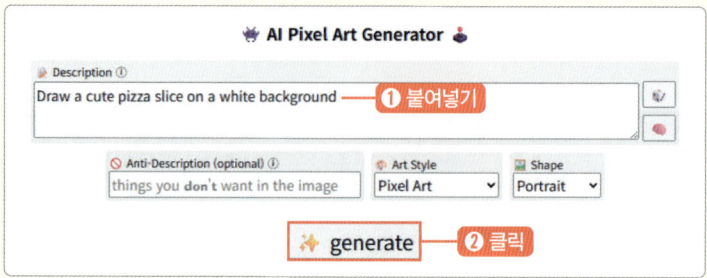

❹ 이미지가 생성되면 이미지를 마우스 오른쪽 버튼으로 클릭하고 [이미지를 다른 이름으로 저장]을 클릭하여 저장해요.

❺ removebg 사이트(https://www.remove.bg)에 접속한 후 [이미지 업로드]를 클릭하여 저장한 이미지를 불러와요.
❻ 배경이 삭제되면 [다운로드]-[미리보기]를 클릭하여 PNG 파일을 저장해요.

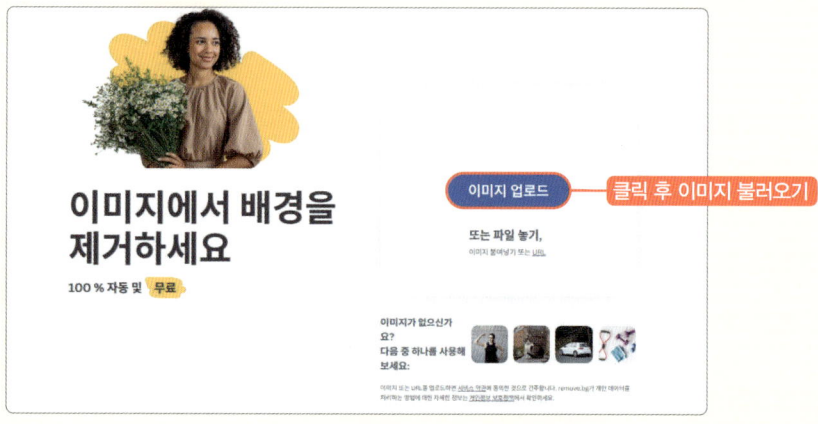

3 배경음악과 효과음 다운로드하기

❶ 픽사베이 사이트(https://pixabay.com)에 접속하여 [음악] 카테고리를 클릭하고 검색창을 클릭한 후 Enter 키를 누릅니다.

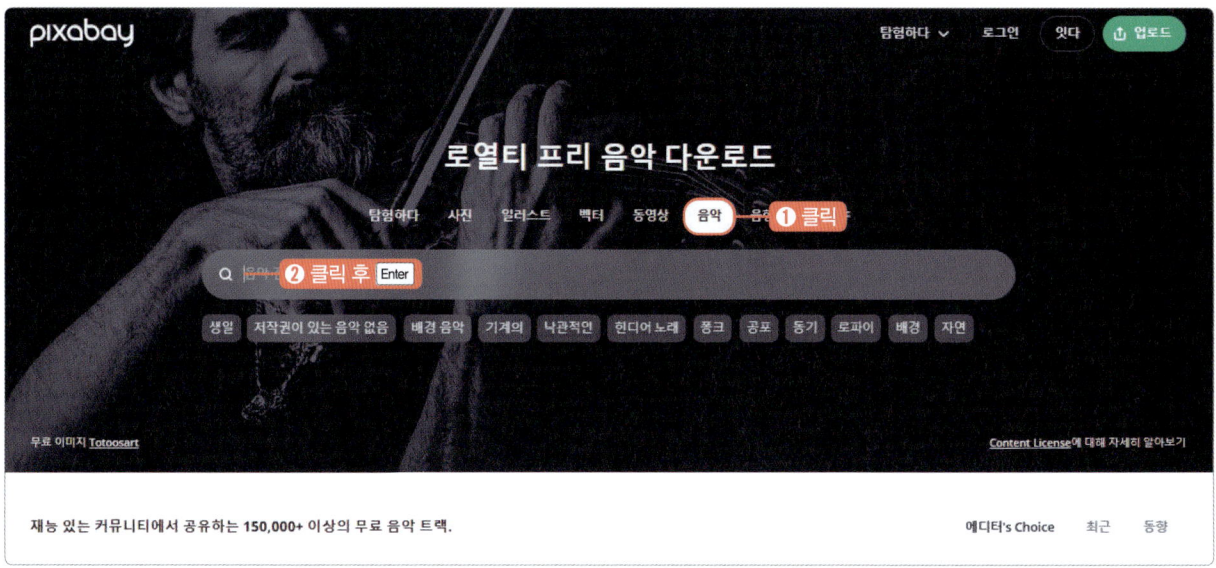

❷ 음악 목록이 나타나면 [장르], [분위기]를 각각 클릭하여 원하는 장르와 분위기를 선택한 후 [적용하다]를 클릭합니다.

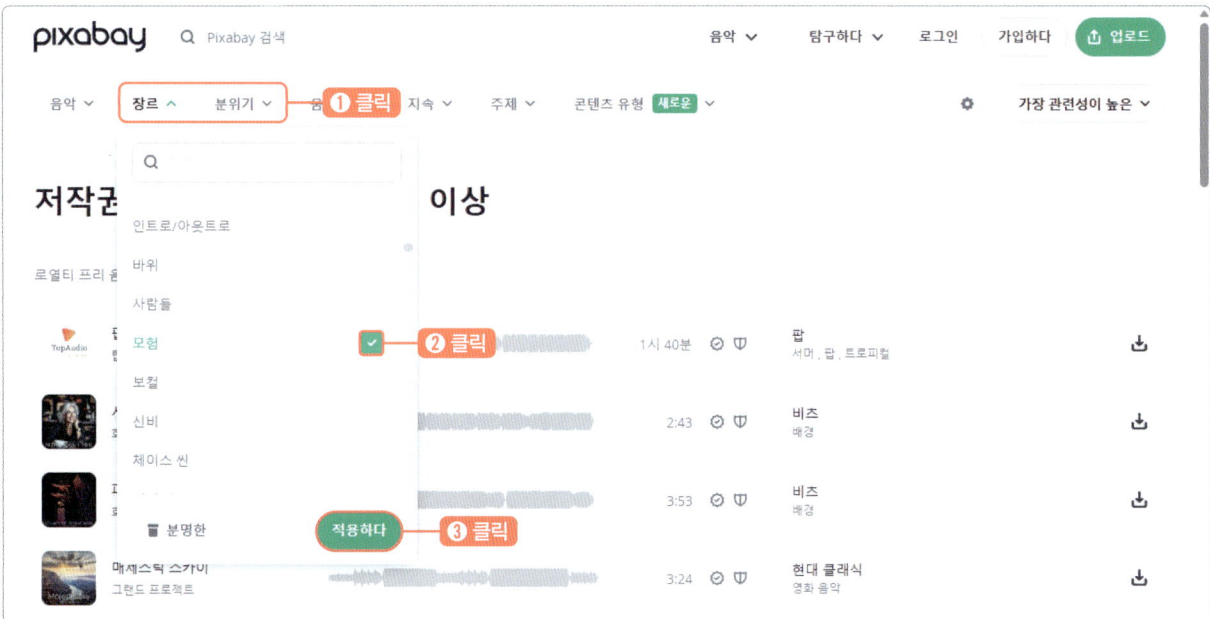

CHAPTER 01 꼬마 마녀의 음식 여행 장면 만들기 _ **013**

❸ 음악이 검색되면 음악을 확인한 후 게임에 어울리는 배경음악을 찾아 봅니다.

❹ 원하는 배경음악을 찾으면 [다운로드(⬇)]를 클릭하여 음악을 다운로드합니다.

❺ 같은 방법으로 [음향 효과] 카테고리에서 원하는 효과음을 다운로드합니다.

4 게임 장면 꾸미기

① 엔트리를 실행한 후 '01강 꼬마 마녀의 음식 여행(예제).ent' 파일을 불러와 를 클릭하여 [오브젝트 추가하기] 창이 나타나면 [파일 올리기]-[파일 올리기]를 클릭한 후 앞서 피스켈에서 만든 '피자' 오브젝트를 불러와 [추가하기]를 클릭합니다.

Tip 피스켈에서 만든 오브젝트를 불러와요. 단, 필요한 오브젝트를 피스켈에서 만들지 못했다면 [01강 요소] 폴더에서 필요한 오브젝트를 불러와도 좋아요.

② 오브젝트 목록에서 오브젝트 순서와 이름을 그림과 같이 설정하고 실행 화면에서 오브젝트의 크기와 위치를 조절합니다.

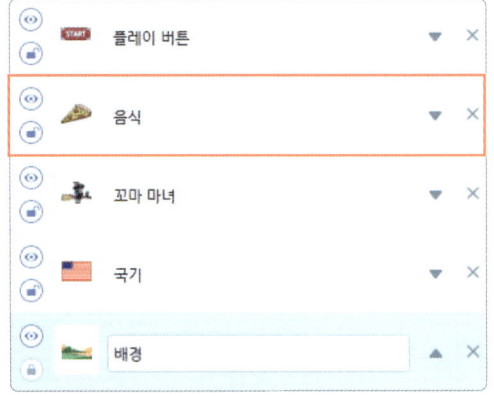 

Tip 캐릭터나 버튼이 다른 오브젝트에 가려질 수 있으니 오브젝트의 순서가 바뀌지 않도록 주의해요.

❸ 오브젝트 목록에서 '음식' 오브젝트를 선택한 후 [모양] 탭-[모양 추가하기]-[파일 올리기]-[파일 올리기]를 클릭하여 피스켈에서 만든 '김밥', '초밥' 파일을 불러와 모양을 추가합니다.

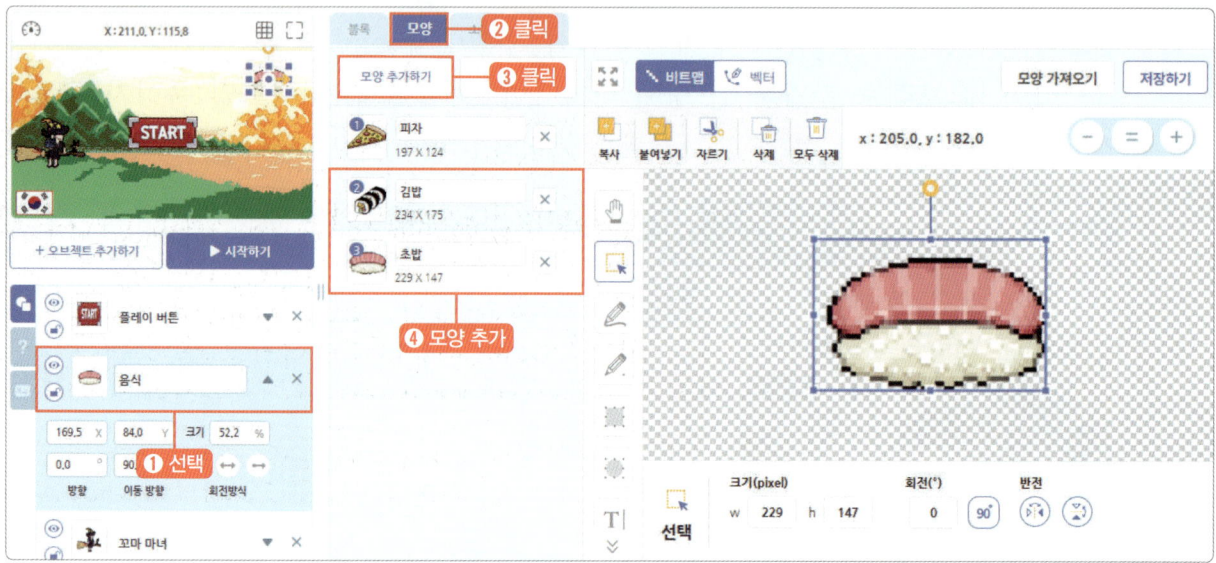

❹ 각각의 모양을 선택하고 모양의 이름과 크기를 조절합니다.

피스켈로 만든 오브젝트나 인터넷에서 다운로드 받은 오브젝트의 경우 각 모양의 크기가 다를 수 있어요. 이때는 각 모양의 크기를 서로 비슷한 크기로 변경해 주어야 해요.

모양 크기 조절하기

- **오브젝트 크기 조절하기** : 피스켈에서 만든 오브젝트를 추가했을 때 오브젝트의 크기는 오브젝트 목록에서 '크기' 속성 값을 변경하거나 실행 화면에서 오브젝트의 크기 조절점을 직접 드래그하여 변경할 수 있어요.

- **[모양] 탭에서 오브젝트 크기 조절하기** : 1개의 오브젝트에 여러 가지 모양을 추가하여 사용할 경우 각 모양의 크기가 제각각일 수 있어요. 이때 [모양] 탭에서 각 모양의 크기를 조절할 수 있어요.

❶ [모양] 탭–[모양 추가하기]를 클릭하여 오브젝트의 모양을 추가했을 경우 각각의 모양을 선택해요.

❷ [비트맵] 탭에서 모양 조절점을 드래그하여 각 모양의 크기를 비슷하게 조절해요.

❸ 모양이 캔버스 크기를 벗어날 경우 영역을 해제하지 않고 하단의 [크기(pixel)] 값을 입력하여 크기를 줄여요.

❹ 크기 조절이 완료되면 [저장하기]를 클릭하여 변경된 모양을 저장해요.

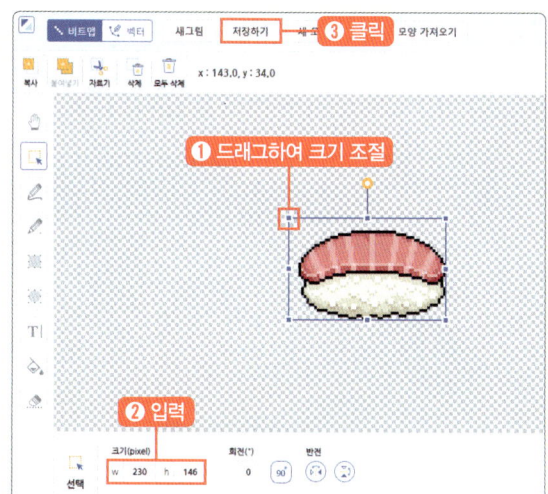

❺ [벡터] 탭에서 [선택 도구(   )]를 선택하여 모양을 클릭한 후 모양 조절점을 드래그하여 각 모양의 크기를 비슷하게 조절해요.

❻ 크기 조절이 완료되면 [저장하기]를 클릭하여 변경된 모양을 저장해요.

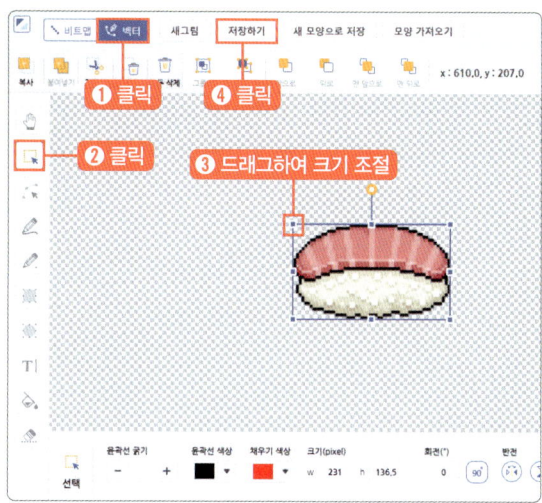

❺ 오브젝트의 크기와 위치를 참고하여 장면을 완성해 봅니다.

오브젝트	위치	크기
 음식	x : 172.5 y : 89.8	40%

> **Tip**
> [01강 요소] 폴더에서 오브젝트를 불러와 사용했을 경우 오브젝트 목록에서 해당 오브젝트를 선택하고 위와 같이 크기와 위치 속성 값을 지정해요. 오브젝트를 직접 만들어 사용하는 경우 오브젝트 목록에서 속성 값을 변경해 가며 적절한 크기와 위치를 찾아요.

❻ 게임 장면이 완성되면 [저장하기(🗒)]-[복사본으로 저장하기]를 클릭하여 '꼬마 마녀의 음식 여행' 파일을 저장합니다.

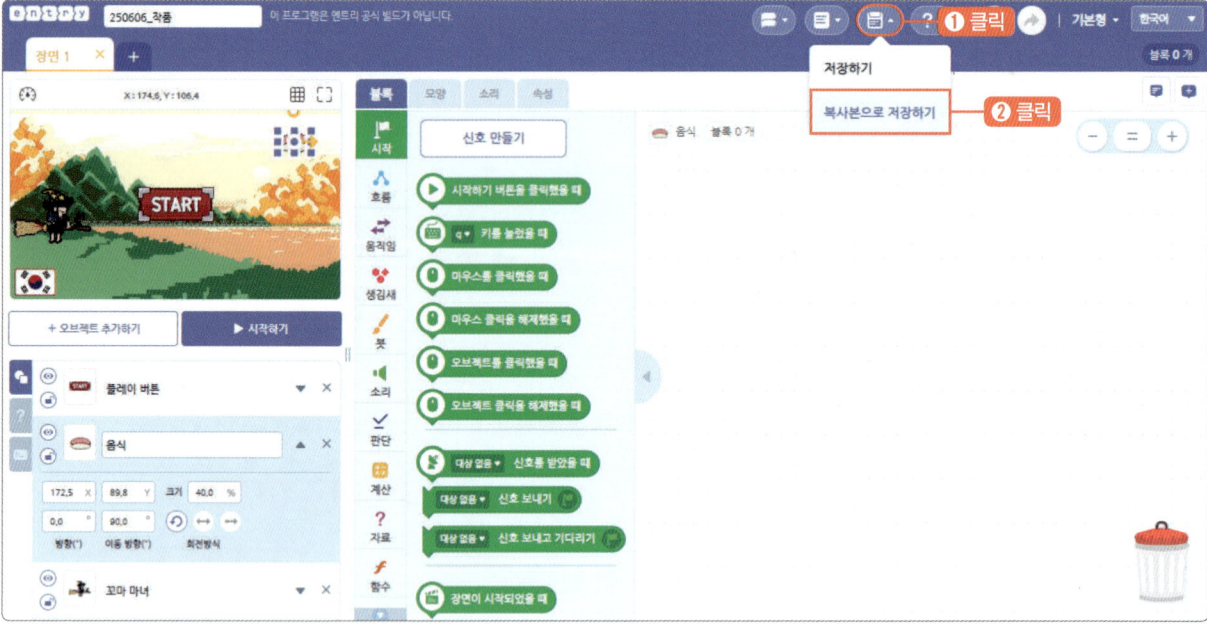

게임 만들기

Chapter 02
꼬마 마녀의 음식 여행 게임 만들기

학습목표
- 키보드의 방향키로 꼬마 마녀의 이동 방향을 지정해요.
- 나라 이름 변숫값을 국기의 모양 이름으로 지정해요.
- 음식의 모양 이름이 나라 이름 변숫값과 같으면 복제본을 삭제해요.
- 음식의 모양 이름이 나라 이름 변숫값과 다르면 게임이 종료돼요.

 미리보기   • 예제 파일 : 02강 꼬마 마녀의 음식 여행(예제).ent   • 완성 파일 : 02강 꼬마 마녀의 음식 여행(완성).ent

주요 블록

- `이동 방향을 90° (으)로 정하기` : 꼬마 마녀의 이동 방향을 변경합니다.
- `나라 이름 ▼ 값` : 나라의 모양 이름을 기록하고 변숫값을 조건으로 사용합니다.
- `자신 ▼ 의 복제본 만들기` : 음식이 계속 날아오도록 복제본을 생성합니다.
- `국기 ▼ 의 모양 이름 ▼` : 국기의 모양 이름을 변숫값으로 기록합니다.

 **1** 게임 시작, 게임 종료 장면 설정하기

❶ 엔트리를 실행하고 '01'강에서 저장한 파일을 불러온 후 [속성] 탭에서 변수('나라 이름')와 신호('게임 시작', '게임 종료')를 생성하고 변수를 실행 화면에서 숨깁니다.

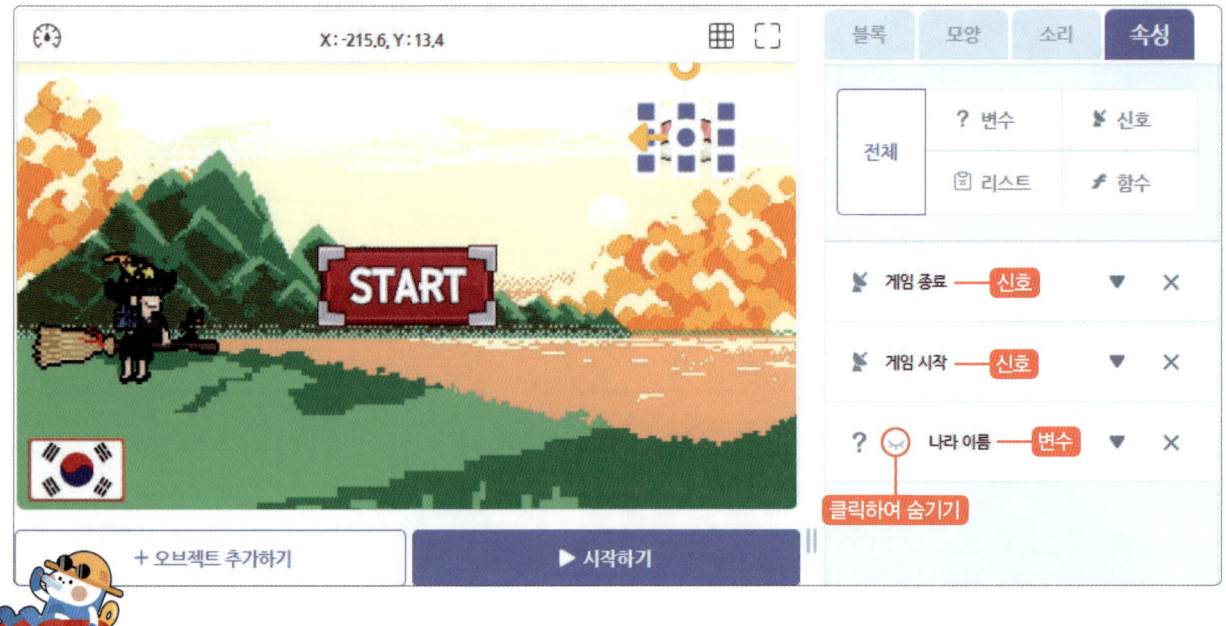

Tip 01강에서 저장한 파일이 없다면 '02강 꼬마 마녀의 음식 여행(예제).ent' 파일을 불러와 작업해요.

❷ '음식', '국기' 오브젝트를 각각 선택하고 게임이 시작되면 화면에서 모양을 숨기도록 코딩합니다.

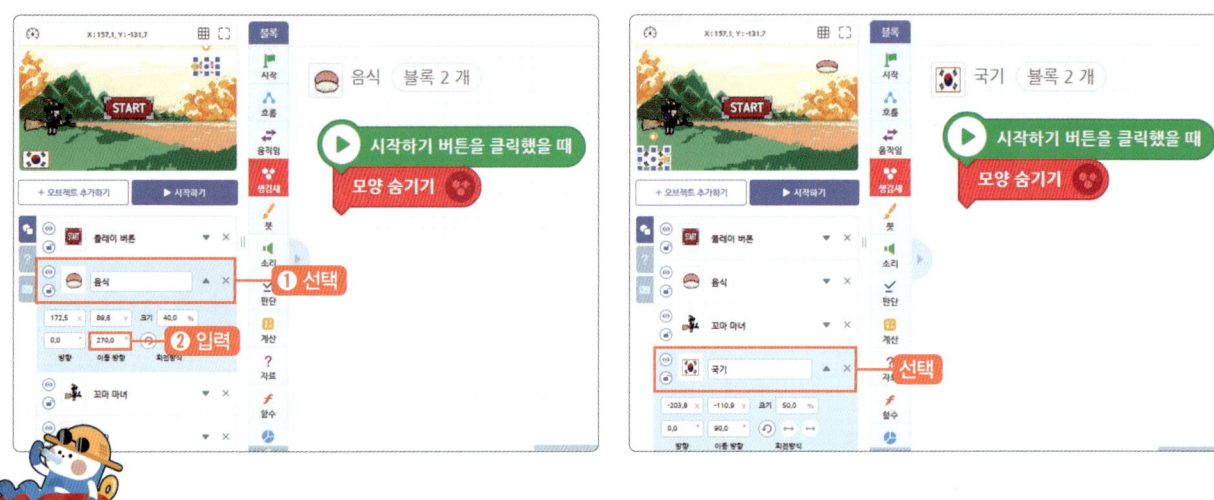

Tip '음식'이 계속해서 왼쪽으로 이동하도록 할 예정이므로 '음식'의 이동 방향을 '왼쪽(270°)'으로 지정해요.

❸ '플레이 버튼' 오브젝트를 선택하고 '플레이 버튼'을 클릭하면 화면에서 모양을 숨긴 후 '게임 시작' 신호를 보내도록 코딩합니다.

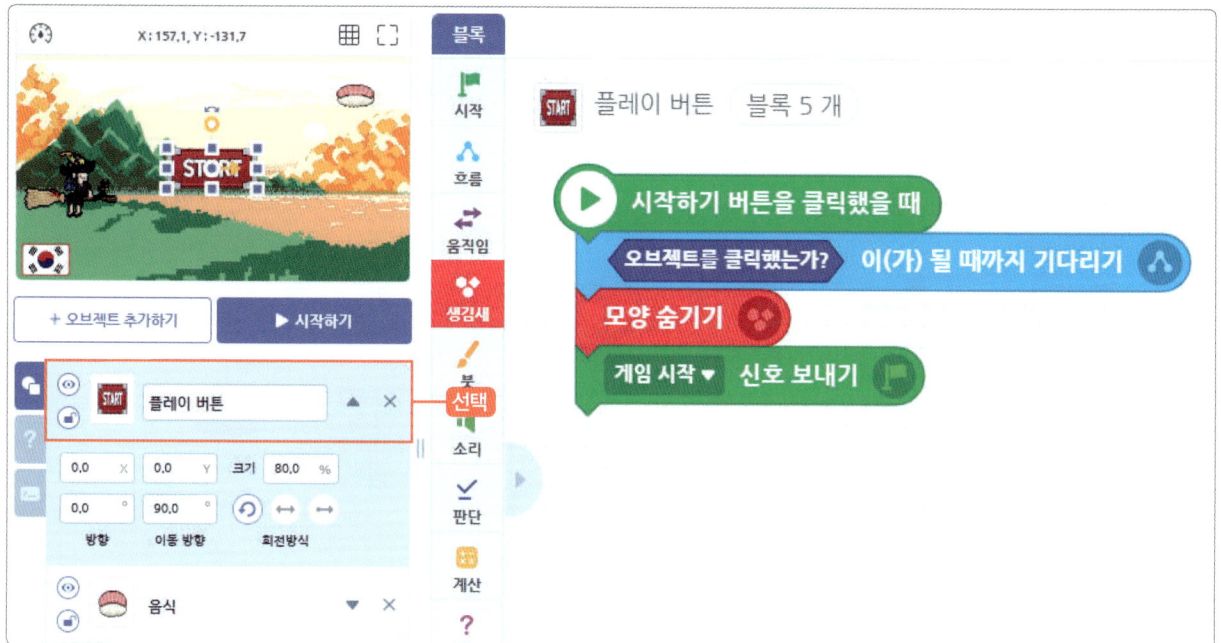

 '플레이 버튼'을 클릭하면 '플레이 버튼'은 실행 화면에서 사라지고 게임이 시작되도록 '게임 시작' 신호를 보내는 코드예요.

❹ 음식 먹기에 실패하여 '게임 종료' 신호를 받으면 다른 오브젝트의 움직임을 멈추고 '게임 오버' 모양이 화면에 나타난 후 게임이 종료되도록 코딩합니다.

2 꼬마 마녀 움직임 설정하기

❶ '꼬마 마녀' 오브젝트를 선택하고 '게임 시작' 신호를 받으면 계속해서 이동 방향으로 이동하다가 화면 끝에 닿으면 방향을 변경하도록 코딩합니다.

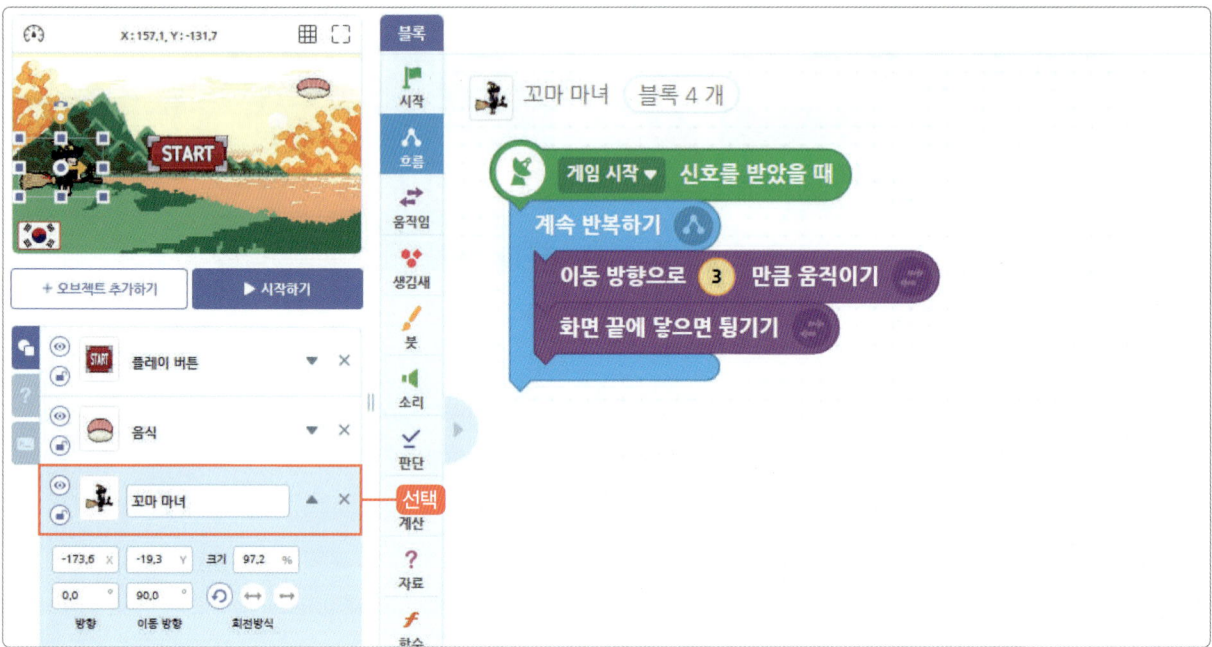

❷ 키보드의 방향키로 '꼬마 마녀'의 이동 방향을 지정하도록 코딩합니다.

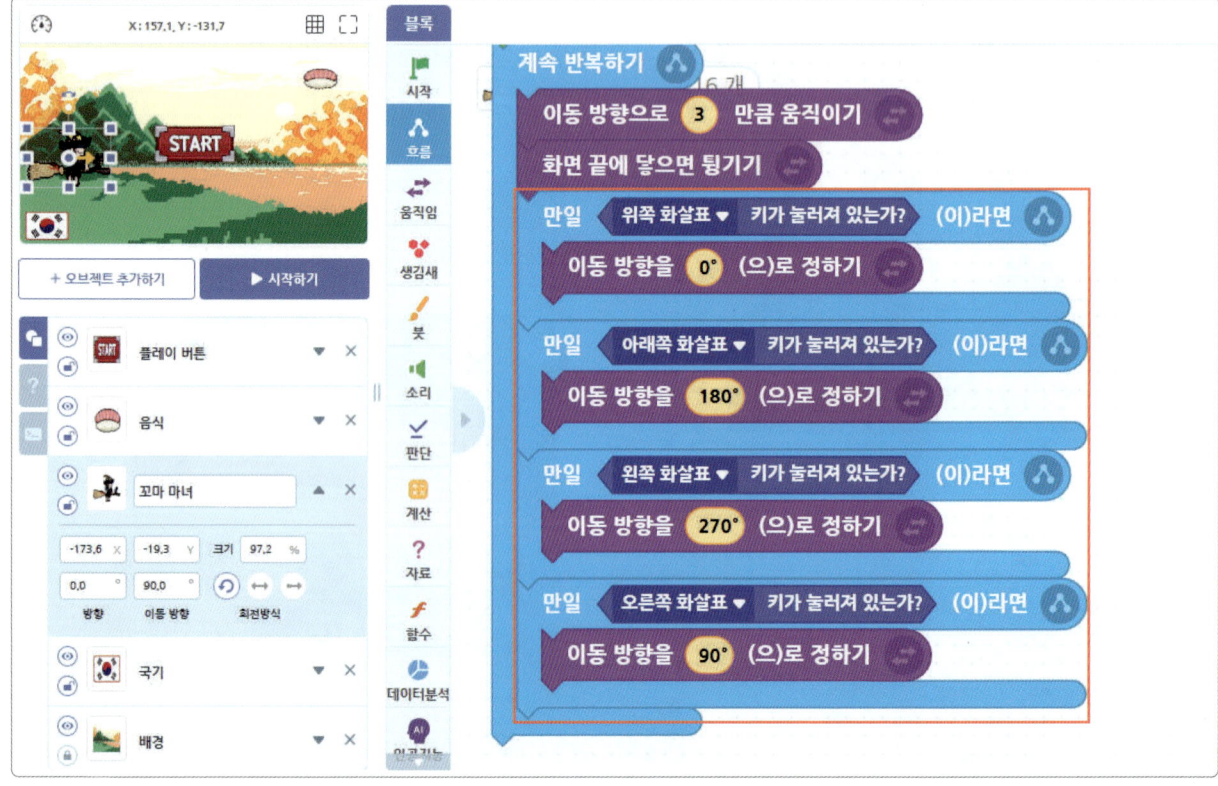

❸ '꼬마 마녀'가 이동하다가 벽에 닿을 때 모양이 뒤집어지지 않도록 오브젝트 목록에서 '꼬마 마녀'의 회전 방향을 '좌우 회전(↔)'으로 지정합니다.

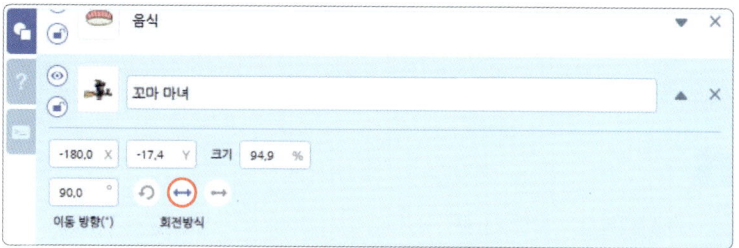

3 랜덤으로 국기 선택하기

❶ '국기' 오브젝트를 선택하고 '게임 시작' 신호를 받으면 모양을 랜덤으로 변경하고 변경된 국기의 모양 이름을 '나라 이름' 변숫값으로 지정하도록 코딩합니다.

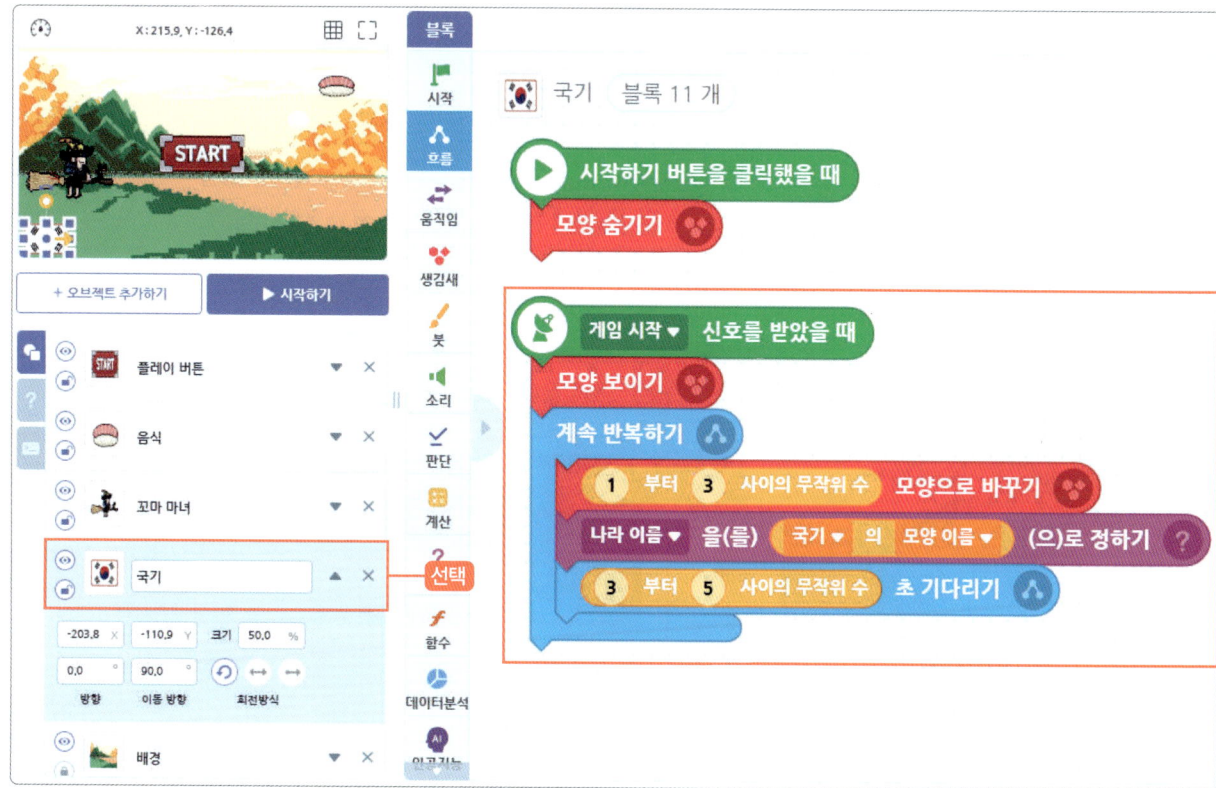

- 국기의 모양이 '한국', '일본', '미국' 3가지이므로 랜덤 값을 '1'~'3'으로 입력해요.
- 랜덤으로 선택된 국기의 모양 이름이 '한국'이면 '나라 이름' 변숫값도 '한국'으로 지정하는 코드예요.

4 날아오는 음식 설정하기

❶ '음식' 오브젝트를 선택하고 '게임 시작' 신호를 받으면 화면 오른쪽 랜덤의 위치에서 '음식'의 모양이 랜덤으로 변경되어 복제되도록 코딩합니다.

❷ 복제된 '음식'이 왼쪽 벽에 닿을 때까지 랜덤의 속도로 이동하도록 코딩합니다.

Tip 이동 값을 랜덤으로 지정하면 오브젝트가 랜덤의 속도로 이동하는 모습을 표현할 수 있어요.

❸ '음식'이 이동하다가 '꼬마 마녀'에 닿았을 때 복제된 '음식'의 모양 이름이 '나라 이름' 변숫값과 같다면 복제본을 삭제하고 그렇지 않으면 '게임 종료' 신호를 보내도록 코딩합니다.

랜덤으로 지정된 '나라 이름' 변숫값과 복제된 '음식' 오브젝트의 모양 이름이 같으면 '꼬마 마녀'가 '음식'을 먹은 모습을 표현하고 그렇지 않으면 선택된 나라의 '음식'을 먹지 못해 게임이 종료되도록 하는 코드예요.

❹ '음식'이 왼쪽 벽에 닿았을 때 복제된 '음식'의 모양 이름과 '나라 이름' 변숫값이 같다면 '게임 종료' 신호를 보내고 그렇지 않으면 복제본이 삭제되도록 코딩합니다.

'꼬마 마녀'가 놓친 '음식'이 선택된 나라의 '음식'이라면 게임이 종료되고 그렇지 않으면 실행 화면에서 사라지도록 하는 코드예요.

❺ 게임이 완성되면 게임을 실행하여 선택된 나라의 '음식'을 먹어 봅니다.

Chapter 03

꼬마 마녀의 음식 여행 레벨 업!

게임 업그레이드

학습목표
- 글상자를 이용하여 화면에 여행 시간을 출력해요.
- 시간이 지날수록 꼬마 마녀의 에너지가 줄어들어요.
- 꼬마 마녀가 음식을 잘못 먹으면 하트가 사라져요.

미리보기

- 예제 파일 : 03강 꼬마 마녀의 음식 여행(예제).ent
- 완성 파일 : 03강 꼬마 마녀의 음식 여행(완성).ent

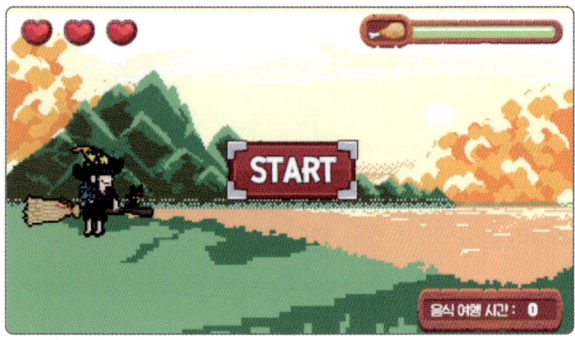

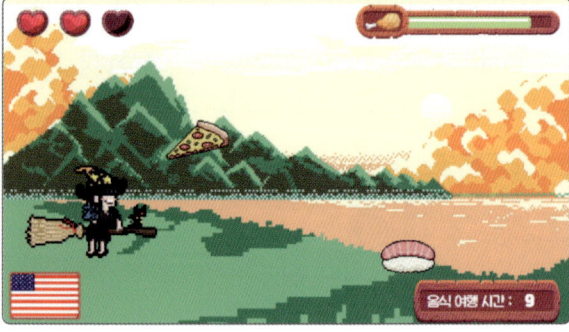

게임 업그레이드

- 오브젝트 추가하여 장면 꾸미기
- 화면에 여행 시간 출력하기
- 꼬마 마녀가 음식 잘못 먹으면 하트 감소하기
- 시간 지날수록 꼬마 마녀의 에너지 감소하기
- 배경음악과 효과음 재생하기

1 게임 장면 꾸미기

① 엔트리를 실행하고 '02'강에서 저장한 파일을 불러온 후 +오브젝트 추가하기 를 클릭하고 [03강 요소] 폴더에서 '하트1', '배고픔1', '시간표시' 오브젝트를 추가하여 그림과 같이 장면을 꾸밉니다.

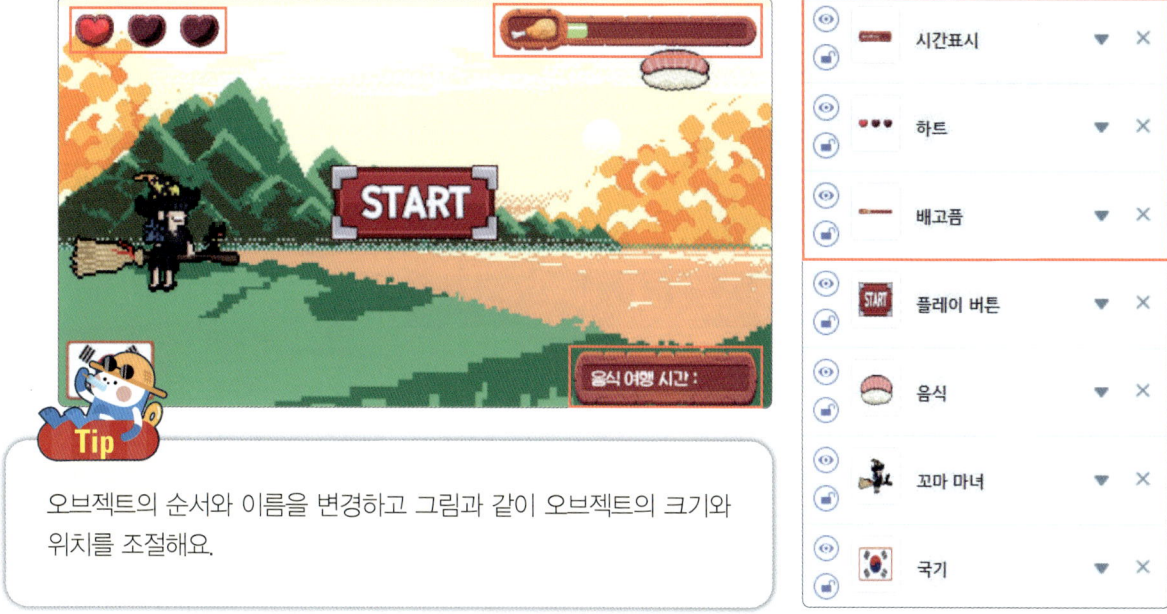

Tip
오브젝트의 순서와 이름을 변경하고 그림과 같이 오브젝트의 크기와 위치를 조절해요.

② '하트' 오브젝트를 선택하고 [모양] 탭-[모양 추가하기]를 클릭하여 '하트2'~'하트4' 모양을 추가합니다.

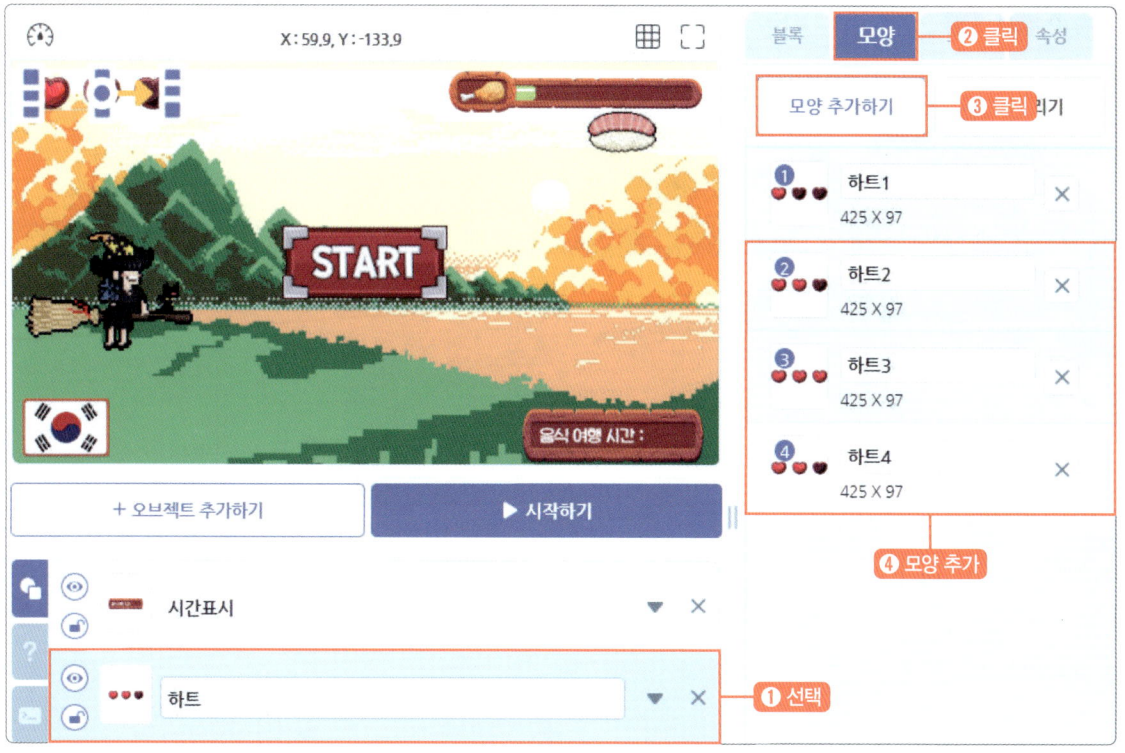

CHAPTER 03 꼬마 마녀의 음식 여행 레벨 업 _ **027**

❸ '배고픔' 오브젝트를 선택하고 ❷와 같은 방법으로 '배고픔2'~'배고픔10' 모양을 추가합니다.

❹ [속성] 탭-[변수]에서 변수('목숨', '에너지', '시간')를 생성하고 변수를 실행 화면에서 숨깁니다.

❺ + 오브젝트 추가하기 를 클릭하고 [글상자] 탭을 클릭한 후 [추가하기]를 클릭합니다.

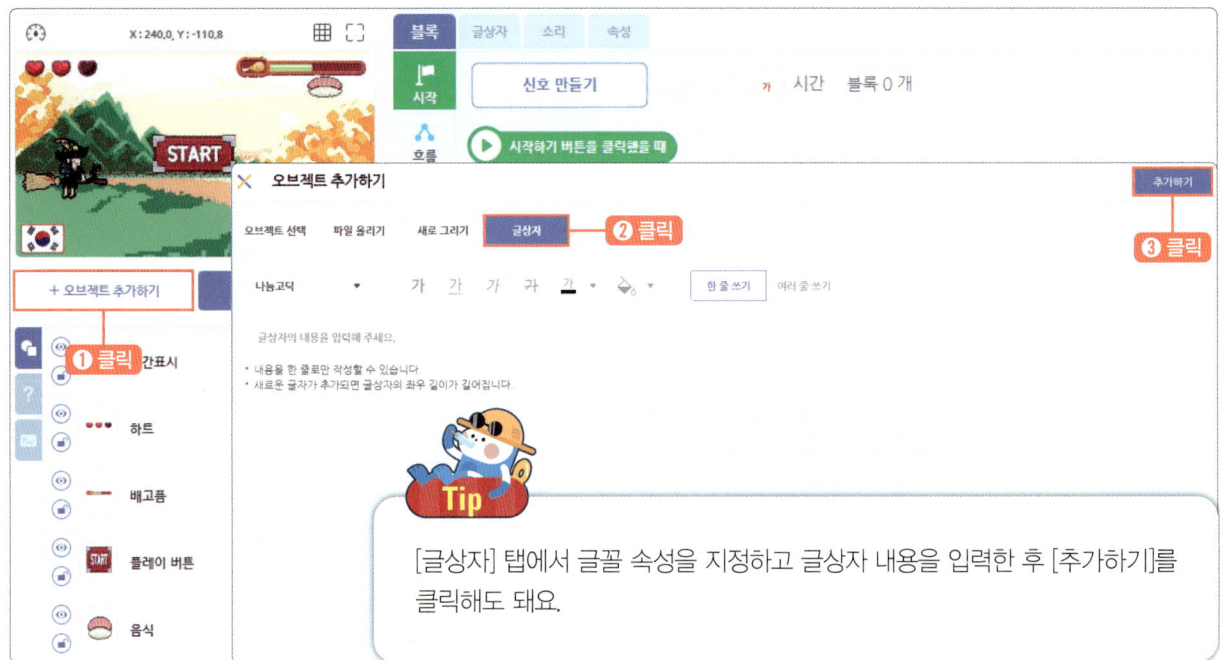

❻ 글상자가 추가되면 오브젝트 이름을 '시간'으로 변경하고 [글상자] 탭을 클릭하여 글꼴('잘난체'), 글자색('흰색'), 배경색('없음')을 지정한 후 글상자 내용을 "0"으로 입력합니다.

❼ 실행 화면에서 글상자의 위치를 '시간표시' 오브젝트 위치로 이동시킵니다.

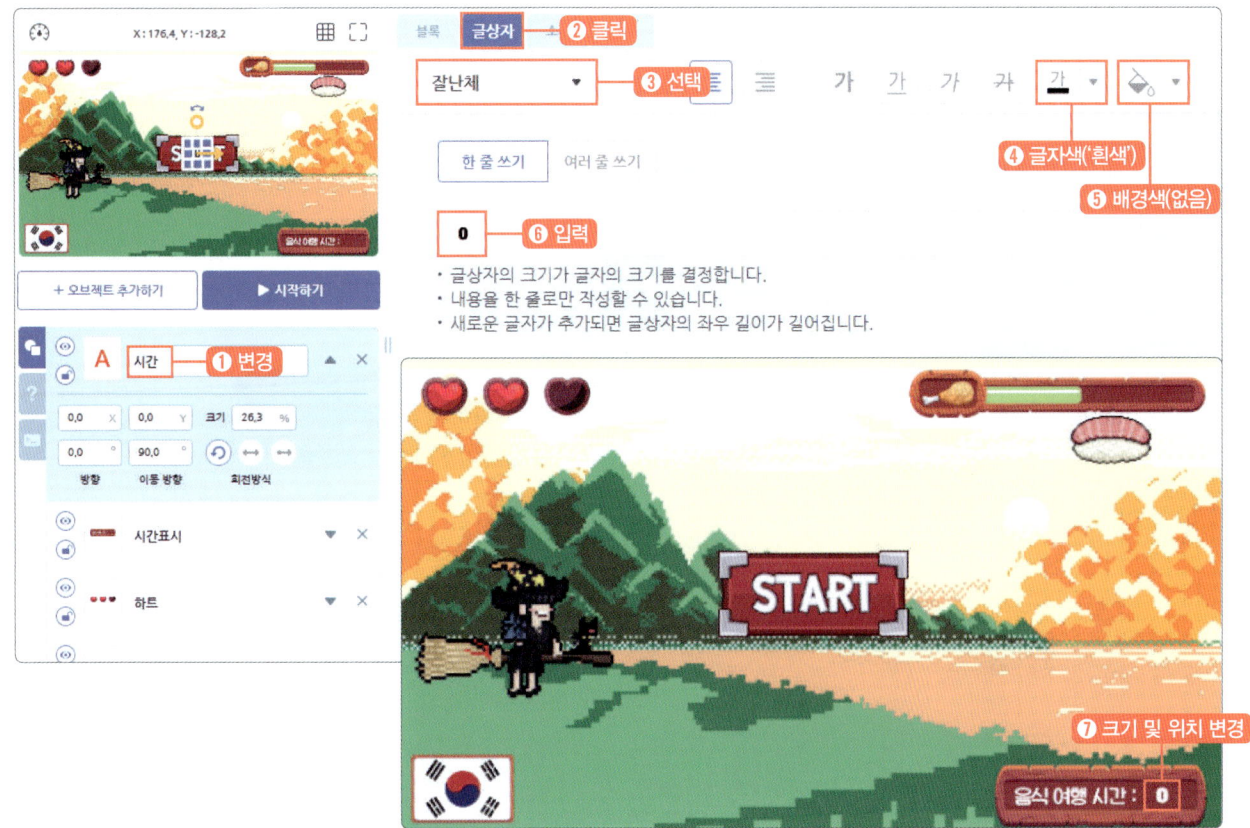

2 배경음악과 효과음 추가하기

❶ '배경' 오브젝트를 선택하고 [소리] 탭-[소리 추가하기]를 클릭한 후 [소리 추가하기] 창이 나타나면 [파일 올리기]를 클릭하고 01강에서 다운로드 받은 '배경음악' 파일을 불러옵니다.

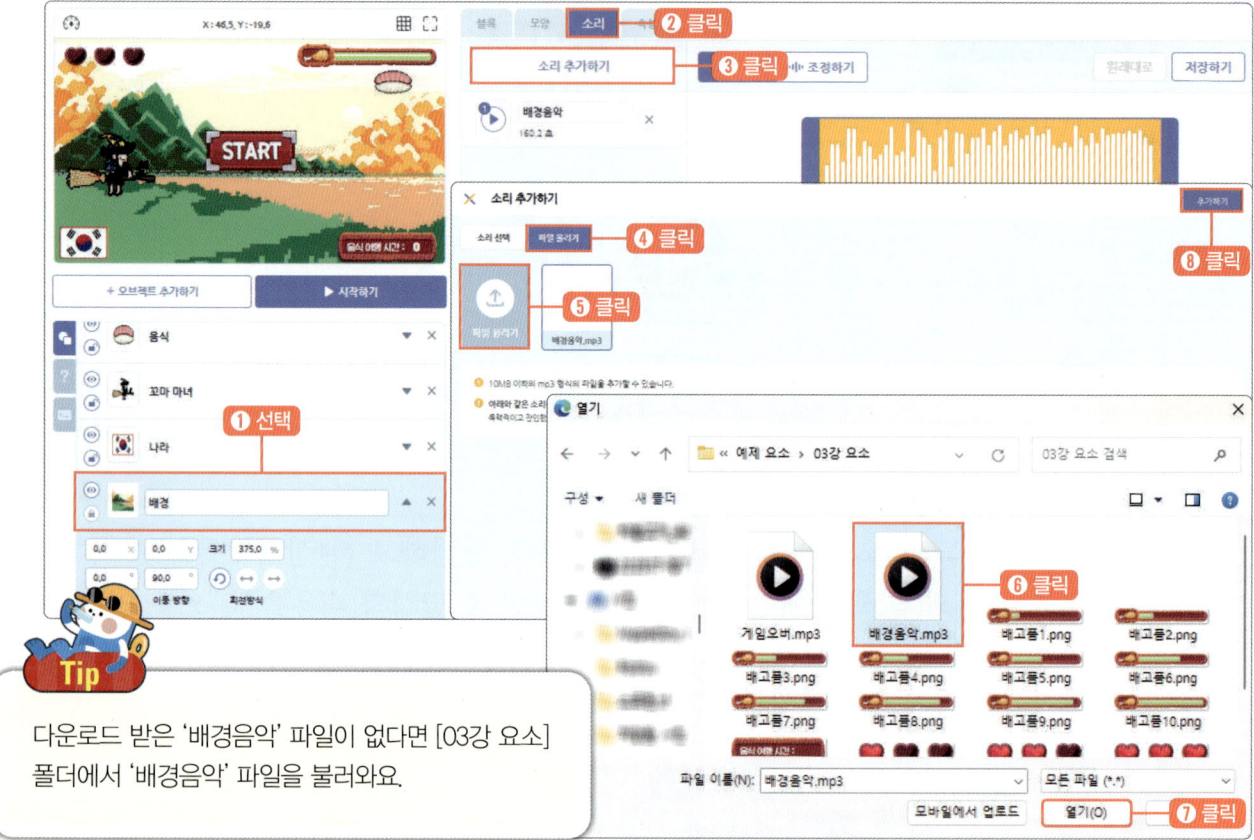

> **Tip**
> 다운로드 받은 '배경음악' 파일이 없다면 [03강 요소] 폴더에서 '배경음악' 파일을 불러와요.

❷ 게임이 시작되면 '배경음악'이 재생되도록 코딩합니다.

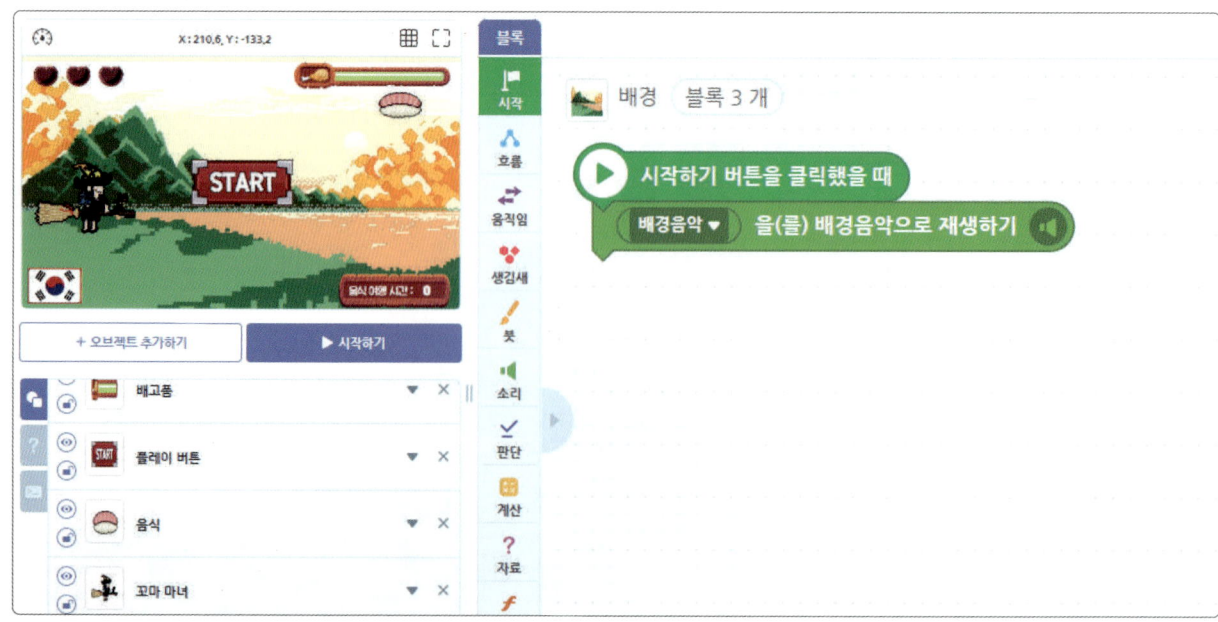

❸ '음식' 오브젝트를 선택하고 [소리] 탭-[소리 추가하기]를 클릭하여 [소리 추가하기] 창이 나타나면 '씹는 소리', '놀라는 소리'를 검색하여 소리를 선택한 후 [추가하기]를 클릭합니다.

❹ '음식'이 '꼬마 마녀'에 닿거나 게임이 종료될때 해당하는 효과음을 재생하도록 코드를 추가합니다.

CHAPTER 03 꼬마 마녀의 음식 여행 레벨 업! _ **031**

❺ '플레이 버튼' 오브젝트를 선택하고 ❶과 같은 방법으로 '게임오버' 소리를 추가한 후 '게임 종료' 신호를 받으면 배경음악을 멈추고 '게임오버' 효과음이 재생되도록 코드를 수정합니다.

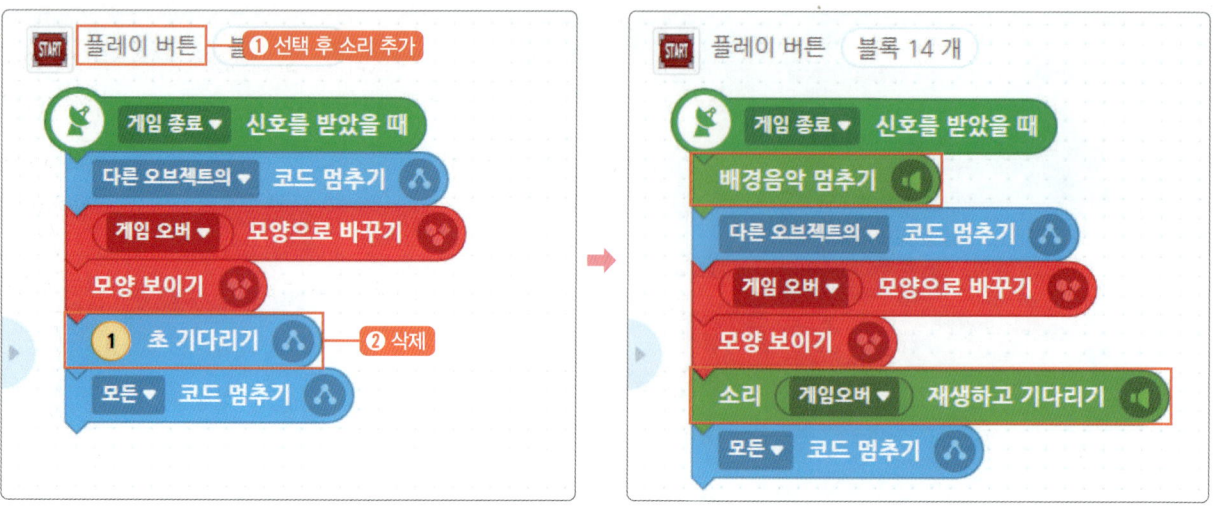

3 하트 설정하기

❶ '하트' 오브젝트를 선택하고 게임이 시작됐을 때 '목숨' 변숫값이 '0'보다 크면 '목숨' 변숫값으로 '하트'의 개수를 표시하고 '목숨' 변숫값이 '0'보다 크지 않으면 '하트4' 모양으로 변경한 후 '게임 종료' 신호를 보내도록 코딩합니다.

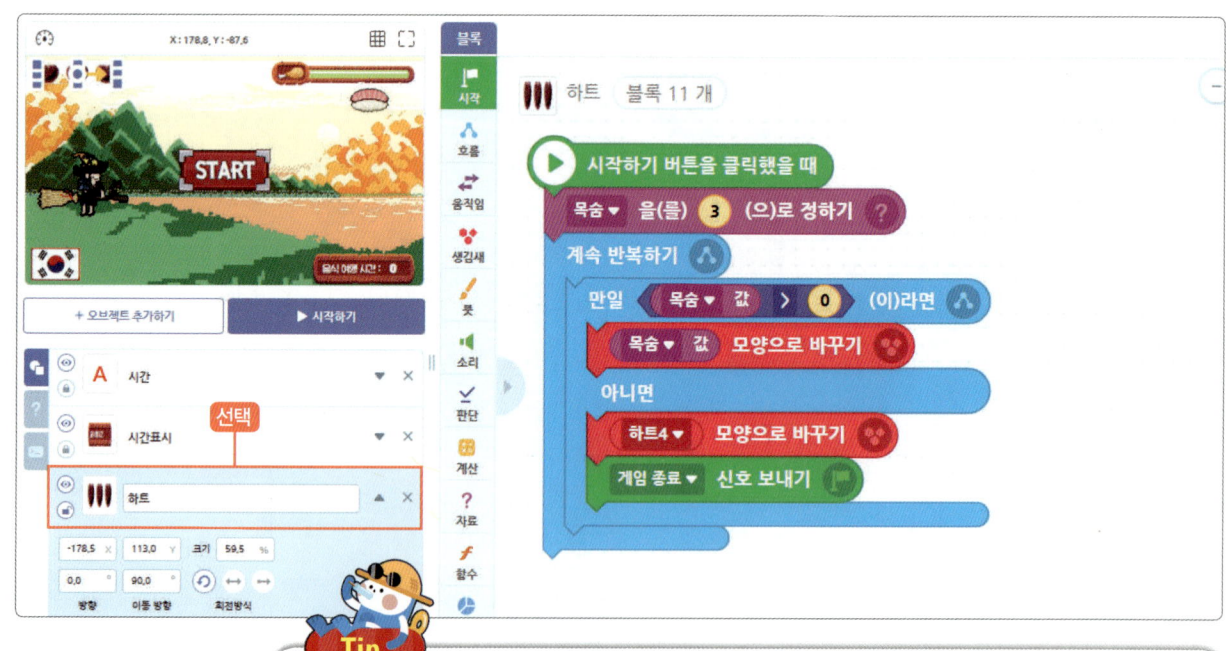

Tip '하트'가 남아 있는 모양이 3개이므로 '목숨' 변수의 초기 값을 '3'으로 지정해요. '목숨' 변숫값이 '0'보다 작아지면 '하트4' 모양으로 변경하여 '하트'가 없어진 모습을 표현해요.

4 남은 에너지 표현하기

① '배고픔' 오브젝트를 선택하고 게임이 시작되면 '에너지' 변수의 초기 값을 '10'으로 지정하고 계속해서 '에너지' 변숫값의 모양으로 변경하도록 코딩합니다.

② '게임 시작' 신호를 받으면 '에너지' 변숫값이 계속해서 줄어들다가 변숫값이 '0.05'보다 작아지면 '게임 종료' 신호를 보내도록 코딩합니다.

5 여행 시간 출력하기

❶ '시간' 오브젝트를 선택하고 게임이 시작되면 '시간' 변수의 초기 값을 '0'으로 지정하고 계속해서 '시간' 변숫값이 화면에 출력되도록 코딩합니다.

게임이 시작되면 '시간' 글상자에 '시간' 변숫값이 실시간으로 출력되도록 하는 코드예요.

❷ '게임 시작' 신호를 받으면 '1'초 간격으로 '시간' 변숫값이 '1'씩 증가하도록 코딩합니다.

6 에너지와 목숨 변숫값 변경하기

❶ '음식' 오브젝트를 선택하고 '꼬마 마녀'가 선택된 나라의 '음식'을 먹으면 '에너지' 변숫값이 '1'씩 증가하고 '에너지' 변숫값이 '9'보다 크면 변숫값을 '10'으로 지정하도록 코드를 추가합니다.

❷ '꼬마 마녀'가 '음식'을 잘못 먹거나 선택된 나라의 '음식'을 먹지 못하면 '목숨' 변숫값이 '1'씩 감소하도록 코드를 추가합니다.

'목숨', '에너지'가 없어지면 게임이 종료되도록 기존의 [게임 종료 ▼ 신호 보내기] 블록을 삭제한 후 코드를 추가해요.

❸ 게임이 완성되면 게임을 실행하여 업그레이드된 게임을 체험해 봅니다.

Chapter 04

게임 디자인

구워지기 전에 탈출! 장면 만들기

학습목표
- 피스켈에서 게임에 필요한 오브젝트를 만들어요.
- 게임에 필요한 음악을 다운로드해요.
- 오브젝트를 추가하여 게임 장면을 만들어요.

미리보기
- 예제 파일 : 04강 구워지기 전에 탈출(예제).ent
- 완성 파일 : 04강 구워지기 전에 탈출(완성).ent

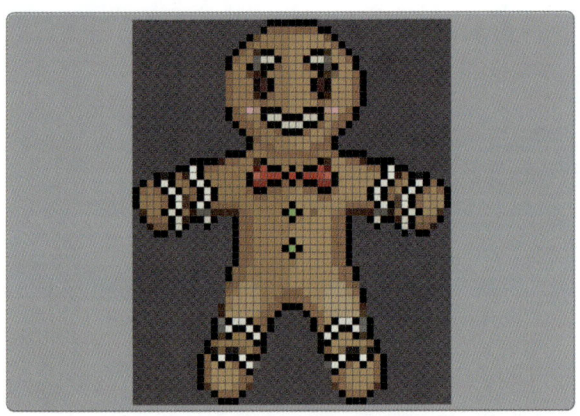 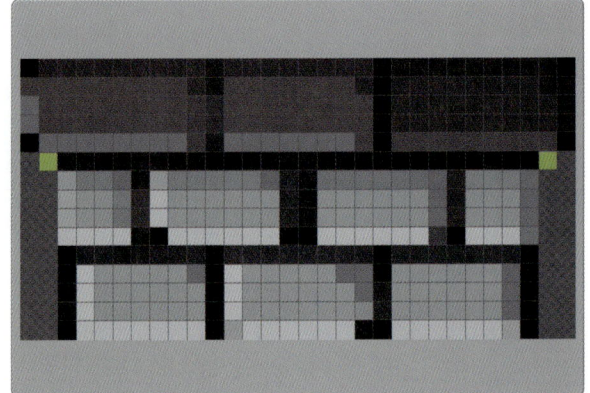

사용 프로그램

- **피스켈** : 게임에서 사용할 오브젝트를 만듭니다.
- **픽사베이** : 게임에서 사용할 음악을 다운로드합니다.
- **엔트리** : 장면을 꾸미고 게임을 제작합니다.

1 피스켈로 오브젝트 만들기

❶ 제작할 게임의 스토리를 확인합니다.

> 쿠키 마을을 지키는 듬직한 수호대장 쿠키맨은 어느 날 어디선가 솔솔 풍겨오는 달콤한 냄새를 맡았어요.
> "무슨 냄새지? 쿠키 마을에선 못 맡아본 냄새인데…"
> 쿠키맨은 냄새가 나는 쪽으로 조심조심 걸어갔어요. "으악!" 갑자기 땅이 꺼지며 쿠키맨은 땅속 깊은 구멍으로 떨어지고 말았어요. 쿠키맨의 눈앞에 펼쳐진 모습은 펄펄 끓는 용암이 가득한 뜨거운 산 속이었어요.
> "앗, 뜨거워! 이러다 구워지겠어! 빨리 이곳에서 탈출해야 해!"

❷ 제작할 오브젝트를 확인합니다.

❸ 피스켈 아이콘(▦)을 더블클릭하여 프로그램을 실행하고 [펜 툴(✏️)]을 클릭한 후 펜 사이즈('1')와 펜 색('갈색')을 선택합니다.

Tip [캔버스 설정(🗔)]에서 캔버스 크기를 Width('45px'), Height('53px')로 설정 후 작업해요.

❹ [수평 대칭 펜 툴( )]을 클릭하고 '쿠키맨'의 모습을 그려 봅니다.

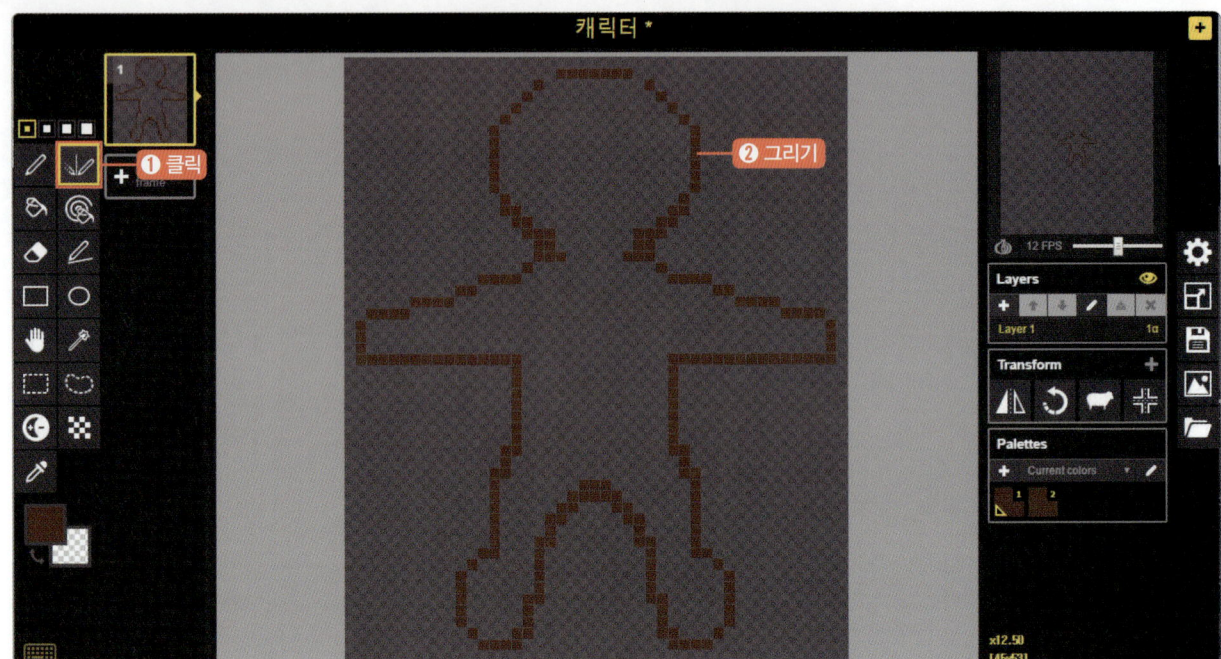

'수평 대칭 펜 툴'은 양쪽을 대칭하여 이미지를 그릴 수 있는 도구예요.

❺ [페인트통 툴( )]을 클릭하고 색상을 선택해 가며 '쿠키맨'에 색을 채워 봅니다.

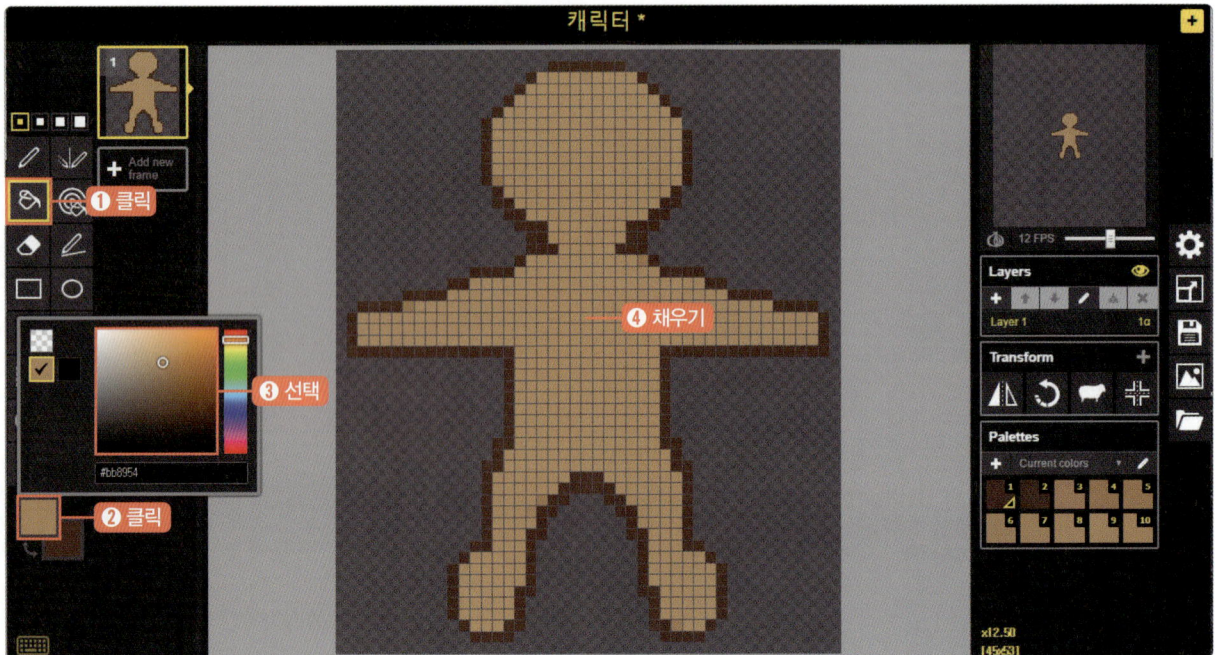

❻ 다시 [수평 대칭 펜 툴( )]을 클릭하고 색상을 변경해 가며 '쿠키맨'의 얼굴을 그리고 꾸며 봅니다.

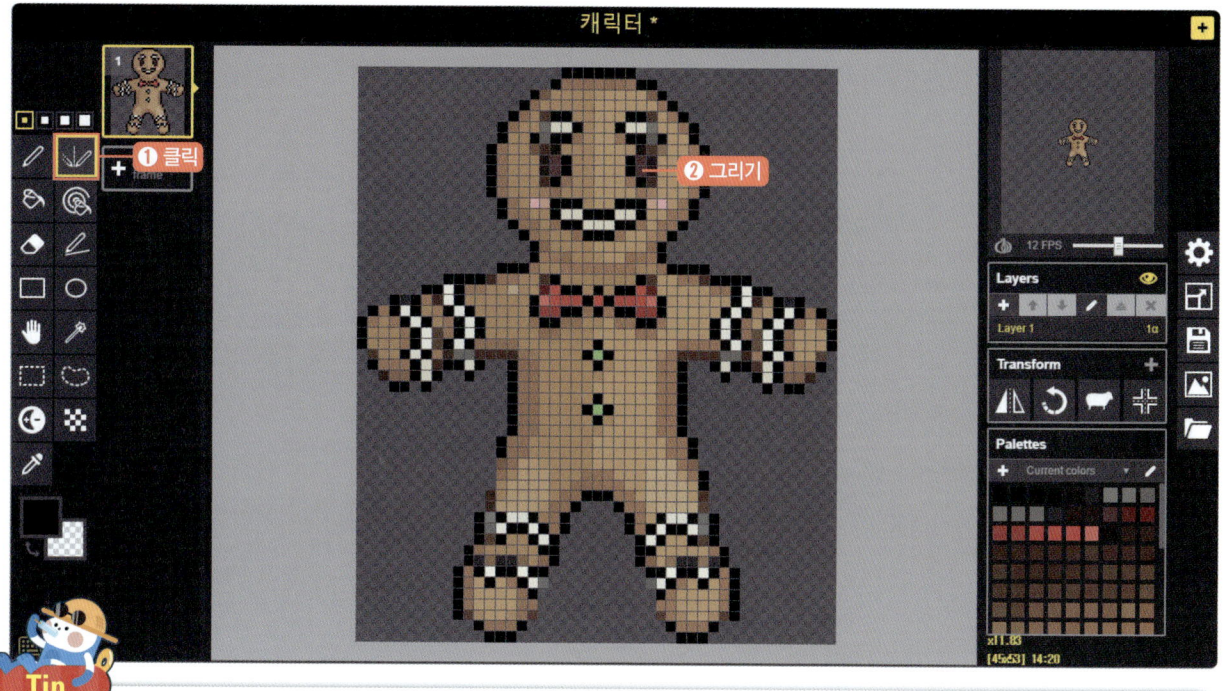

Tip 그림을 잘못 그려 이전 상태로 되돌리고 싶다면 Ctrl + Z 키를 눌러요.

❼ [내보내기( )]-[PNG]를 클릭하고 이미지 크기를 지정한 후 이미지 파일('쿠키맨')로 저장 합니다.

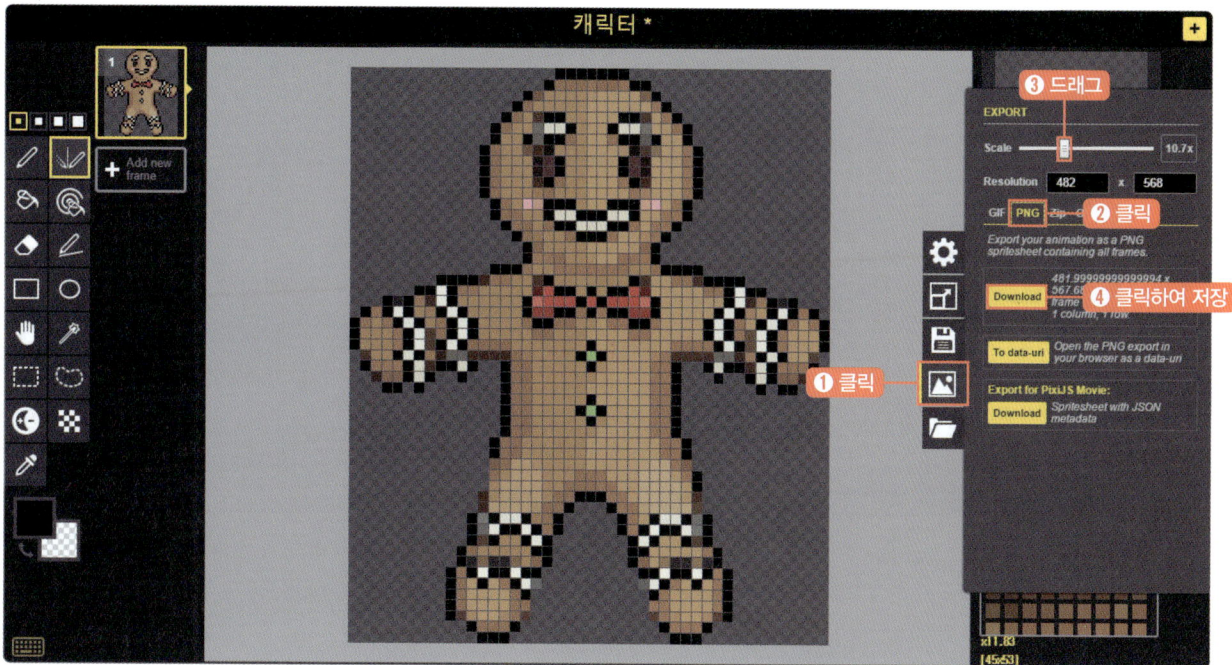

CHAPTER 04 구워지기 전에 탈출! 장면 만들기 _ **039**

⑧ [새 스프라이트(+)]를 클릭하여 새로운 캔버스가 실행되면 [캔버스 설정(🔲)]을 클릭하고 캔버스 크기를 Width('30px'), Height('15px')로 지정합니다.

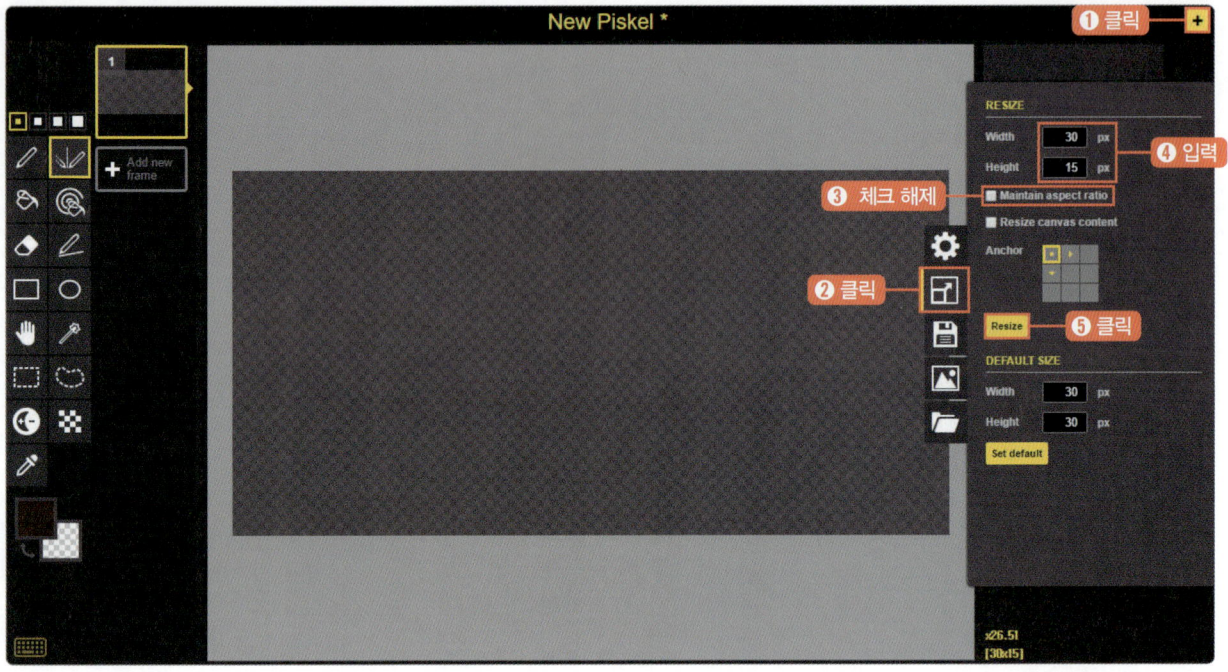

⑨ 앞서 '쿠키맨'을 그렸던 것처럼 다양한 도구를 이용하여 자유롭게 '벽돌' 오브젝트를 그리고 이미지 파일('벽돌')로 저장합니다.

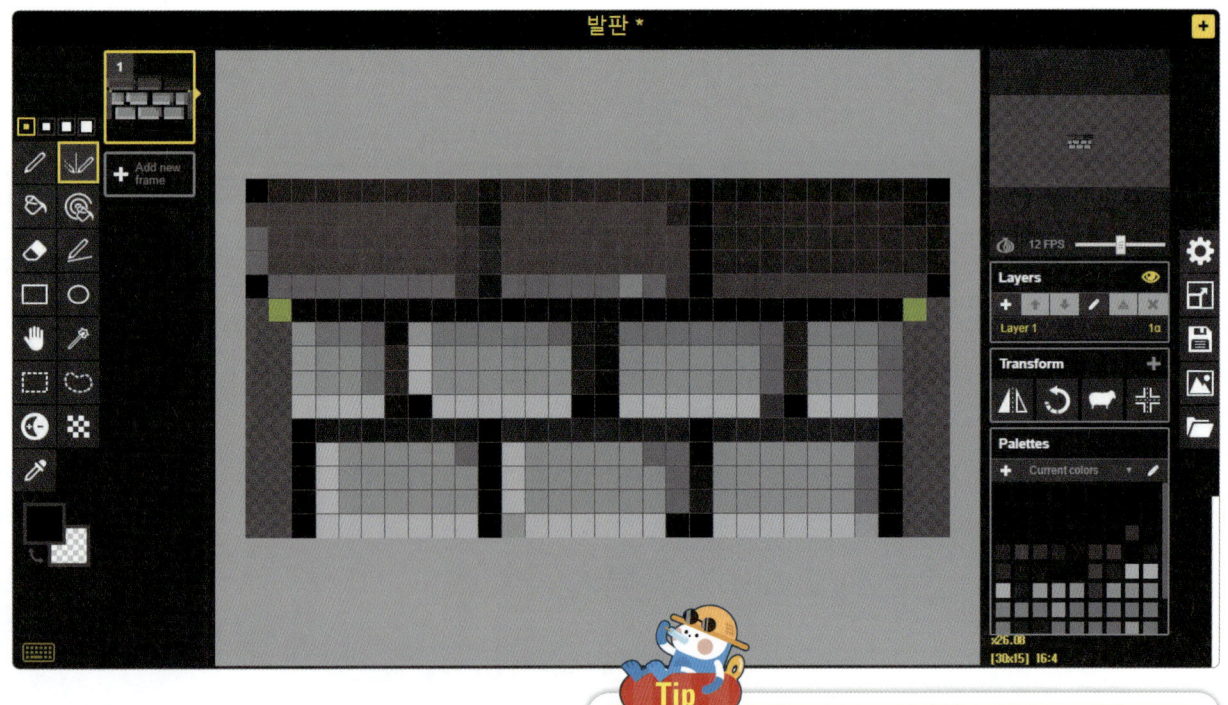

Tip 이미지 크기를 '373'×'187'로 지정하여 저장해 보세요.

2 배경음악과 효과음 다운로드하기

① 픽사베이 사이트(https://pixabay.com)에 접속하여 [음악] 카테고리를 클릭하고 게임 스토리에 어울리는 배경음악을 검색합니다.

② 검색된 음악이 표시되면 게임 스토리에 어울리는 배경음악을 찾아 다운로드합니다.

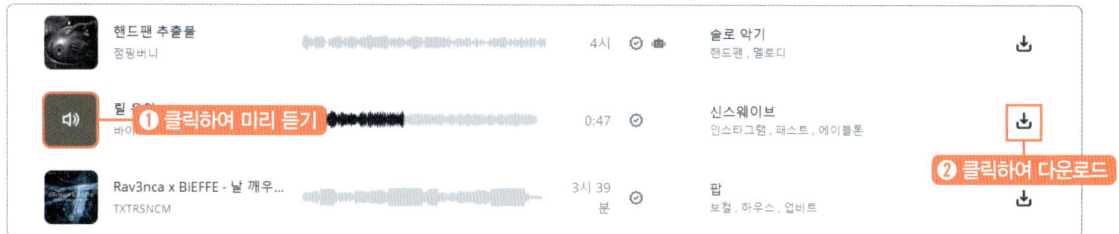

③ [음향 효과] 카테고리를 클릭하고 게임 성공 시, 게임 실패 시 재생할 효과음을 찾아 다운로드합니다.

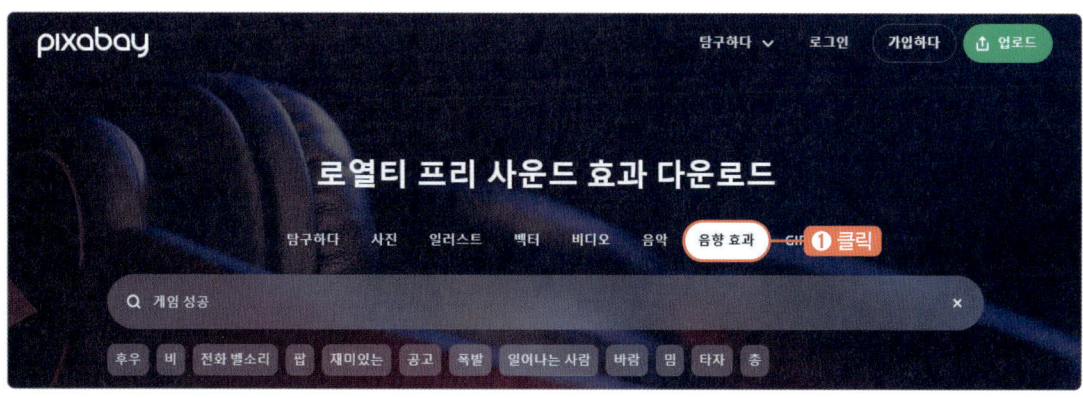

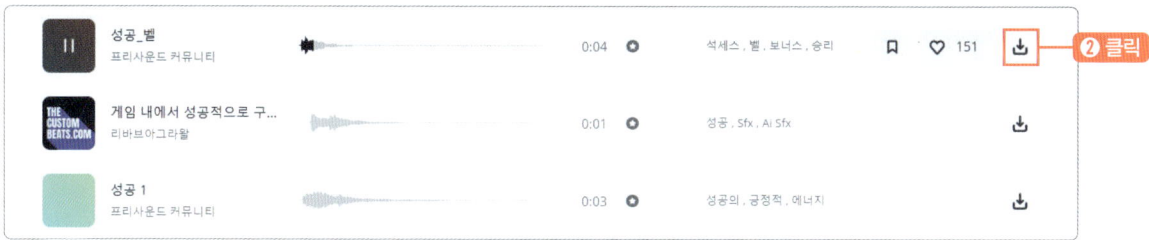

3 게임 장면 꾸미기

① 엔트리를 실행한 후 '04강 구워지기 전에 탈출(예제).ent' 파일을 불러와 +오브젝트추가하기 를 클릭하여 [오브젝트 추가하기] 창이 나타나면 [파일 올리기]-[파일 올리기]를 클릭한 후 피스켈을 이용하여 만든 '쿠키맨', '발판' 오브젝트를 추가합니다.

Tip '쿠키맨', '발판' 오브젝트는 앞서 피스켈을 이용하여 만든 오브젝트로 불러와요. 단, 오브젝트를 만들지 못했다면 [04강 요소] 폴더에서 해당 오브젝트를 불러와요.

② 오브젝트 목록에서 오브젝트 순서와 이름을 그림과 같이 설정하고 실행 화면에서 오브젝트의 크기와 위치를 조절합니다.

Tip 캐릭터나 버튼이 다른 오브젝트에 가려질 수 있으니 오브젝트의 순서가 바뀌지 않도록 주의해요.

❸ 오브젝트의 크기와 위치를 참고하여 장면을 완성해 봅니다.

오브젝트	위치	크기
쿠키맨	x : -168.0 y : 33.0	62%
발판	x : -180.0 y : -70.0	70%

Tip

[04강 요소] 폴더에서 오브젝트를 불러와 사용했을 경우 오브젝트 목록에서 해당 오브젝트를 선택하고 위와 같이 크기와 위치 속성 값을 지정해요. 오브젝트를 직접 만들어 사용하는 경우 오브젝트 목록에서 속성 값을 변경해 가며 적절한 크기와 위치를 찾아요.

❹ 게임 장면이 완성되면 [저장하기(💾)]-[복사본으로 저장하기]를 클릭하여 '구워지기 전에 탈출' 파일을 저장합니다.

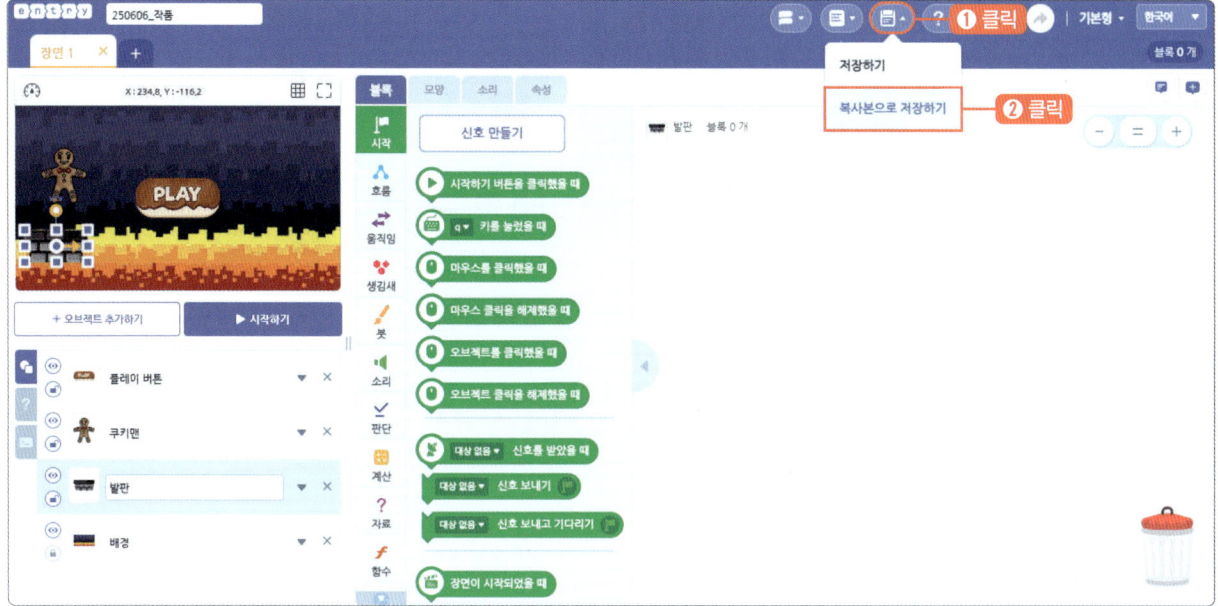

게임 만들기

Chapter 05

구워지기 전에 탈출! 게임 만들기

학습목표
- 발판이 랜덤의 높이에서 나타나 계속 왼쪽으로 이동해요.
- 쿠키맨이 발판에 닿았을 때 스페이스 키를 누르면 점프하며 회전해요.
- 키보드의 좌우 방향키를 누르면 쿠키맨이 좌우로 이동해요.
- 쿠키맨이 바닥에 닿으면 게임에 실패해요.

 미리보기　・예제 파일 : 05강 구워지기 전에 탈출(예제).ent　・완성 파일 : 05강 구워지기 전에 탈출(완성).ent

주요 블록

- `왼쪽 화살표▼ 키가 눌러져 있는가?` : 키보드의 좌우 방향키가 눌렸는지 확인합니다.
- `참 그리고▼ 참` : 쿠키맨이 발판에 닿고, 동시에 스페이스 키를 눌렀는지 확인합니다.
- `y 좌표를 10 만큼 바꾸기` : 쿠키맨이 점프한 뒤 다시 아래쪽으로 내려옵니다.

1 탈출 시작, 탈출 실패 장면 설정하기

① 엔트리를 실행하고 '04'강에서 저장한 파일을 불러온 후 [속성] 탭에서 변수('높이')와 신호 ('탈출 시작', '탈출 실패')를 생성하고 변수를 실행 화면에서 숨깁니다.

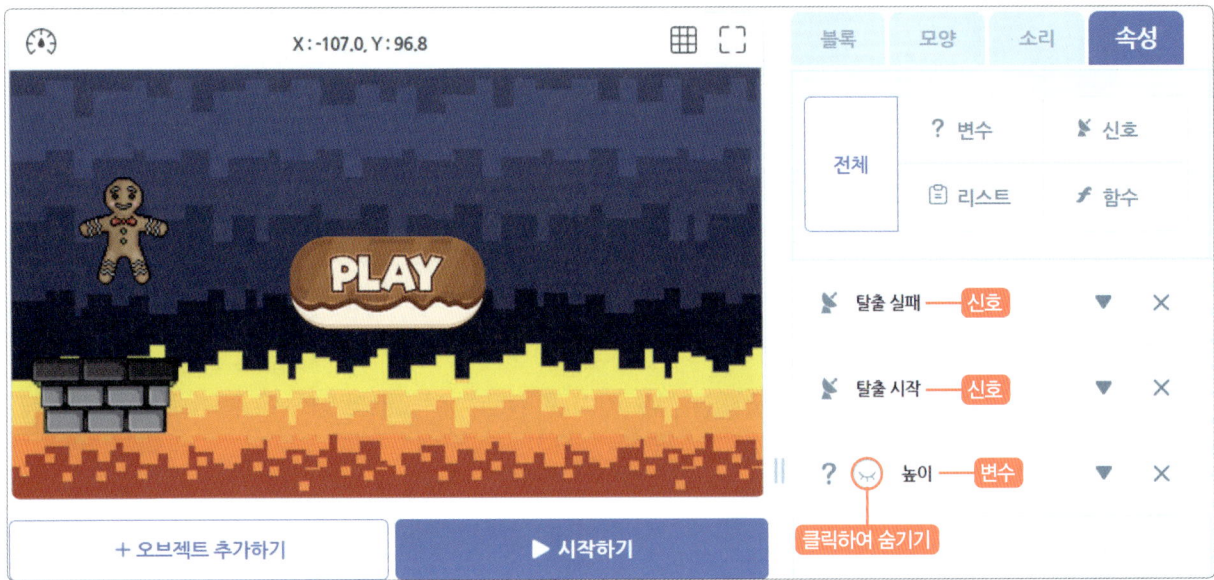

Tip
04강에서 저장한 파일이 없다면 '05강 구워지기 전에 탈출(예제).ent' 파일을 불러와 작업해요.

② '쿠키맨', '발판' 오브젝트를 각각 선택하고 게임이 시작되면 화면에서 모양을 숨기도록 코딩합니다.

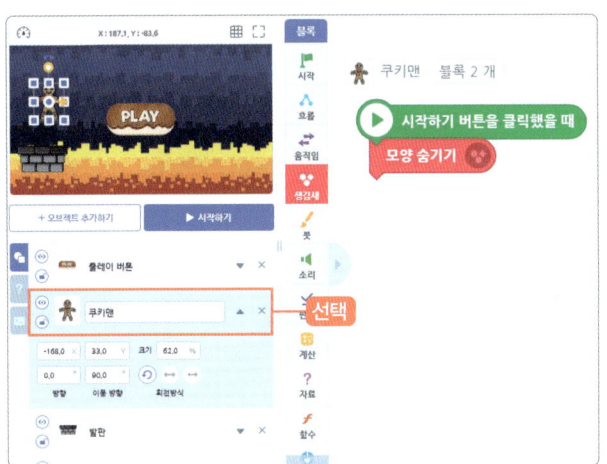
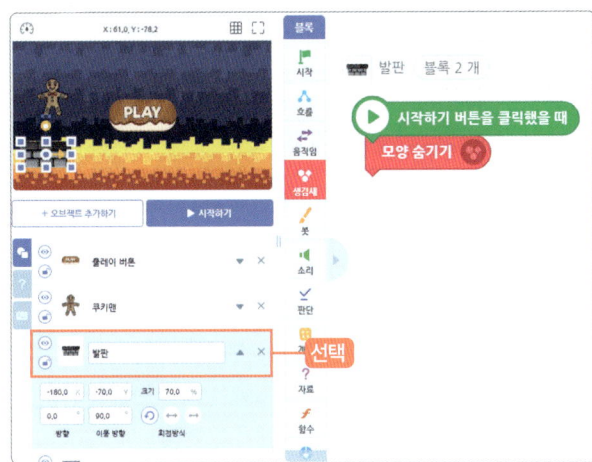

CHAPTER 05 구워지기 전에 탈출! 게임 만들기 _ **045**

❸ '플레이 버튼' 오브젝트를 선택하고 '플레이 버튼'을 클릭하면 화면에서 모양을 숨기고 '탈출 시작' 신호를 보내도록 코딩합니다.

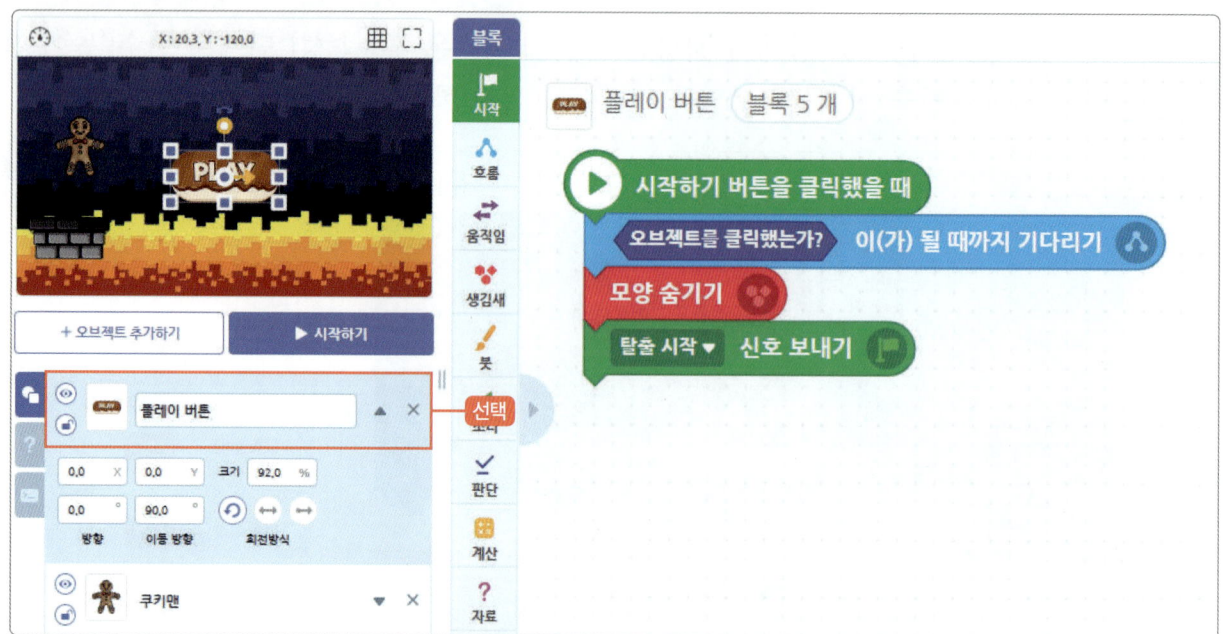

 '플레이 버튼'을 클릭하면 '플레이 버튼'은 화면에서 사라지고 '탈출 시작' 신호를 보내 게임이 시작되도록 하는 코드예요.

❹ 탈출에 실패하여 '탈출 실패' 신호를 받으면 다른 오브젝트의 움직임을 멈추고 '게임 오버' 모양을 화면에 표시한 후 게임이 종료되도록 코딩합니다.

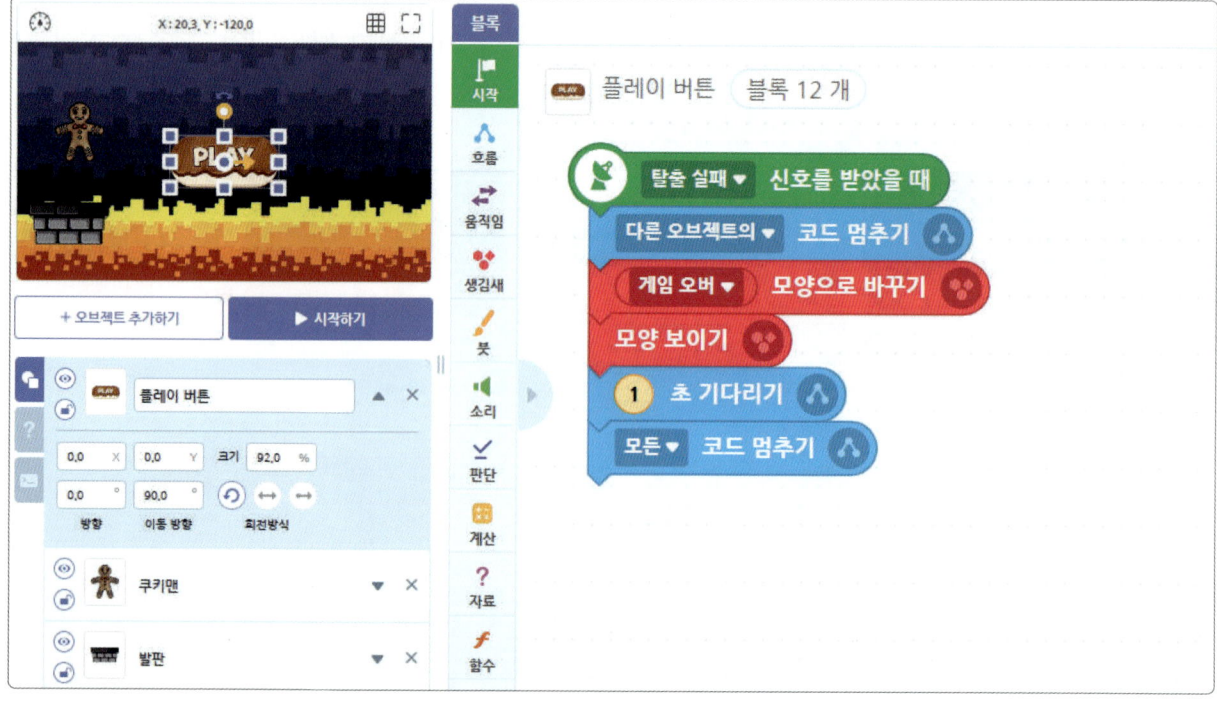

2 움직이는 발판 설정하기

❶ '발판' 오브젝트를 선택하고 '탈출 시작' 신호를 받으면 5개의 복제본이 나열되도록 코딩합니다.

❷ 계속해서 높이가 다른 '발판'이 나타나도록 코딩합니다.

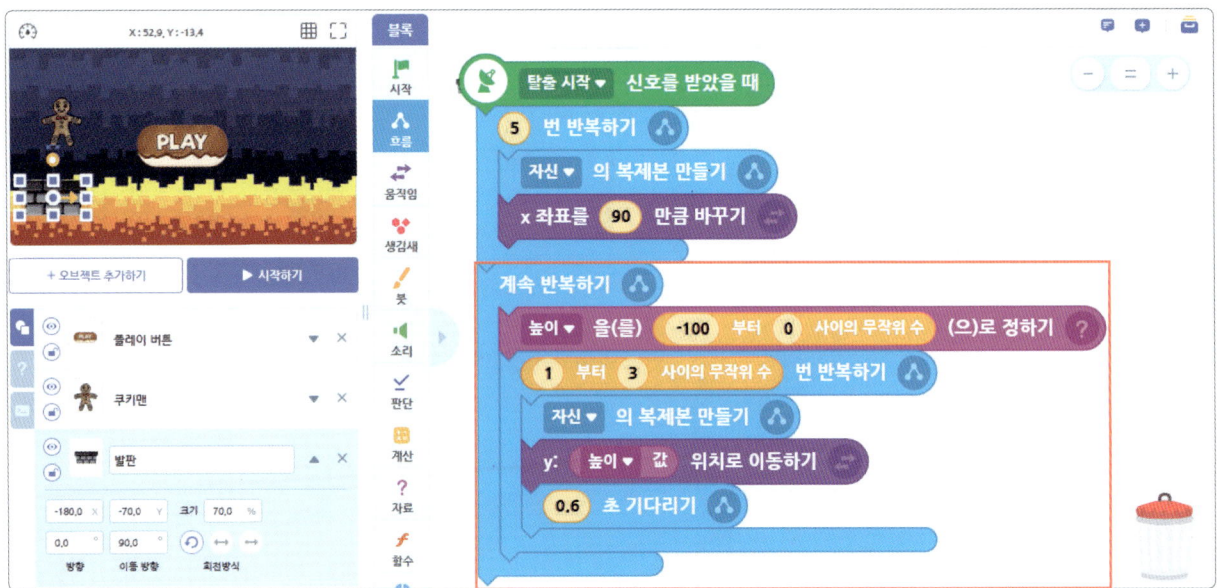

- 계속해서 '발판'의 높이가 변경되도록 '높이' 변숫값을 랜덤으로 지정해요.
- 같은 높이의 '발판'이 '1'~'3'개씩 복제돼요.
- '발판'이 복제되는 간격을 '0.6'초로 설정하여 '발판'과 '발판' 사이의 간격을 조절해요. 만약 '발판'이 겹쳐지거나 간격이 너무 멀다면 기다리기 시간을 변경해요.

❸ 랜덤의 시간 동안 기다린 후 다른 높이의 '발판'이 나타나도록 코딩해요.

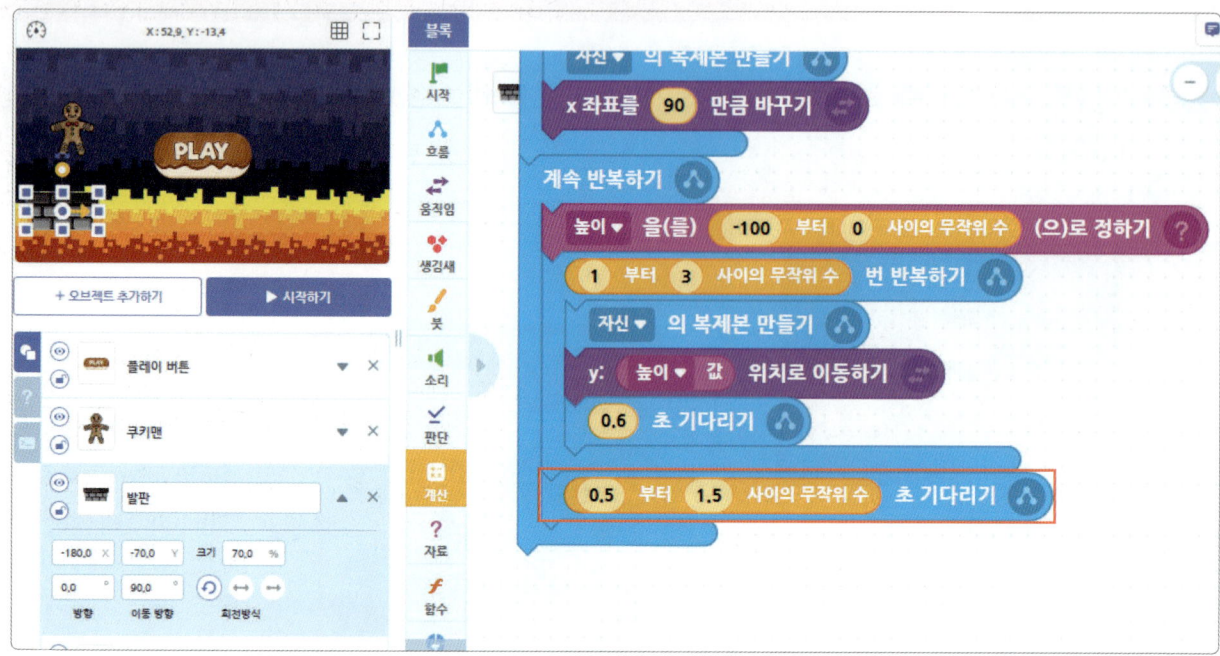

❹ 복제된 '발판'이 화면에 나타나 x좌푯값이 '-310'보다 작아질 때까지 왼쪽으로 이동하다가 x좌푯값이 '-310'보다 작아지면 복제본이 삭제되도록 코딩합니다.

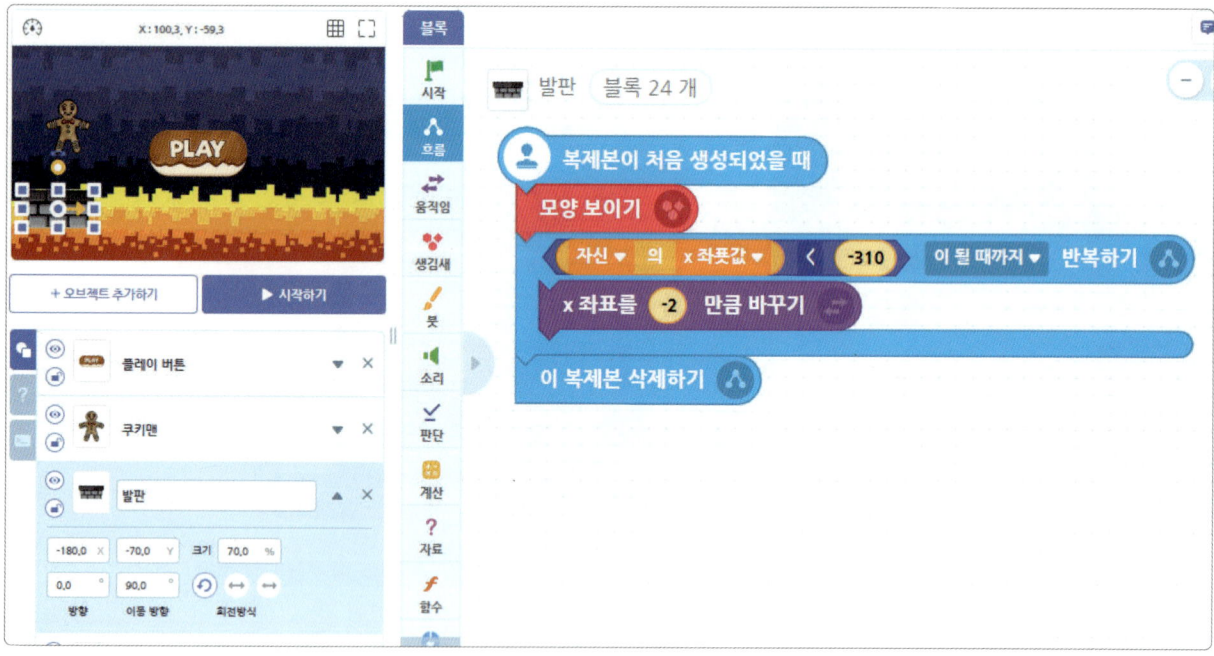

오브젝트의 원본을 표현할 때는 [발판의 x좌푯값] 블록을 사용하고 오브젝트의 복제본을 표현할 때는 [자신의 x좌푯값] 블록을 사용해요.

3 쿠키맨 움직임 설정하기

❶ '쿠키맨' 오브젝트를 선택하고 '탈출 시작' 신호를 받으면 화면에 나타나 '발판'에 닿을 때까지 아래쪽으로 이동하도록 코딩합니다.

❷ '쿠키맨'이 아래쪽으로 이동하다가 아래쪽 벽에 닿으면 '탈출 실패' 신호를 보내 게임이 종료되도록 코딩합니다.

❸ '탈출 시작' 신호를 받았을 때 '쿠키맨'이 '발판'에 닿으면 '발판'과 함께 왼쪽으로 밀려나는 모습을 표현하도록 코딩합니다.

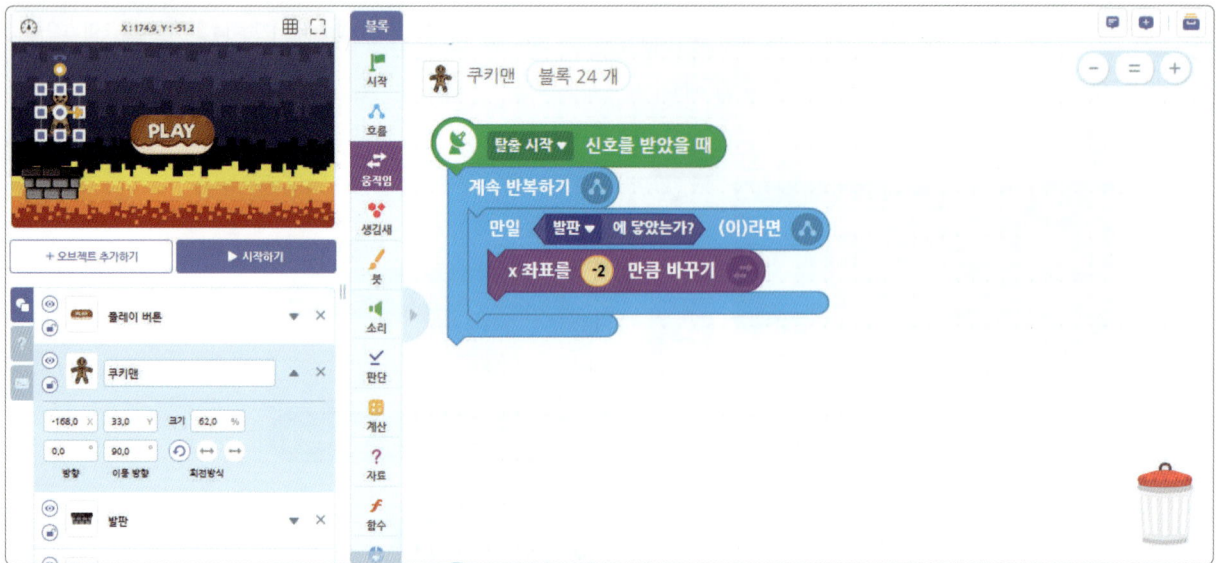

 복제된 '발판'이 자신의 x좌푯값이 '-360'보다 작아질 때까지 계속해서 왼쪽으로 이동하도록 코딩했어요. '쿠키맨'이 '발판'에 닿으면 '쿠키맨'을 왼쪽으로 이동시켜 '쿠키맨'이 '발판'과 함께 왼쪽으로 밀려나는 모습을 표현해요.

❹ '쿠키맨'이 '발판'에 닿은 상태일 때 '스페이스' 키를 누르면 점프하도록 코딩합니다.

❺ '쿠키맨'이 점프하며 공중에서 회전하도록 코딩합니다.

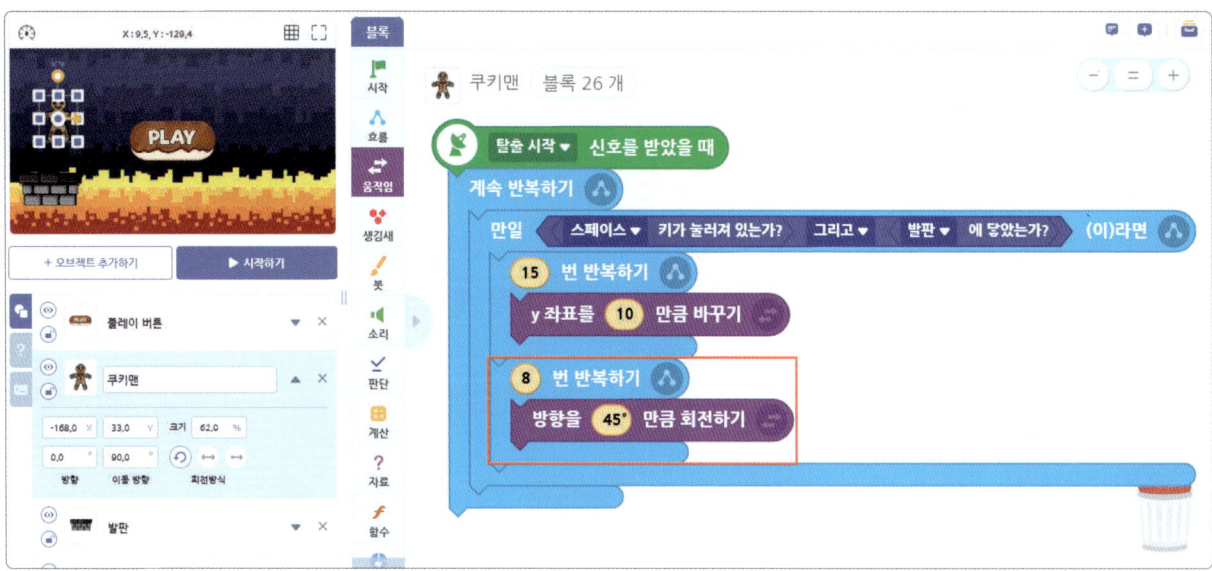

❻ 키보드의 좌우 방향키를 누르면 '쿠키맨'이 해당 방향으로 이동하도록 코딩합니다.

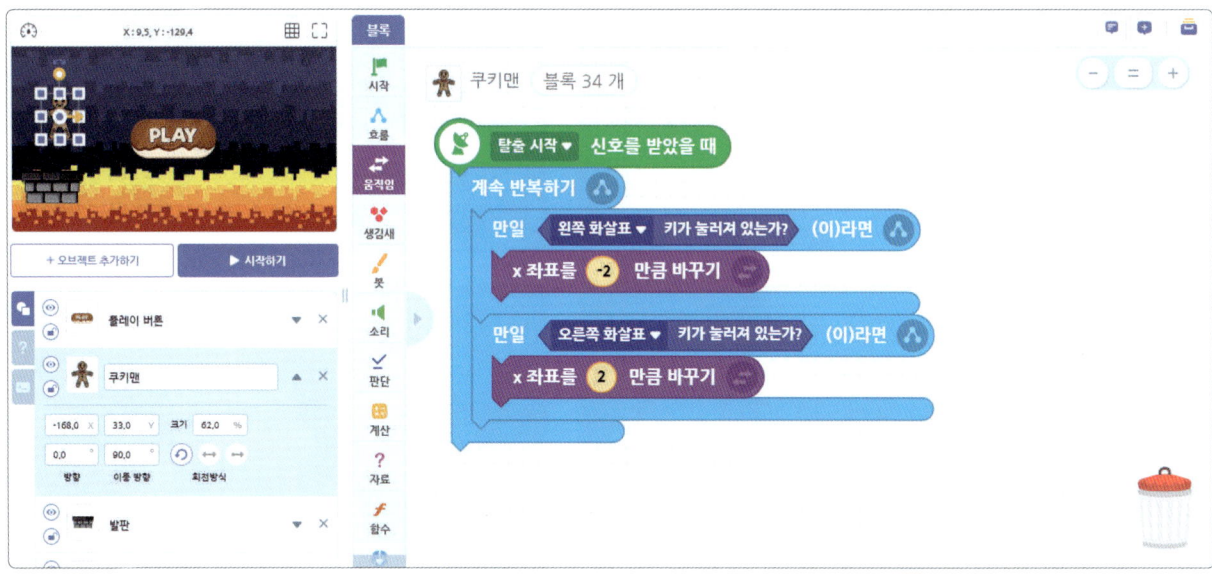

앞서 '쿠키맨'이 '발판'에 닿으면 '발판'과 함께 왼쪽으로 밀려나도록 코딩했기 때문에 '쿠키맨'이 '발판'에 닿아 있을 때 '오른쪽 화살표' 키를 눌러도 '쿠키맨'은 오른쪽으로 이동하지 않아요. '쿠키맨'이 점프를 했을 때는 '발판'에 닿아 있는 상태가 아니므로 '오른쪽 화살표' 키를 누르면 오른쪽으로 이동해요.

❼ 게임이 완성되면 게임을 실행하여 '쿠키맨'이 용암에 빠지지 않도록 점프하며 이동해 봅니다.

Chapter 06

게임 업그레이드
구워지기 전에 탈출! 레벨 업!

학습목표
- 글상자를 이용하여 화면에 탈출 거리를 표시해요.
- 쿠키맨이 불과 왼쪽 벽에 닿으면 게임에 실패해요.
- 배경을 이동하여 쿠키맨이 이동하는 느낌을 표현해요.
- 함수를 이용하여 탈출 성공, 탈출 실패 시 장면과 효과음을 출력해요.

 미리보기 • 예제 파일 : 06강 구워지기 전에 탈출(예제).ent • 완성 파일 : 06강 구워지기 전에 탈출(완성).ent

게임 업그레이드

- 오브젝트 추가하여 장면 꾸미기
- 탈출 거리 점점 감소하기
- 불이 발판 랜덤의 위치에서 나타나기
- 배경 이동시키기

- 쿠키맨이 왼쪽 벽이나 불에 닿으면 게임 실패하기
- 게임 시작되면 배경음악 재생하기
- 함수 이용하여 장면 변경하고 효과음 재생하기

게임 장면 꾸미기

❶ 엔트리를 실행하고 '05'강에서 저장한 파일을 불러온 후 +오브젝트 추가하기를 클릭하고 [06강 요소] 폴더에서 '남은 거리 판', '불1' 오브젝트를 추가하여 그림과 같이 장면을 꾸밉니다.

Tip '불' 오브젝트를 선택하고 [모양] 탭-[모양 추가하기]를 클릭하여 '불2'~'불3' 모양을 추가해요.

❷ [속성] 탭에서 변수('탈출 거리', '발판 생성 상황')와 신호('탈출 성공')를 생성하고 변수를 실행 화면에서 숨깁니다.

❸ +오브젝트 추가하기를 클릭하여 '글상자' 오브젝트를 추가하고 오브젝트 이름을 '탈출 거리'로 변경합니다.

❹ 이어서 글꼴('잘난체'), 글자색('노랑'), 배경색('없음')을 지정하고 글상자 내용을 "0"으로 입력한 후 '남은 거리 판' 오브젝트 위치로 이동시킵니다.

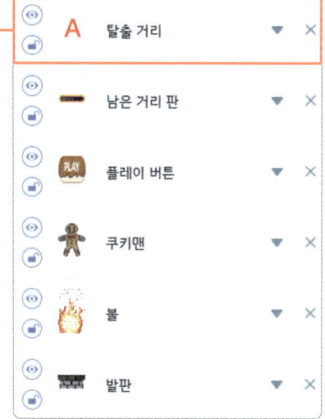

2 배경음악과 효과음 추가하기

❶ '배경' 오브젝트를 선택하고 [소리] 탭–[소리 추가하기]–[파일 올리기]를 클릭하여 '배경음악' 파일을 불러온 후 게임이 시작되면 '배경음악'이 재생되도록 코딩합니다.

Tip 다운로드 받은 '배경음악' 파일이 없다면 [06강 요소] 폴더에서 '배경음악' 파일을 불러와요.

❷ '플레이 버튼' 오브젝트를 선택하고 ❶과 같은 방법으로 '탈출 실패 효과음', '탈출 성공 효과음' 파일을 불러옵니다.

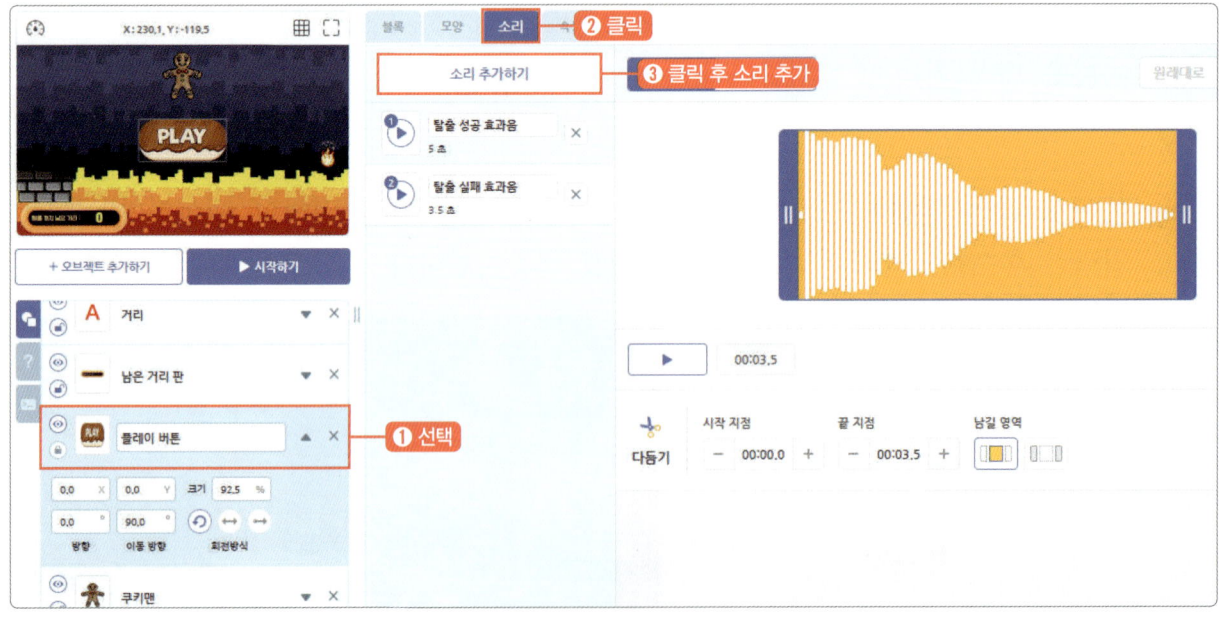

❸ [함수] 그룹-[함수 만들기]를 클릭하여 그림과 같이 함수를 정의합니다.

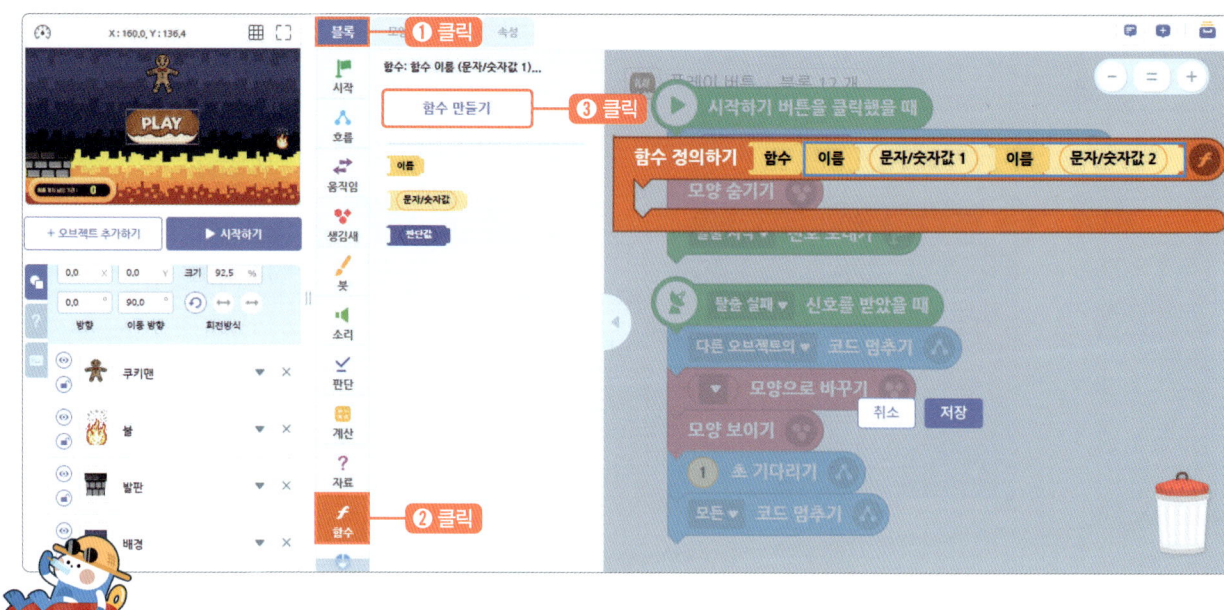

Tip
함수는 같은 코드를 계속해서 사용할 때 유용하게 사용할 수 있는 기능이에요.

❹ 함수 이름을 '화면 띄우기 함수', '모양', '음악'으로 각각 변경하고 함수가 호출되면 '배경음악'을 멈추고 해당 장면과 효과음이 출력되도록 코딩한 후 [저장]을 클릭합니다.

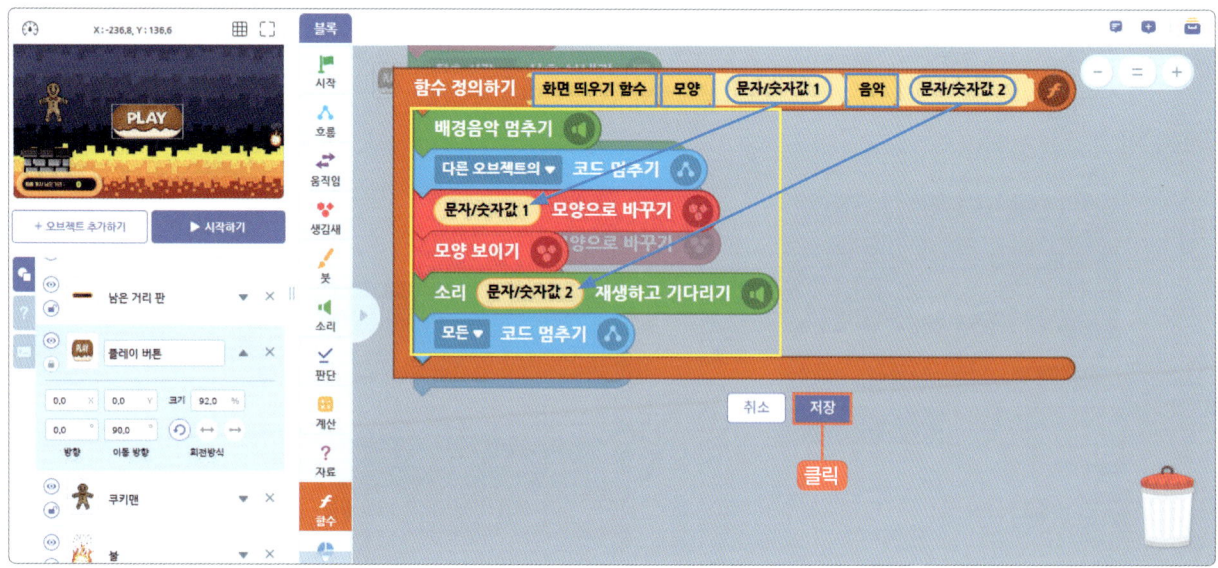

- 위 코드 중 일부는 '탈출 실패' 신호를 받았을 때 '플레이 버튼'의 코드와 동일해요. 함수를 활용하여 이전 시간에 작성한 코드를 간단하게 변경해 볼 거예요.
- '화면 띄우기 함수' 함수를 호출하면 호출된 모양 이름과 소리 이름으로 코드를 실행해요.

❺ '탈출 실패' 신호를 받으면 '화면 띄우기 함수' 함수를 호출하고 모양을 '게임 오버' 모양으로, 소리를 '탈출 실패 효과음'으로 출력하도록 코드를 수정합니다.

[모양] 탭과 [소리] 탭에서 출력할 모양 이름과 소리 이름을 확인해요.

❻ '탈출 성공' 신호를 받으면 '화면 띄우기 함수' 함수를 호출하고 모양을 '게임 성공' 모양으로, 소리를 '탈출 성공 효과음'으로 출력하도록 코딩합니다.

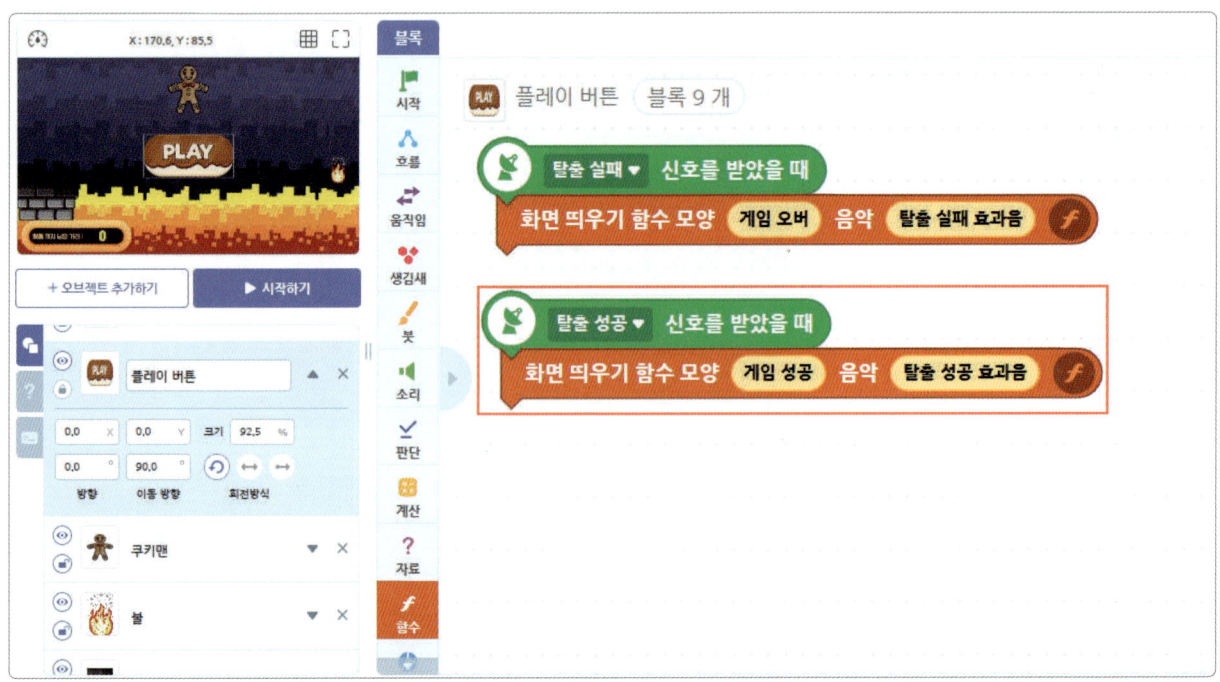

056 _ 피스켈&엔트리로 만드는 픽셀 게임 **초등 코딩 게임 만들기**

3 배경 이동 설정하기

❶ '배경' 오브젝트를 선택하고 '탈출 시작' 신호를 받으면 복제본을 생성한 후 계속해서 왼쪽으로 이동하다가 '배경'의 x좌푯값이 '-470'보다 작아지면 다시 오른쪽 끝으로 이동하도록 코딩합니다.

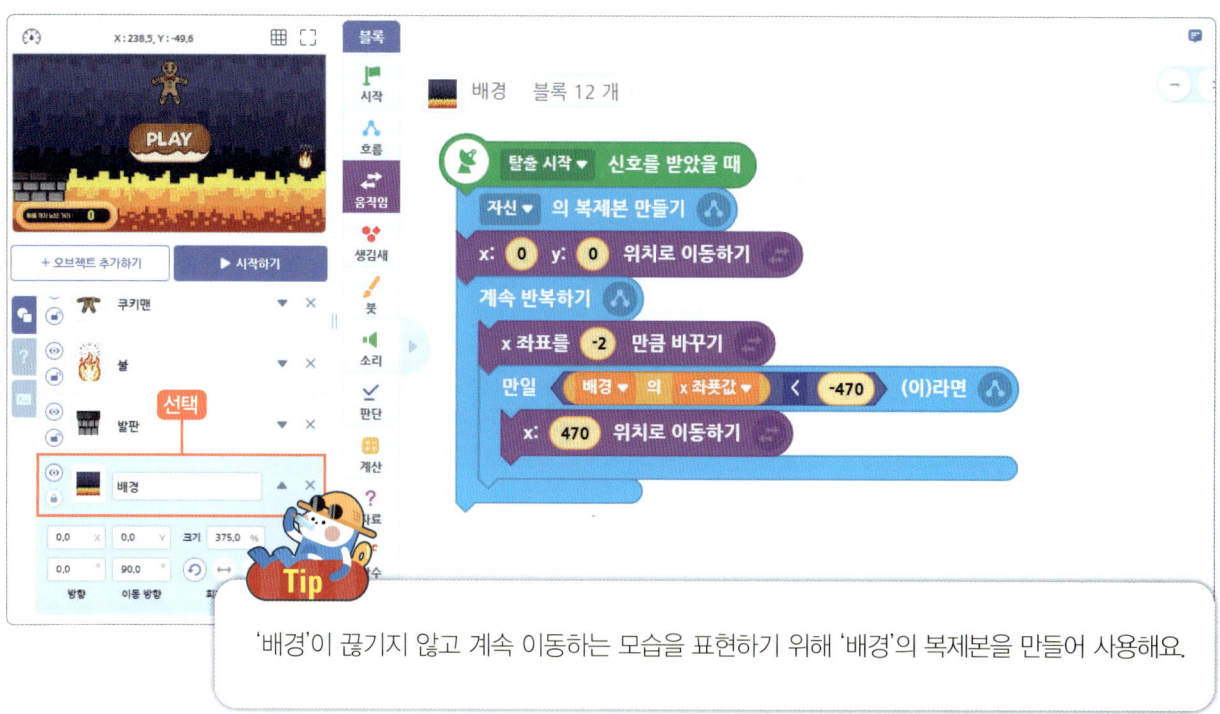

Tip '배경'이 끊기지 않고 계속 이동하는 모습을 표현하기 위해 '배경'의 복제본을 만들어 사용해요.

❷ '배경'의 복제본이 화면 오른쪽 끝에서부터 계속해서 왼쪽으로 이동하다가 복제본의 x좌푯값이 '-470'보다 작아지면 다시 오른쪽 끝으로 이동하도록 코딩합니다.

Tip 원본 '배경'은 x: 0, y: 0 위치에서 왼쪽으로 이동하고 복제된 '배경'은 x: 470, y: 0 위치에서 왼쪽으로 이동하여 서로 이어지는 '배경'을 만들 수 있어요.

4 발판 생성 상황 설정하기

❶ '발판' 오브젝트를 선택하고 '발판'이 복제될 때와 복제되지 않을 때를 '발판 생성 상황' 변숫값으로 기록하도록 코드를 추가합니다.

 '발판'이 복제될 때는 '발판 생성 상황' 변숫값을 '1'로 지정하고 '발판'이 복제되지 않을 때는 '발판 생성 상황' 변숫값을 '0'으로 지정하는 코드예요.

5 타오르는 불 설정하기

❶ '불' 오브젝트를 선택하고 게임이 시작되면 화면에서 모양을 숨기도록 코딩합니다.

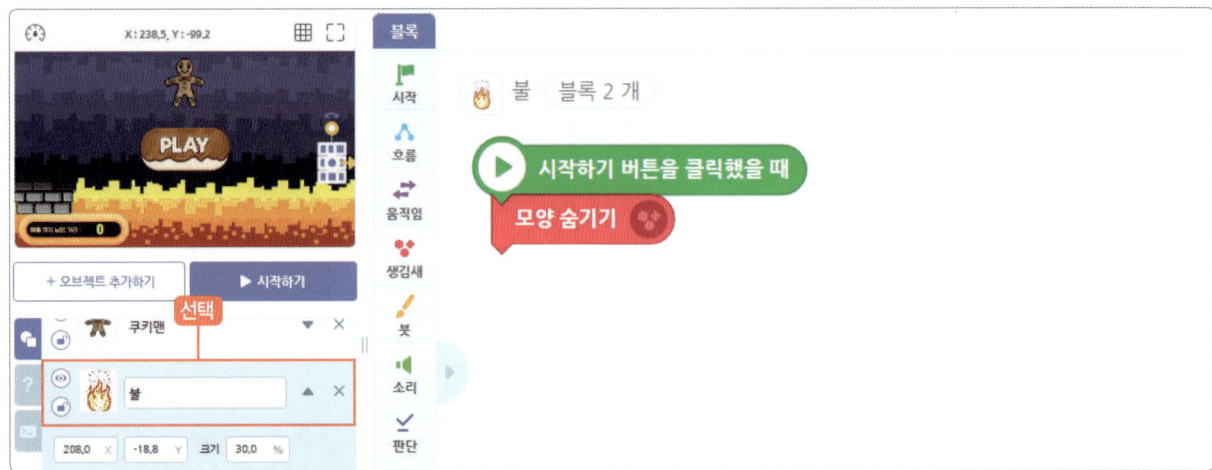

❷ '탈출 시작' 신호를 받으면 랜덤의 시간 간격으로 '발판 생성 상황' 변숫값이 '1'인지 확인하고 변숫값이 '1'이면 '불'의 복제본을 생성하도록 코딩합니다.

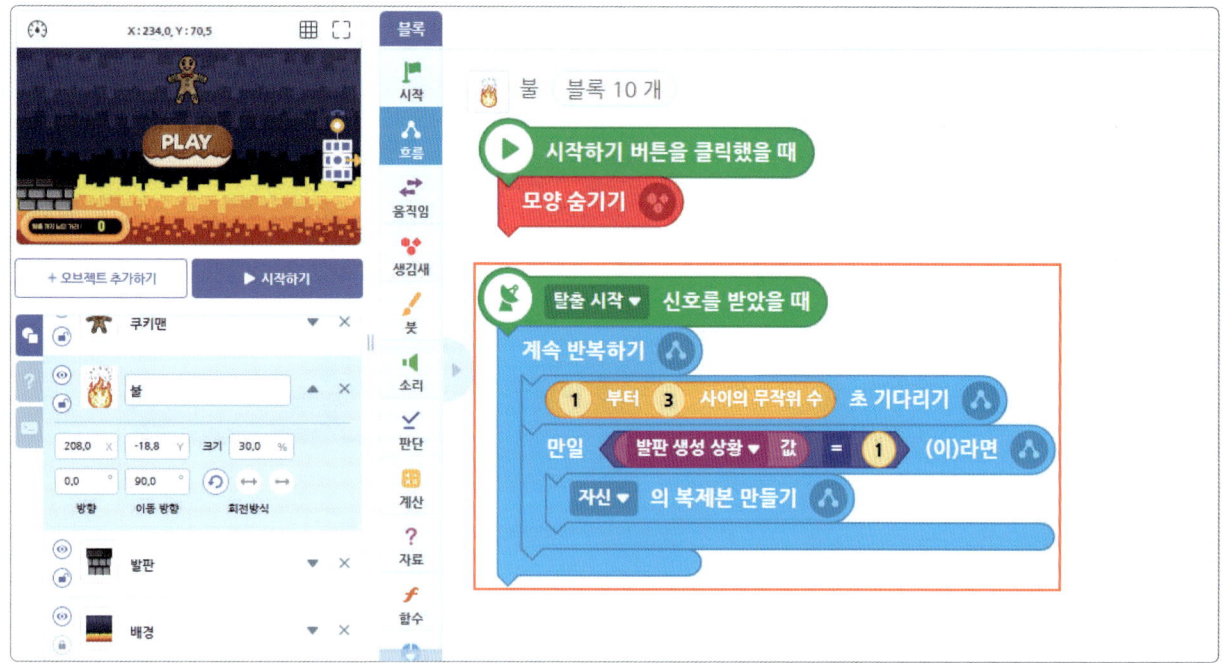

 '발판'이 복제될 때 '발판 생성 상황' 변숫값을 '1'로 지정하도록 코딩했기 때문에 '발판 생성 상황' 변숫값이 '1'이라는 것은 '발판'이 복제되고 있다는 의미예요. '발판'이 복제되고 있을 때 랜덤의 시간 간격으로 '불'도 복제하도록 하는 코드예요.

❸ '불'이 활활 타오르는 모습을 표현하도록 코딩합니다.

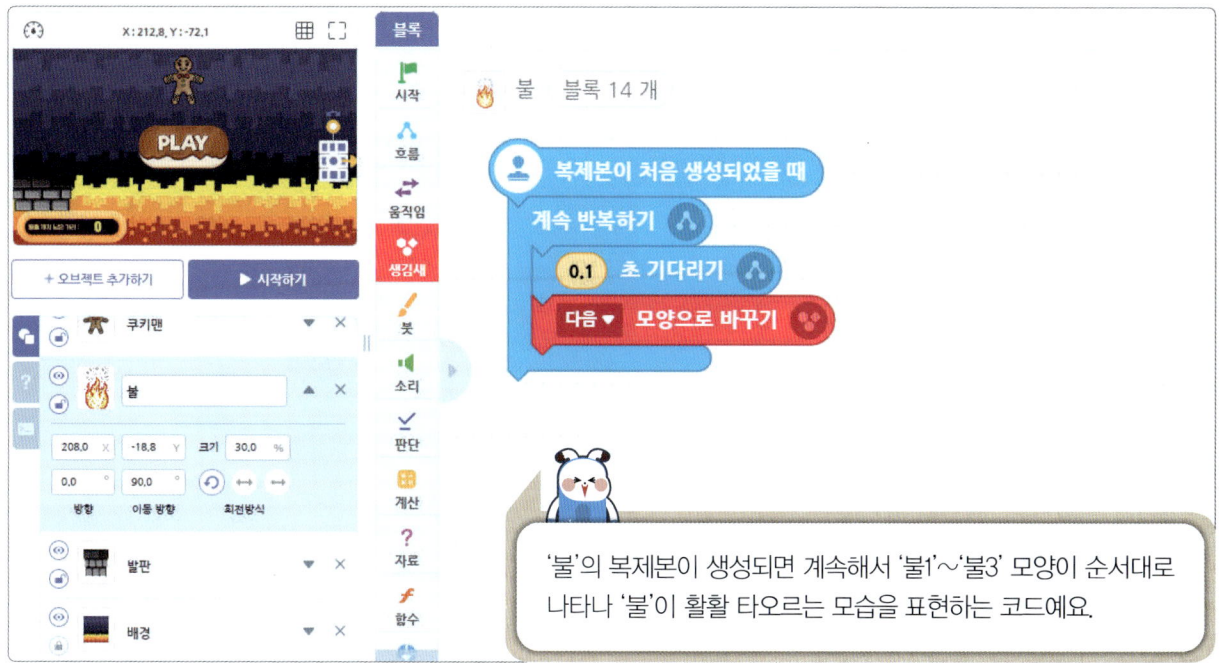

'불'의 복제본이 생성되면 계속해서 '불1'~'불3' 모양이 순서대로 나타나 '불'이 활활 타오르는 모습을 표현하는 코드예요.

④ 복제된 '불'이 '발판'의 높이보다 위쪽에서 나타나도록 코딩합니다.

- 이전 시간에 '높이' 변숫값으로 '발판'이 생성되는 높이를 지정했어요.
- '불'이 '발판' 위에서 타오르는 모습을 표현하기 위해 '불'의 높이는 '발판'보다 높게 설정해요.

⑤ 복제된 '불'의 x좌푯값이 '-280'보다 작아질 때까지 왼쪽으로 이동하다가 '쿠키맨'에 닿으면 '탈출 실패' 신호를 보내고 x좌푯값이 '-280'보다 작아지면 복제본이 삭제되도록 코딩합니다.

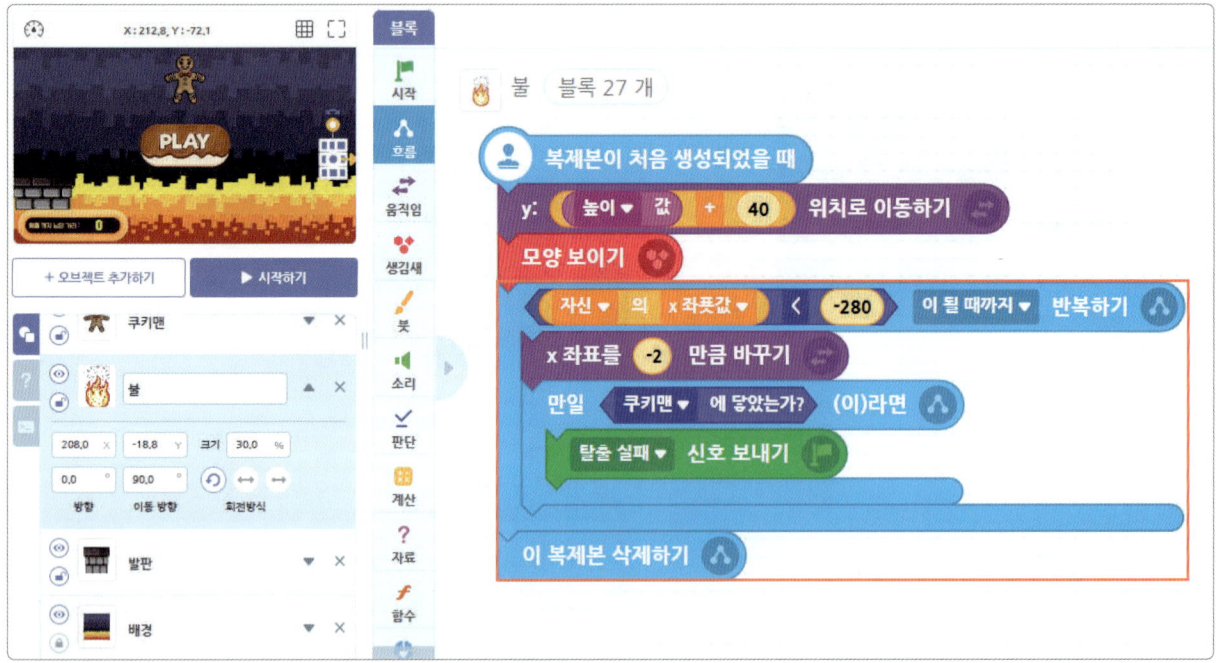

6 게임 조건 추가하기

❶ '쿠키맨' 오브젝트를 선택하고 '탈출 시작' 신호를 받으면 '쿠키맨'이 왼쪽 벽에 닿을 때까지 기다렸다가 왼쪽 벽에 닿으면 '탈출 실패' 신호를 보내도록 코딩합니다.

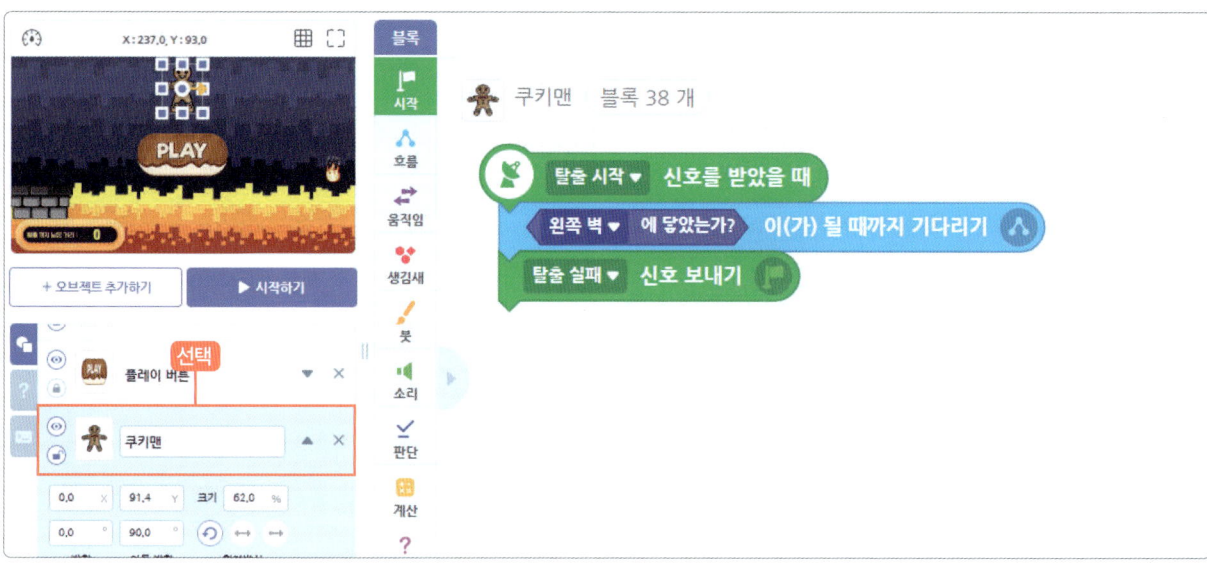

❷ '탈출 거리' 오브젝트를 선택하고 게임이 시작되면 '탈출 거리' 변수의 초기 값을 '500'으로 지정하고 계속해서 화면에 '탈출 거리' 변숫값이 출력되도록 코딩합니다.

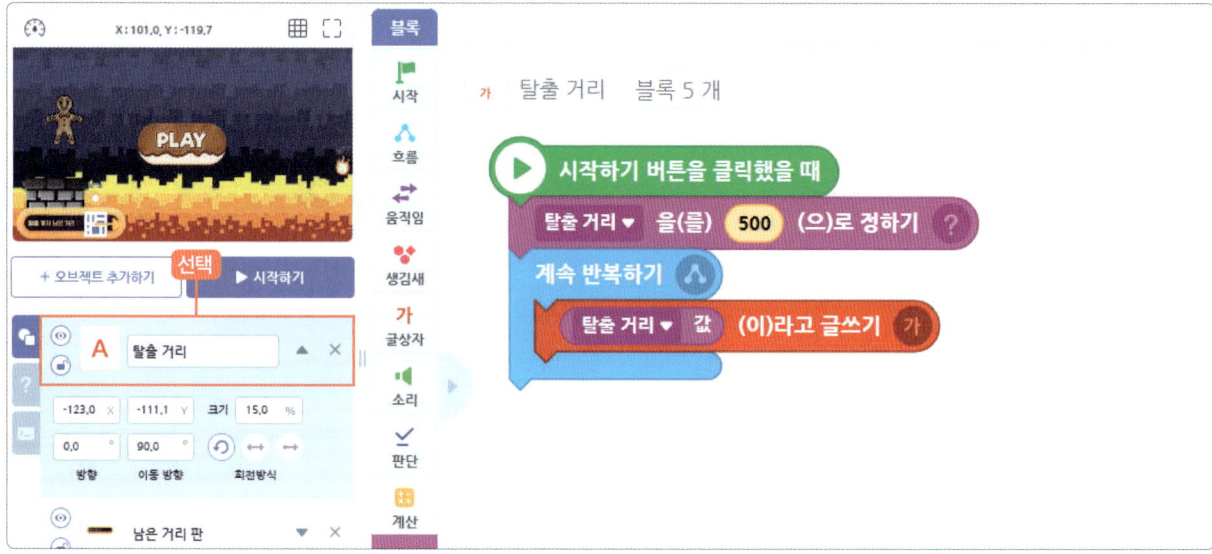

'탈출 거리' 변수의 초기 값은 자유롭게 입력해도 좋아요. 초기 값이 클수록 게임에 성공하기 어려워지고 작아질수록 빠르게 게임에 성공할 수 있어요.

❸ '탈출 시작' 신호를 받으면 '0.1'초 간격으로 '탈출 거리' 변숫값이 줄어들도록 코딩합니다.

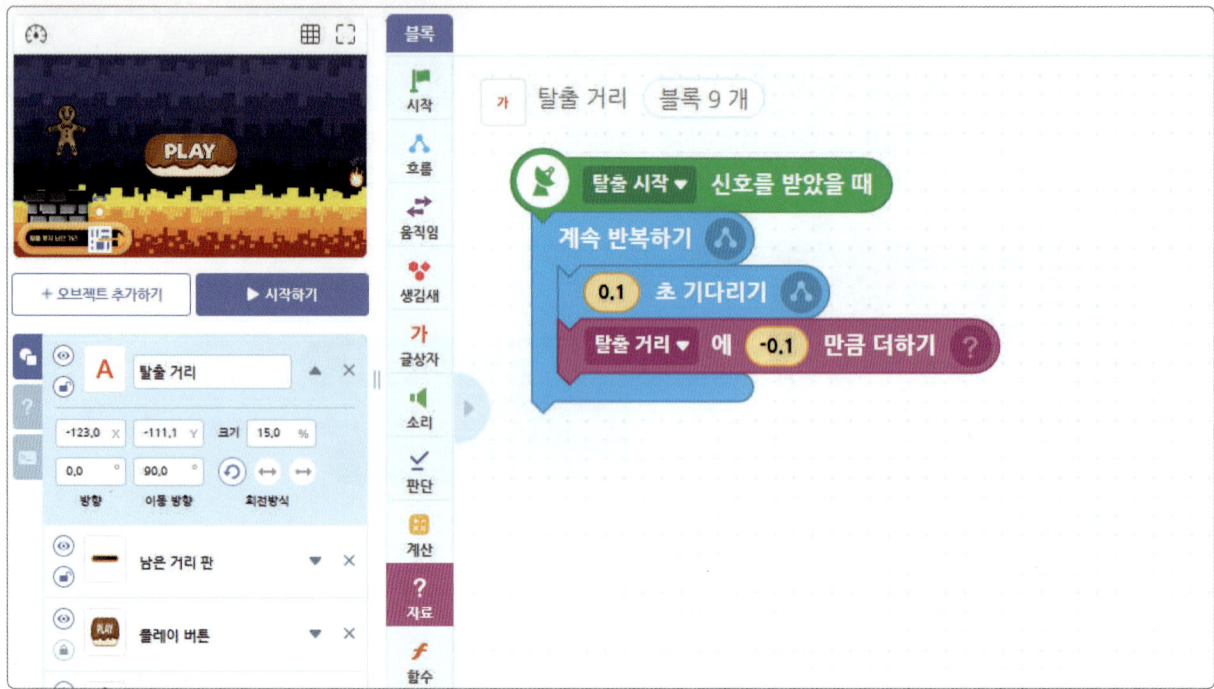

❹ '탈출 거리' 변숫값이 '0.1'보다 작아지면 '탈출 성공' 신호를 보내도록 코딩합니다.

❺ 게임이 완성되면 게임을 실행하여 업그레이드된 게임을 체험해 봅니다.

Chapter 07

게임 디자인

꼬마 유령 대소동! 장면 만들기

학습목표
- 피스켈에서 게임에 필요한 오브젝트를 만들어요.
- 게임에 필요한 음악을 다운로드해요.
- 오브젝트를 추가하여 게임 장면을 만들어요.

미리보기
- 예제 파일 : 07강 꼬마 유령 대소동(예제).ent
- 완성 파일 : 07강 꼬마 유령 대소동(완성).ent

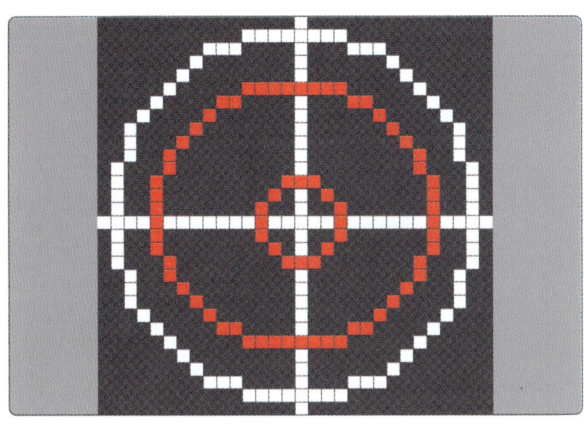

사용 프로그램

- **피스켈** : 게임에서 사용할 오브젝트를 만듭니다.
- **픽사베이** : 게임에서 사용할 음악을 다운로드합니다.
- **엔트리** : 장면을 꾸미고 게임을 제작합니다.

1 피스켈로 오브젝트 만들기

❶ 제작할 게임의 스토리를 확인합니다.

> 숲에 숨어 살며 동물들을 잡아가거나 사람들을 놀라게 하는 장난을 즐기는 꼬마 유령들! 꼬마 유령을 잡기 위해 마을 사람들이 숲으로 모였어요. 마을 사람들은 꼬마 유령을 잡기 위해 다양한 무기들을 가져왔어요. 이 중 오늘 꼬마 유령을 잡기 위해 선택된 무기는 과녁이 달려 있어 꼬마 유령을 조준할 수 있는 화살이에요. 과녁을 이용해 숲속에 숨어 있는 꼬마 유령을 찾고 과녁을 조준하여 꼬마 유령을 물리쳐 볼까요?

❷ 제작할 오브젝트를 확인합니다.

❸ 피스켈 아이콘(▦)을 더블클릭하여 프로그램을 실행하고 [원 툴(◉)]을 클릭한 후 펜 사이즈('1')와 펜 색('흰색')을 선택하여 그림과 같이 과녁을 그립니다.

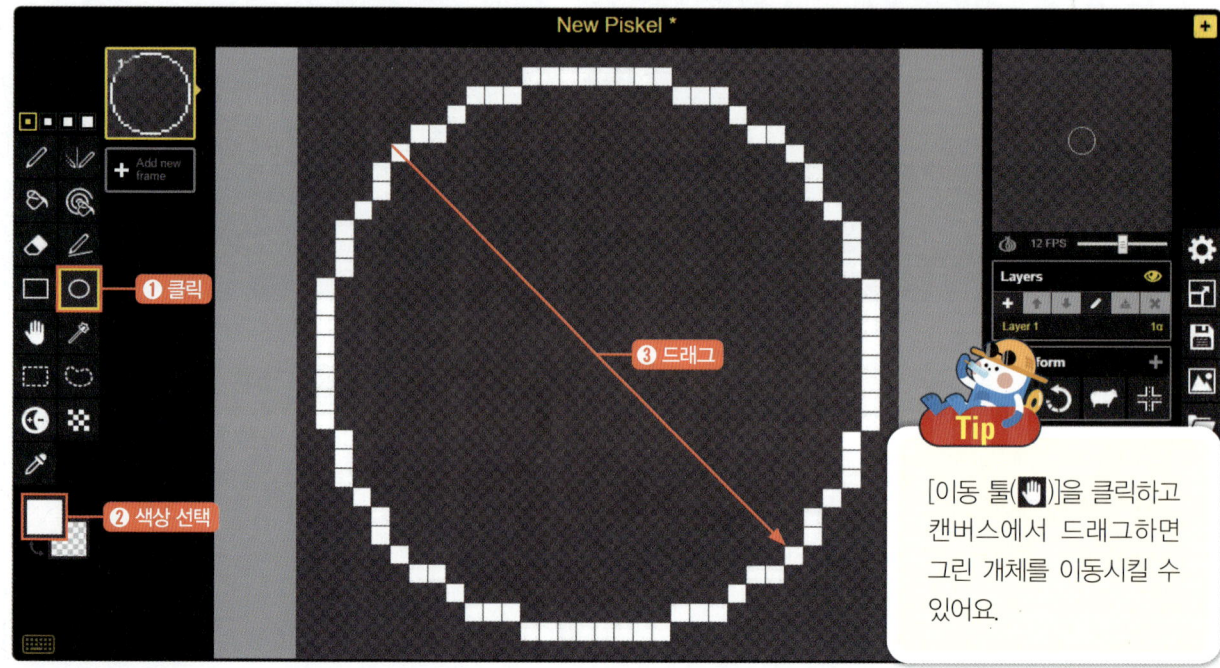

Tip: [이동 툴(✋)]을 클릭하고 캔버스에서 드래그하면 그린 개체를 이동시킬 수 있어요.

④ [원 툴(◯)]과 [펜 툴(✏️)]을 이용하여 그림과 같이 과녁을 그려 봅니다.

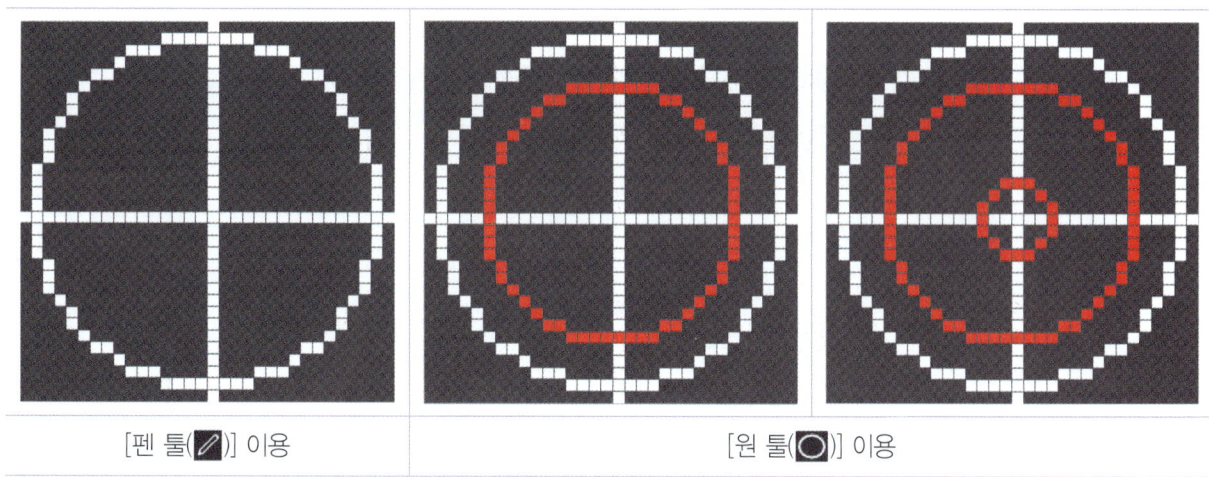

[펜 툴(✏️)] 이용   [원 툴(◯)] 이용

펜 색은 자유롭게 변경하며 작업해요.

⑤ [내보내기(🖼️)]-[PNG]를 클릭하고 이미지 크기를 지정한 후 [Download]를 클릭하여 이미지 파일('과녁')로 저장합니다.

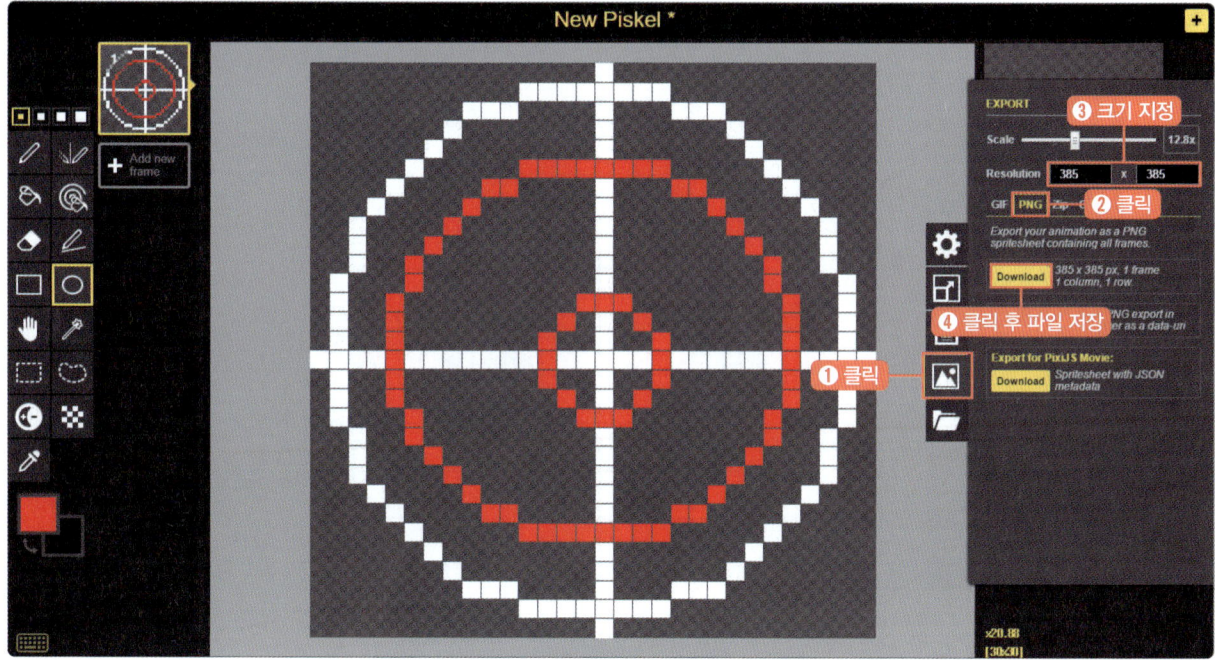

❻ [새 스프라이트(➕)]를 클릭하여 새로운 캔버스가 실행되면 [캔버스 설정(🗔)]을 클릭하고 캔버스의 크기를 변경합니다.

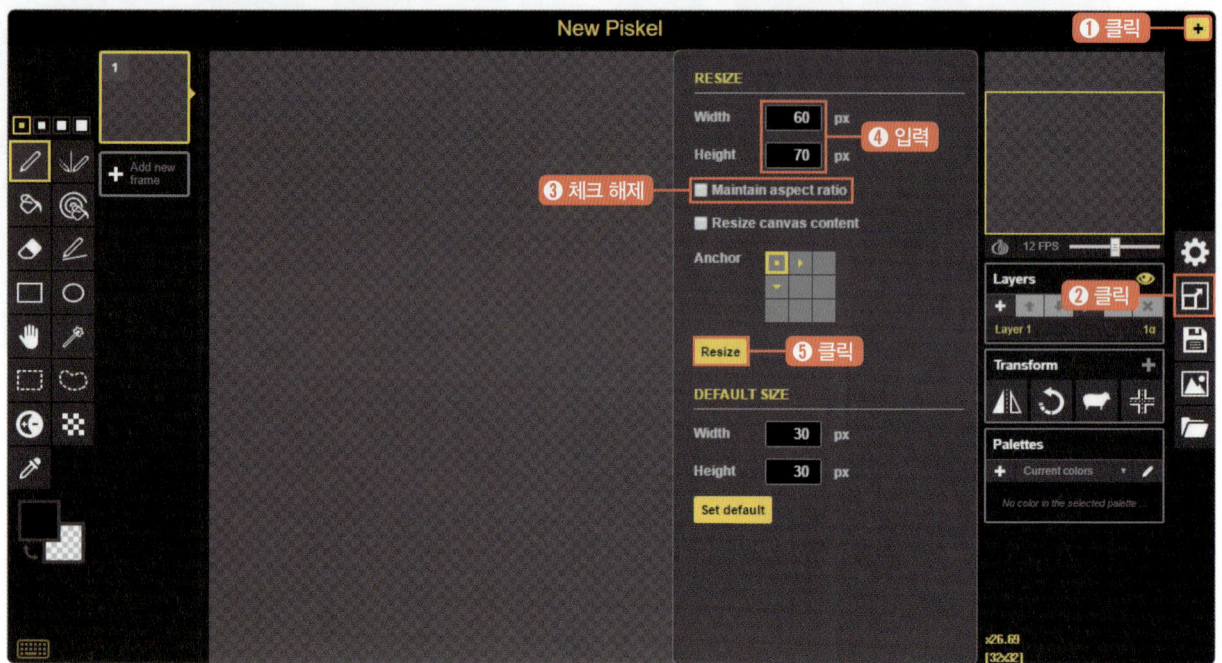

❼ 다양한 도구를 이용하여 자유롭게 '유령1' 오브젝트를 그립니다.

❽ ❺와 같은 방법으로 '유령1' 오브젝트를 이미지 파일로 저장하고 ❻~❼과 같은 방법으로 '유령2', '유령3' 오브젝트를 만든 후 이미지 파일로 저장합니다.

2 배경음악과 효과음 다운로드하기

❶ 픽사베이 사이트(https://pixabay.com)에 접속하여 [음악] 카테고리를 클릭하고 게임 스토리에 어울리는 배경음악을 검색합니다.

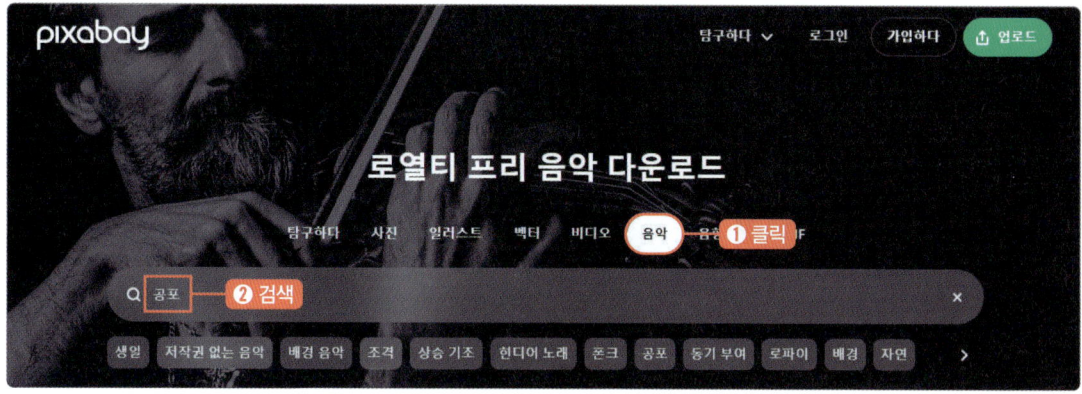

❷ 검색된 음악이 표시되면 게임 스토리에 어울리는 배경음악을 찾아 다운로드합니다.

❸ [음향 효과] 카테고리를 클릭하고 게임 실패 시 재생할 효과음을 찾아 다운로드합니다.

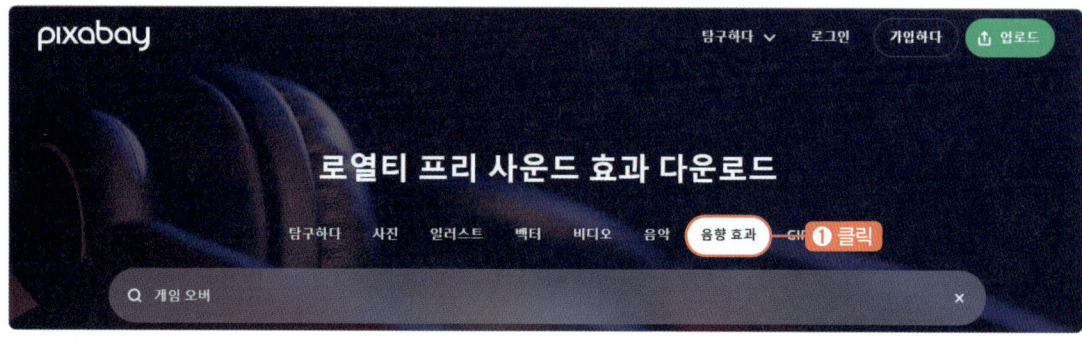

3 게임 장면 꾸미기

❶ 엔트리를 실행한 후 '07강 꼬마 유령 대소동(예제).ent' 파일을 불러와 를 클릭하여 [오브젝트 추가하기] 창이 나타나면 [파일 올리기]-[파일 올리기]를 클릭한 후 피스켈을 이용하여 만든 '과녁', '유령1' 오브젝트를 추가합니다.

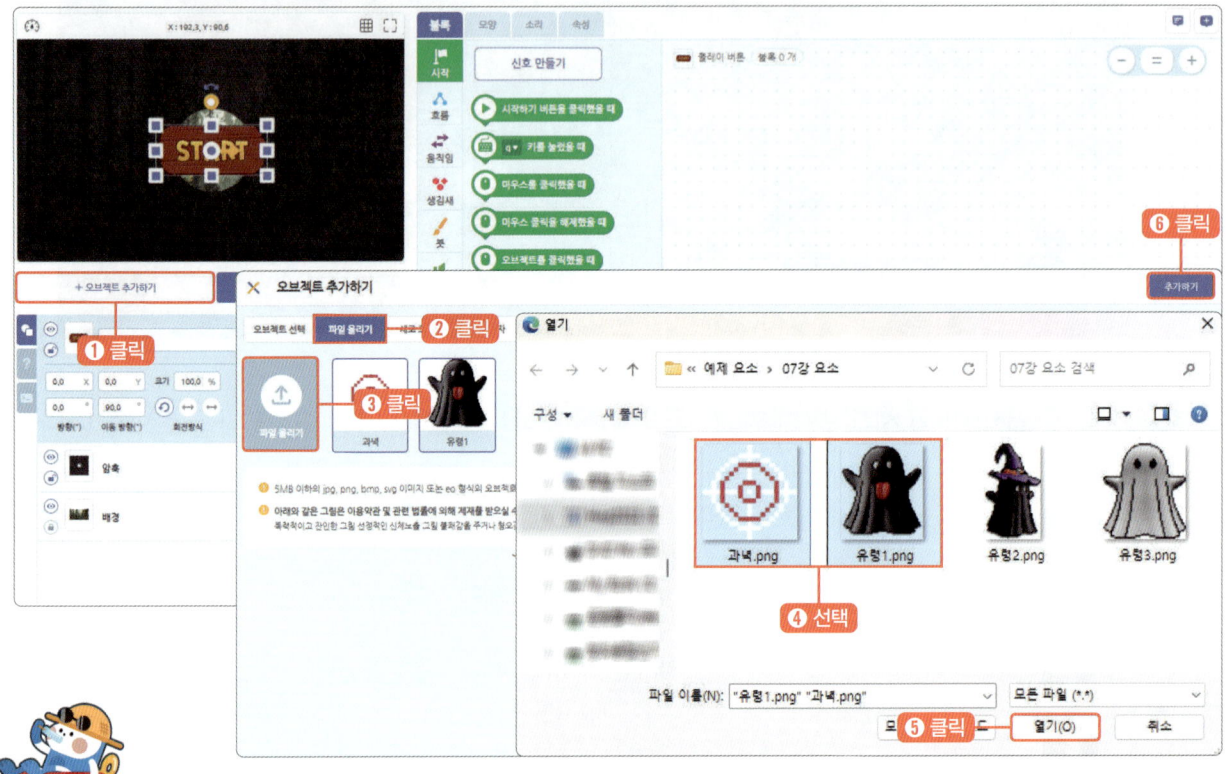

> **Tip**
> '과녁', '유령1' 오브젝트는 앞서 피스켈을 이용하여 만든 오브젝트로 불러와요. 단, 오브젝트를 만들지 못했다면 [07강 요소] 폴더에서 해당 오브젝트를 불러와요.

❷ 오브젝트 목록에서 오브젝트 순서와 이름을 그림과 같이 설정하고 실행 화면에서 오브젝트의 크기와 위치를 조절합니다.

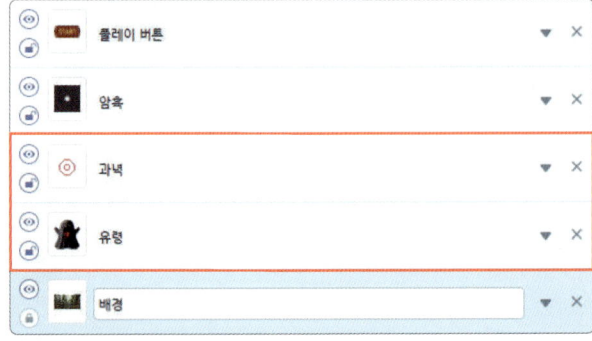 

❸ '유령' 오브젝트를 선택하고 [모양] 탭-[모양 추가하기]를 클릭하여 피스켈을 이용하여 만든 '유령2', '유령3' 모양을 추가합니다.

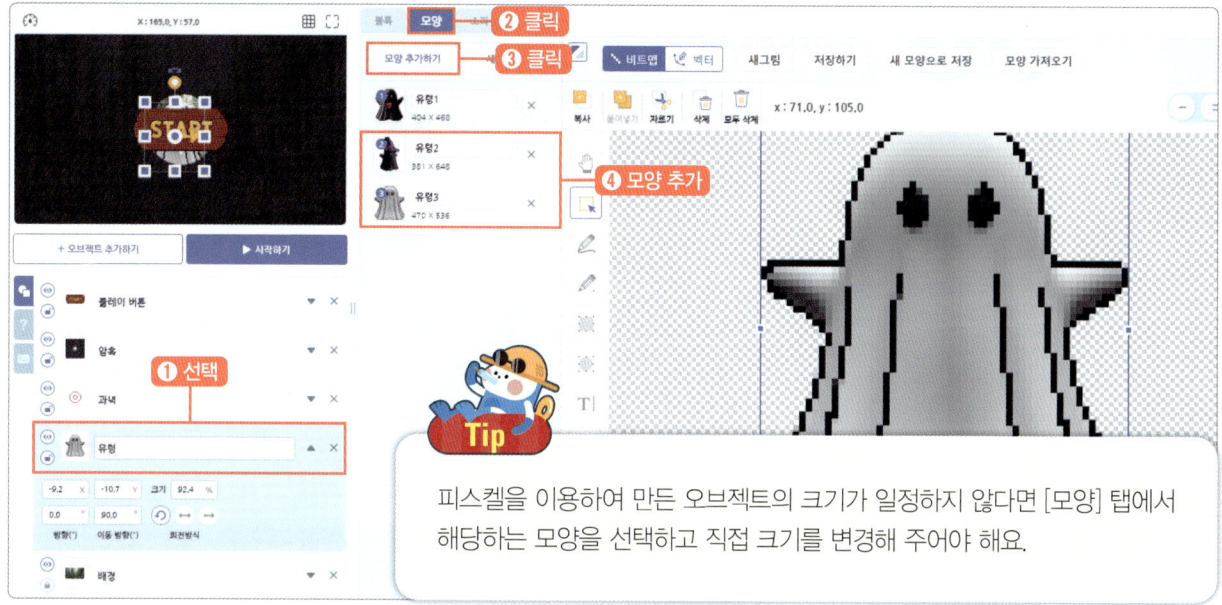

피스켈을 이용하여 만든 오브젝트의 크기가 일정하지 않다면 [모양] 탭에서 해당하는 모양을 선택하고 직접 크기를 변경해 주어야 해요.

❹ 오브젝트의 크기와 위치를 참고하여 장면을 완성해 봅니다.

오브젝트	위치	크기
과녁	x : 0.0 y : 0.0	100%
유령	x : -143.5 y : 18.3	78%

[07강 요소] 폴더에서 오브젝트를 불러와 사용했을 경우 오브젝트 목록에서 해당 오브젝트를 선택하고 위와 같이 크기와 위치 속성 값을 지정해요. 오브젝트를 직접 만들어 사용하는 경우 오브젝트 목록에서 속성 값을 변경해 가며 적절한 크기와 위치를 찾아요.

❺ 게임 장면이 완성되면 [저장하기(💾)]-[복사본으로 저장하기]를 클릭하여 '꼬마 유령 대소동' 파일을 저장합니다.

게임 만들기

Chapter 08

꼬마 유령 대소동! 게임 만들기

학습목표
- 키보드의 상하 방향키를 누르면 과녁이 상하로 이동해요.
- 키보드의 좌우 방향키를 누르면 유령과 배경이 좌우로 이동해요.
- 유령이 숲속 랜덤의 위치에서 모양을 변경하며 나타나요.
- 유령이 과녁에 닿았을 때 스페이스 키를 누르면 유령이 사라져요.

 미리보기　• 예제 파일 : 08강 꼬마 유령 대소동(예제).ent　• 완성 파일 : 08강 꼬마 유령 대소동(완성).ent

주요 블록

- `과녁▼ 위치로 이동하기` : 암흑이 과녁을 따라 이동합니다.
- `방향을 90° 만큼 회전하기` : 유령이 공격 당해 사라질 때 회전합니다.
- `참 그리고▼ 참` : 유령이 과녁에 닿고, 동시에 스페이스 키를 눌렀는지 확인합니다.

유령 잡기 시작, 유령 잡기 실패 장면 설정하기

① 엔트리를 실행하고 '07'강에서 저장한 파일을 불러온 후 [속성] 탭에서 신호('유령 잡기 실패', '유령 잡기 시작')를 생성합니다.

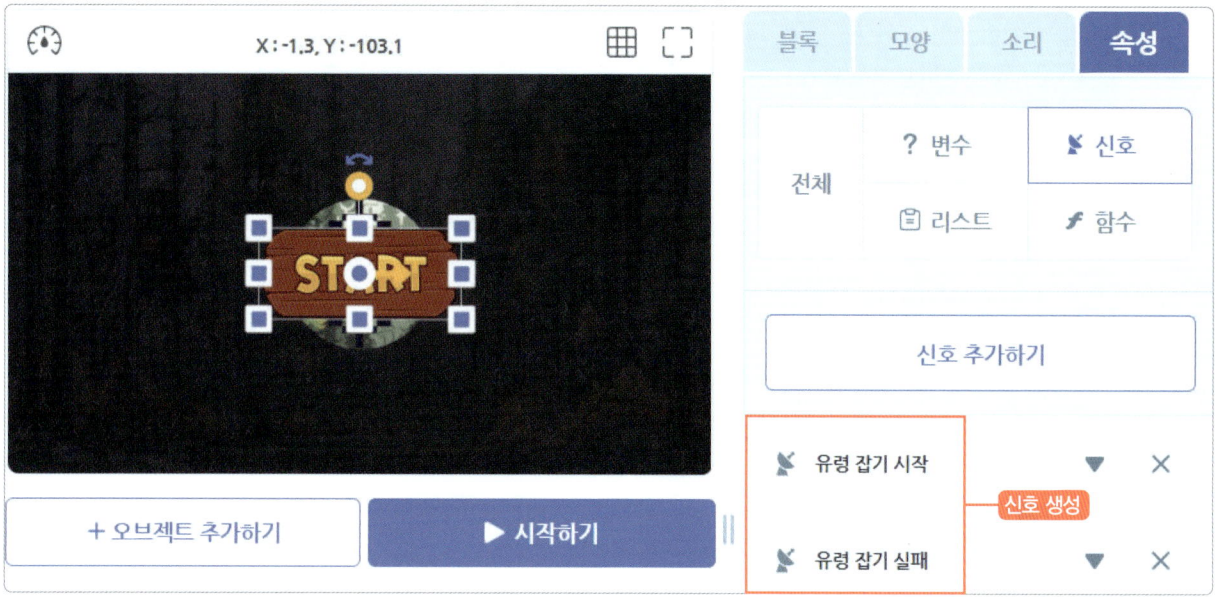

Tip
07강에서 저장한 파일이 없다면 '08강 꼬마 유령 대소동(예제).ent' 파일을 불러와 작업해요.

② '과녁', '유령', '암흑' 오브젝트를 각각 선택하고 게임이 시작되면 화면에서 모양을 숨기도록 코딩합니다.

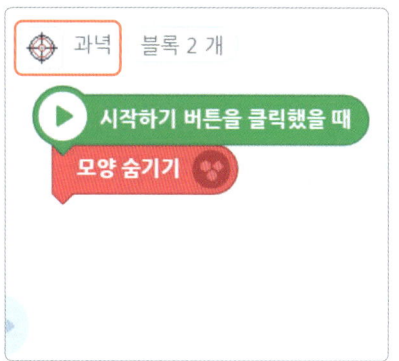
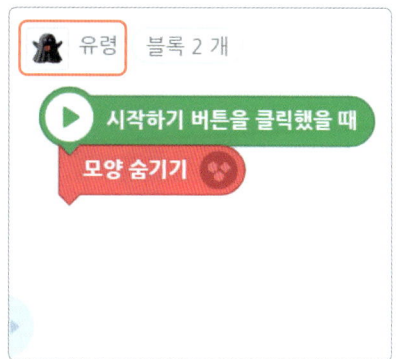
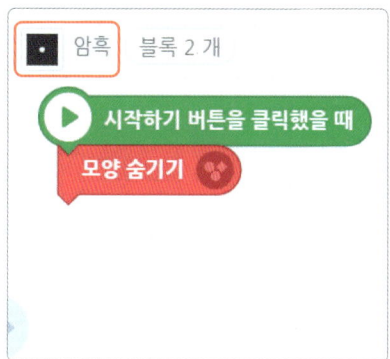

❸ '플레이 버튼' 오브젝트를 선택하고 '플레이 버튼'을 클릭하면 화면에서 모양을 숨기고 '유령 잡기 시작' 신호를 보내도록 코딩합니다.

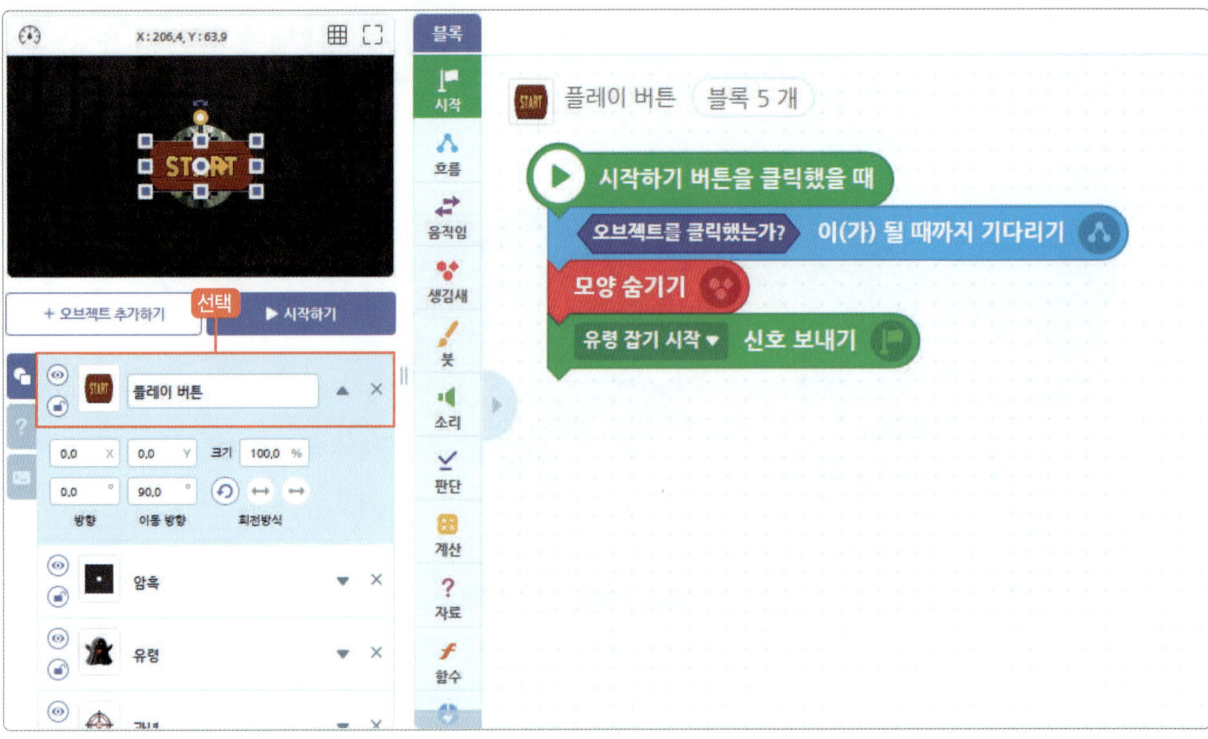

❹ 유령 잡기에 실패하여 '유령 잡기 실패' 신호를 받으면 다른 오브젝트의 움직임을 멈추고 '게임 오버' 모양을 화면에 표시한 후 게임이 종료되도록 코딩합니다.

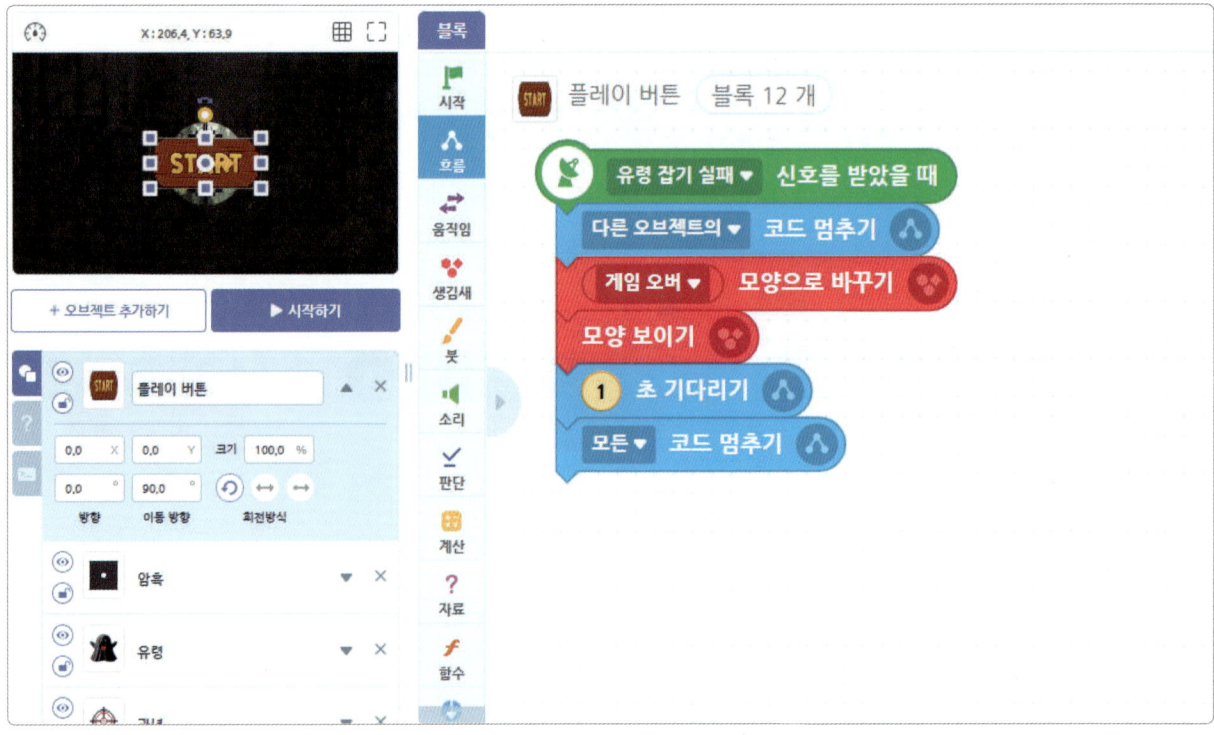

2 과녁과 암흑 이동 설정하기

❶ '과녁' 오브젝트를 선택하고 '유령 잡기 시작' 신호를 받으면 화면에 나타나 상하 방향키를 누르면 상하로 이동하도록 코딩합니다.

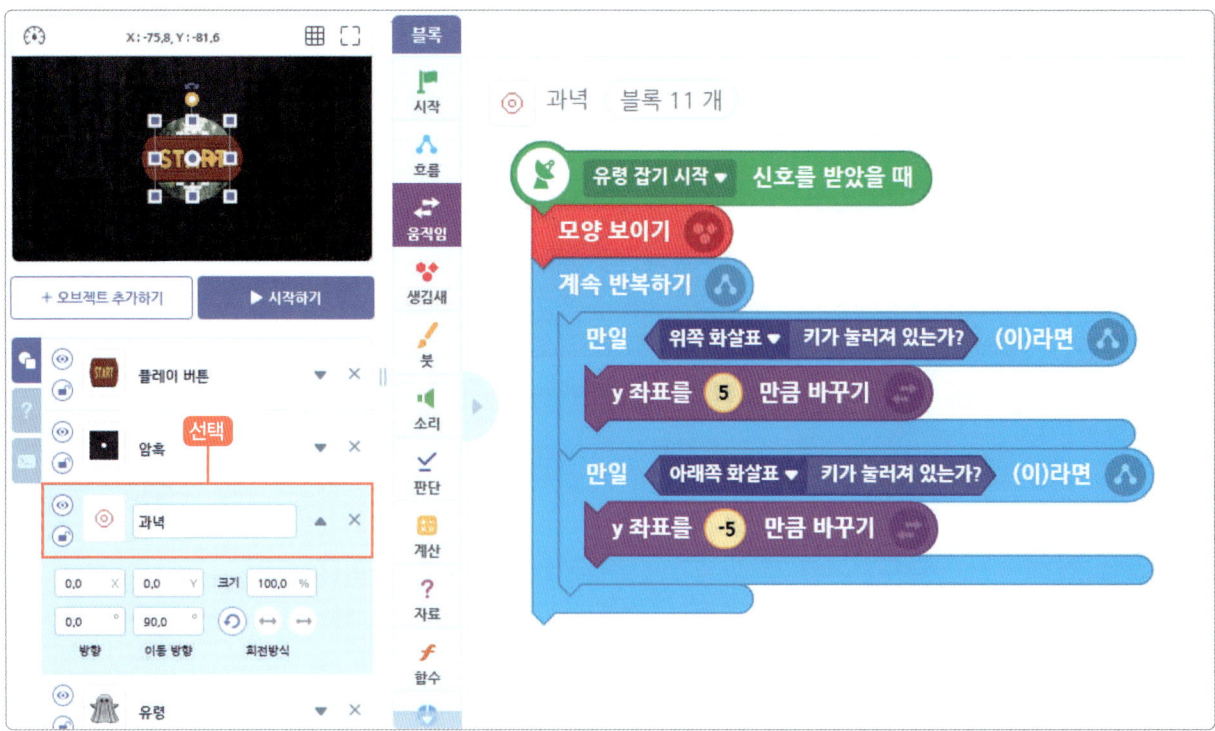

❷ '암흑' 오브젝트를 선택하고 '유령 잡기 시작' 신호를 받으면 화면에 나타나 계속해서 '과녁'을 따라 이동하도록 코딩합니다.

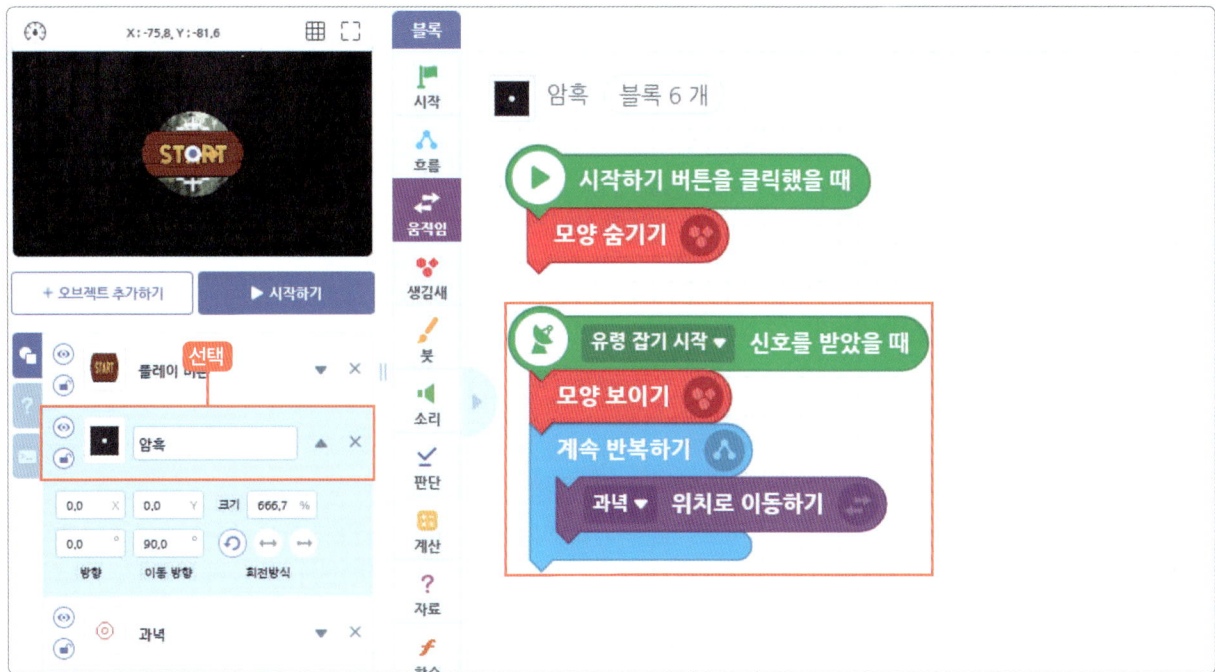

3 유령 이동 설정하기

❶ '유령' 오브젝트를 선택하고 '유령 잡기 시작' 신호를 받으면 계속해서 랜덤 모양의 '유령'이 랜덤 위치에서 3마리씩 복제되도록 코딩합니다.

> 게임의 재미를 위해 '유령'이 실행 화면 바깥에서도 생성되도록 x좌푯값을 '-1000'~'1000' 사이로 입력해요.

❷ 키보드의 좌우 방향키를 누르면 복제된 '유령'이 좌우로 이동하도록 코딩합니다.

'유령'을 이동시켜 '과녁'이 좌우로 움직이는 모습을 표현할 거예요. '과녁'이 오른쪽으로 이동하는 모습을 표현하려면 '유령'이 왼쪽으로 이동해야 해요. 따라서 '오른쪽 화살표' 키를 누르면 '유령'이 왼쪽으로 이동하고 '왼쪽 화살표' 키를 누르면 '유령'이 오른쪽으로 이동하도록 코딩해요.

❸ 복제된 '유령'이 '과녁'에 닿고 '스페이스' 키를 누르면 '유령'의 크기가 작아지며 회전한 후 사라지도록 코딩합니다.

방향 값을 크게 입력할수록 '유령'이 회전하는 속도가 빨라져요.

❹ '유령'이 복제되고 '10'초가 지나면 '유령 잡기 실패' 신호를 보내도록 코딩합니다.

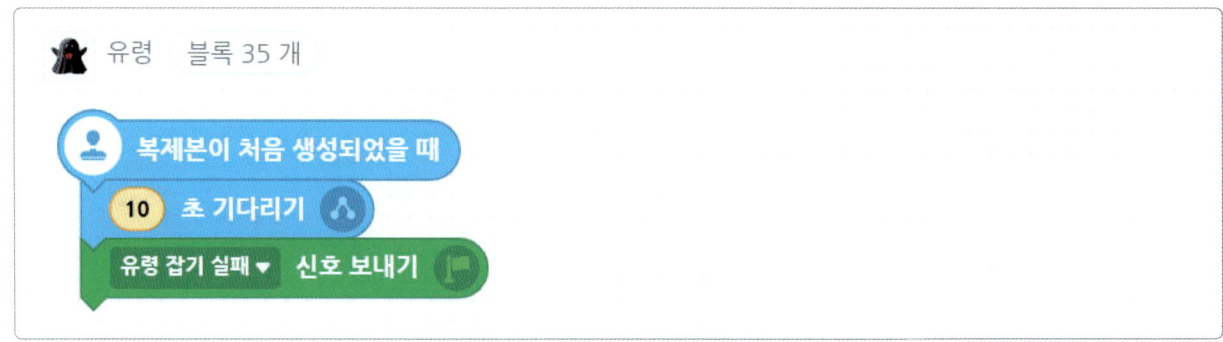

'유령'을 '10'초 안에 잡으면 이 코드는 실행되지 않아요.

4 배경 이동 설정하기

❶ '배경' 오브젝트를 선택하고 게임이 시작되면 복제본을 생성한 후 '오른쪽 화살표' 키를 누르면 '배경'의 x좌푯값이 '-470'보다 작아질 때까지 왼쪽으로 이동하다가 '-470'보다 작아지면 오른쪽 끝으로 이동하도록 코딩합니다.

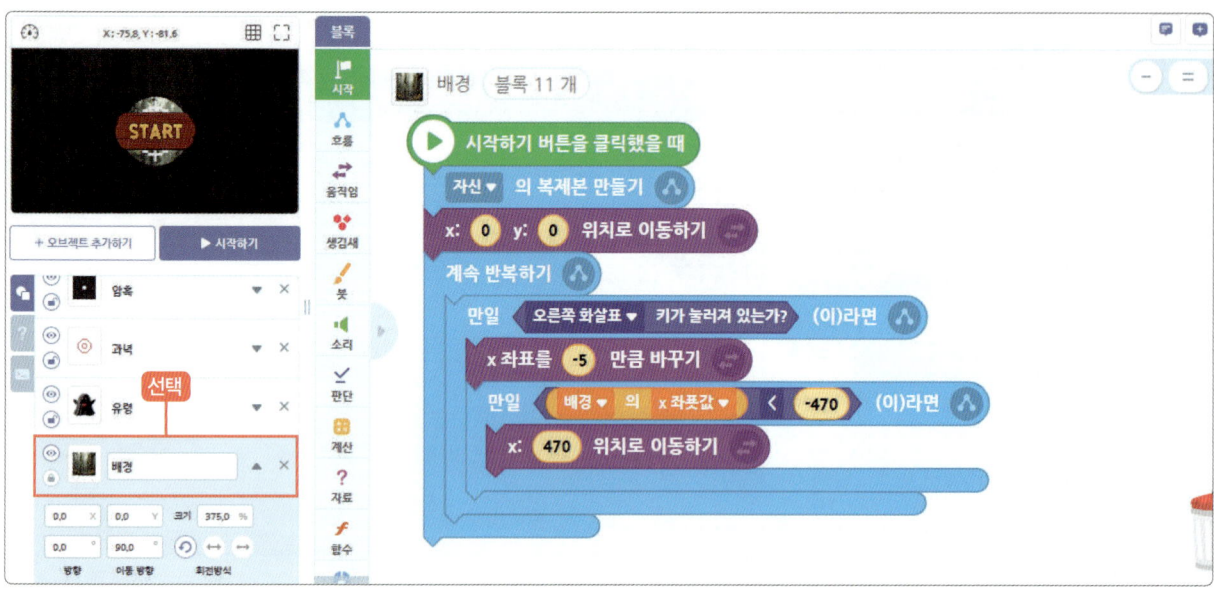

❷ '왼쪽 화살표' 키를 누르면 '배경'의 x좌푯값이 '470'보다 커질 때까지 오른쪽으로 이동하다가 '470'보다 커지면 왼쪽 끝으로 이동하도록 코딩합니다.

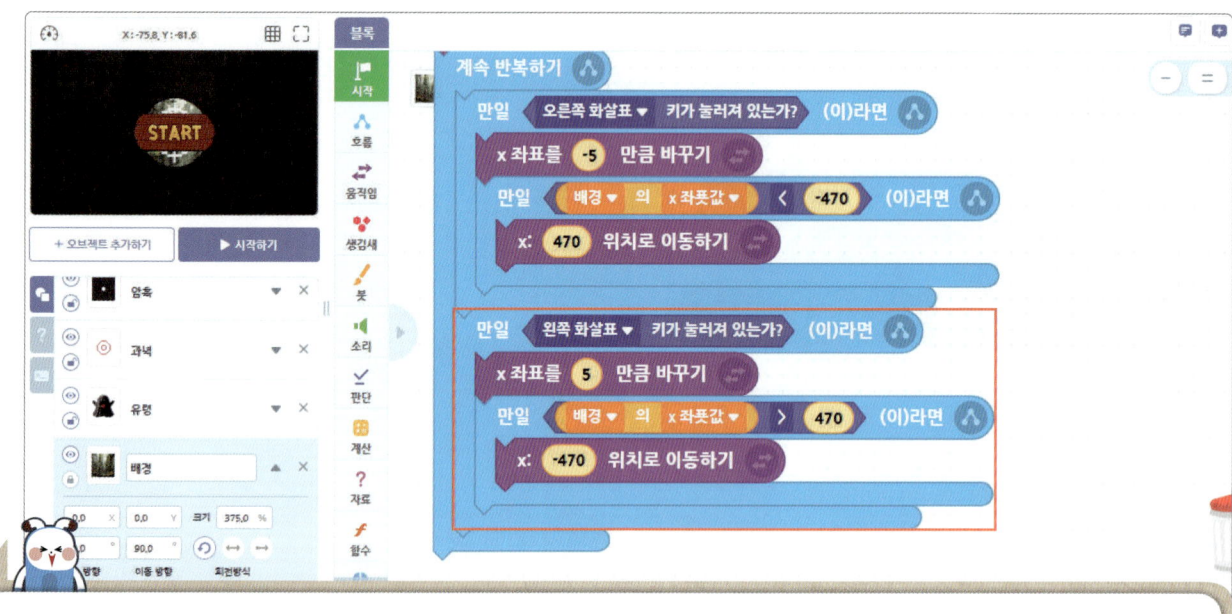

'유령'의 움직임을 설정할 때와 마찬가지로 '배경'을 이동시켜 '과녁'이 움직이는 모습을 표현하기 위해 '배경'은 '과녁'과 반대 방향으로 이동해야 해요. 따라서 '오른쪽 화살표' 키를 누르면 '배경'이 왼쪽으로 이동하고 '왼쪽 화살표' 키를 누르면 '배경'이 오른쪽으로 이동하도록 코딩해요.

❸ 복제된 '배경'이 화면 오른쪽 바깥쪽에 위치해 있다가 키보드의 좌우 방향키를 누르면 해당 방향키의 반대 방향으로 이동하고 화면 밖으로 벗어나면 반대쪽 화면에서 다시 나타나도록 ❶~❷와 같은 방법으로 코딩합니다.

```
배경   블록 35 개

복제본이 처음 생성되었을 때
x: 470  y: 0  위치로 이동하기
계속 반복하기
    만일  오른쪽 화살표 ▼  키가 눌러져 있는가?  (이)라면
        x 좌표를  -5  만큼 바꾸기
        만일  자신▼ 의  x 좌푯값▼  <  -470  (이)라면
            x: 470  위치로 이동하기

    만일  왼쪽 화살표 ▼  키가 눌러져 있는가?  (이)라면
        x 좌표를  5  만큼 바꾸기
        만일  자신▼ 의  x 좌푯값▼  >  470  (이)라면
            x: -470  위치로 이동하기
```

Tip
복제된 '배경'이 원본 '배경' 오른쪽에 위치하도록 처음 위치 값을 x: 470, y: 0으로 지정해요.

❹ 게임이 완성되면 게임을 실행하여 '과녁'으로 '유령'을 조준하여 '유령'을 물리쳐 봅니다.

Chapter 09

게임 업그레이드

꼬마 유령 대소동! 레벨 업!

학습목표
- 게임이 시작되면 대소동 시간이 화면에 출력돼요.
- 유령을 잡으면 나타난 유령의 숫자가 줄어들어요.
- 유령의 크기가 점점 커지다가 일정 크기 이상이 되면 게임에 실패해요.
- 유령이 나타날 때 사람들이 놀라는 효과음이 출력돼요.

미리보기 · 예제 파일 : 09강 꼬마 유령 대소동(예제).ent · 완성 파일 : 09강 꼬마 유령 대소동(완성).ent

게임 업그레이드

- 오브젝트 추가하여 장면 꾸미기
- 대소동 시간 증가하기
- 유령 출몰하면 나타난 유령 증가하기
- 유령을 잡으면 나타난 유령 감소하기
- 유령 출몰하면 비명 소리 출력하기
- 유령이 일정 크기보다 커지면 게임 실패하기

1 게임 장면 꾸미기

① 엔트리를 실행하고 '08'강에서 저장한 파일을 불러온 후 를 클릭하고 [09강 요소] 폴더에서 '대소동 시간 판', '유령 개수 판' 오브젝트를 추가하여 그림과 같이 장면을 꾸밉니다.

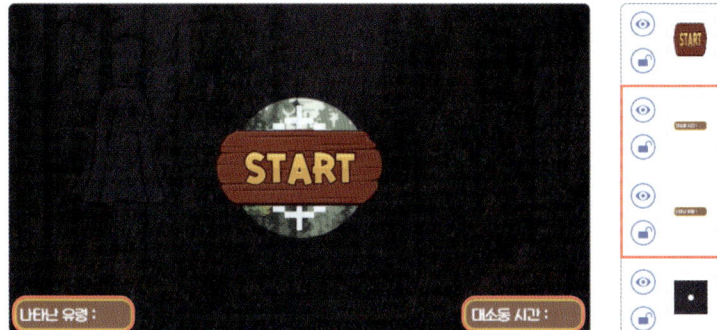

② [속성] 탭에서 변수('진행 시간', '나타난 유령 개수')를 생성하고 변수를 화면에서 숨깁니다.

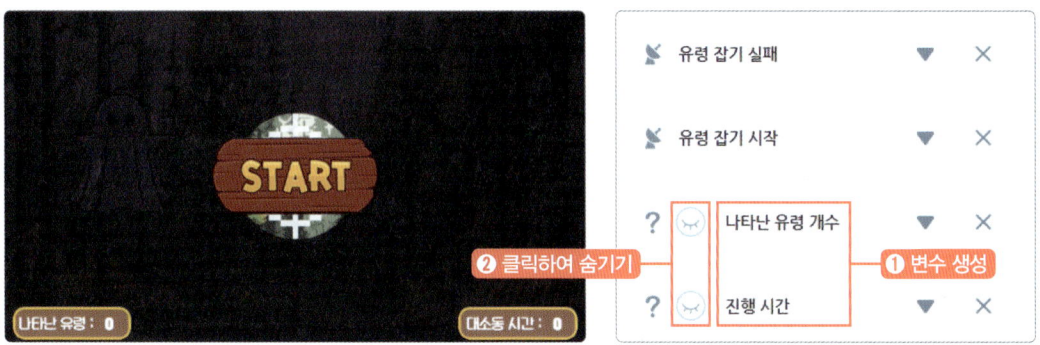

③ 를 클릭하여 '글상자' 오브젝트를 '2'개 추가하고 오브젝트 이름을 각각 '유령 표시', '시간 표시'로 변경합니다.

④ 이어서 글꼴('잘난체'), 글자색('흰색'), 배경색('없음')을 지정하고 글상자 내용을 "0"으로 입력한 후 각각 '유령 개수 판', '대소동 시간 판' 오브젝트 위치로 이동시킵니다.

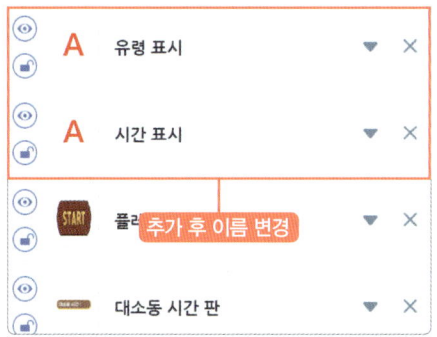

2 배경음악과 효과음 추가하기

❶ '배경' 오브젝트를 선택하고 [소리] 탭-[소리 추가하기]-[파일 올리기]를 클릭하여 '배경음악' 파일을 불러온 후 게임이 시작되면 '배경음악'이 재생되도록 코딩합니다.

❷ '플레이 버튼' 오브젝트를 선택하고 ❶과 같은 방법으로 '실패 효과음' 파일을 불러온 후 '유령 잡기 실패' 신호를 받으면 배경음악을 멈추고 '실패 효과음'이 재생되도록 코드를 수정합니다.

다운로드 받은 '실패 효과음' 파일이 없다면 [09강 요소] 폴더에서 '실패 효과음' 파일을 불러와요.

❸ '유령' 오브젝트를 선택하고 [소리] 탭-[소리 추가하기]에서 '남자 비명' 소리를 검색하여 소리를 추가합니다.

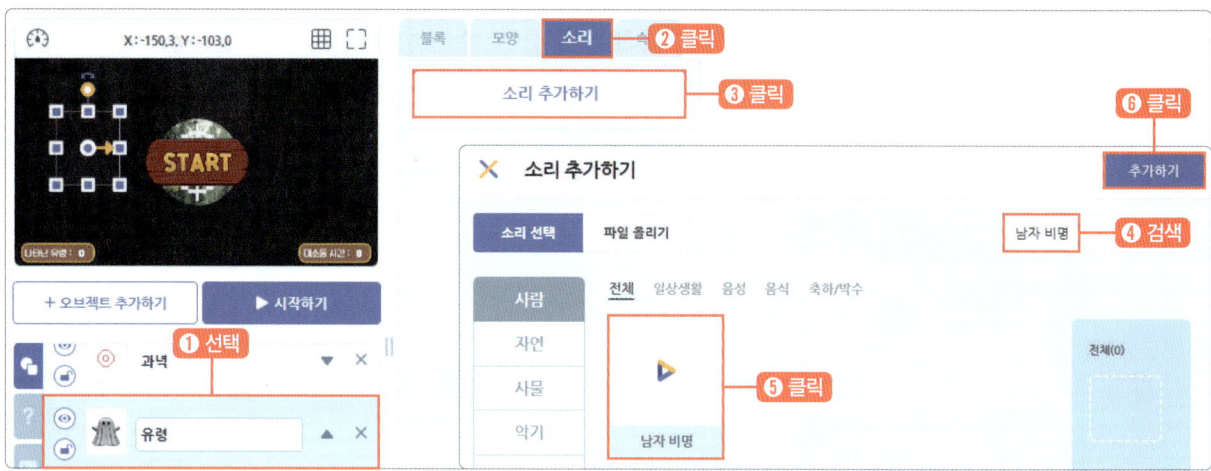

❹ '유령'이 복제되어 나타날 때 '남자 비명' 소리가 재생되도록 코드를 추가합니다.

3 유령의 수 증가하거나 감소하기

❶ '유령'이 '1'마리씩 복제될 때마다 '나타난 유령 개수' 변숫값이 '1'씩 증가하도록 코드를 수정합니다.

> Tip
> '3'번 반복하여 복제본이 생성되던 코드를 수정하여 '유령'이 '1'마리 복제될 때마다 '나타난 유령 개수' 변숫값이 '1'씩 증가하도록 하였어요.

❷ 복제된 '유령'을 물리치면 '나타난 유령 개수' 변숫값이 '1'씩 감소하도록 코드를 추가합니다.

4 유령 잡기 실패 조건 설정하기

① 복제된 '유령'이 '300'보다 커질 때까지 크기를 점점 키우다가 크기가 '300'보다 커지면 '유령 잡기 실패' 신호를 보내도록 코드를 수정합니다.

5 유령의 수 출력하기

① '유령 표시' 오브젝트를 선택하고 게임이 시작되면 '나타난 유령 개수' 변수의 초기 값을 '0'으로 지정한 후 계속해서 '나타난 유령 개수' 변숫값이 화면에 출력되도록 코딩합니다.

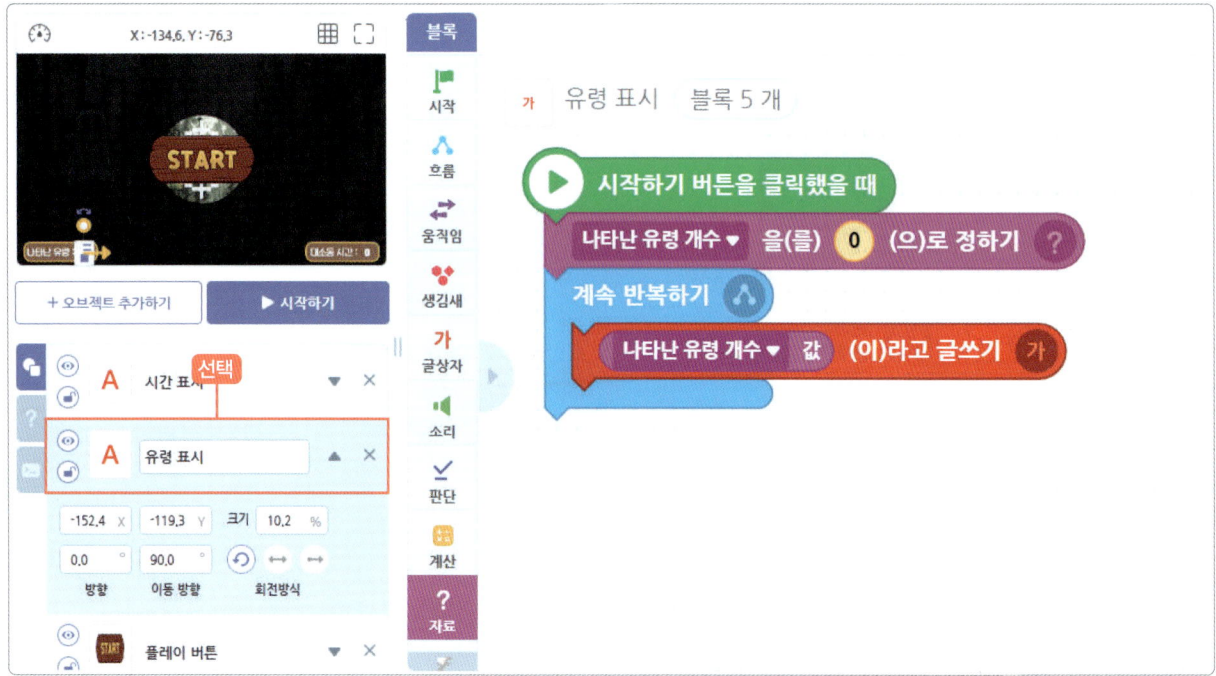

6 대소동 시간 출력하기

① '시간 표시' 오브젝트를 선택하고 게임이 시작되면 '진행 시간' 변수의 초기 값을 '0'으로 지정한 후 계속해서 '진행 시간' 변숫값이 화면에 출력되도록 코딩합니다.

② '유령 잡기 시작' 신호를 받으면 '1'초 간격으로 '진행 시간' 변숫값이 '1'씩 증가하도록 코딩합니다.

③ 게임이 완성되면 게임을 실행하여 업그레이드된 게임을 체험해 봅니다.

Chapter 10

게임 디자인

귀여운 돼지 지키기 장면 만들기

학습목표
- 피스켈에서 게임에 필요한 오브젝트를 만들어요.
- 게임에 필요한 음악을 다운로드해요.
- 오브젝트를 추가하여 게임 장면을 만들어요.

 미리보기　• 예제 파일 : 10강 귀여운 돼지 지키기(예제).ent　　• 완성 파일 : 10강 귀여운 돼지 지키기(완성).ent

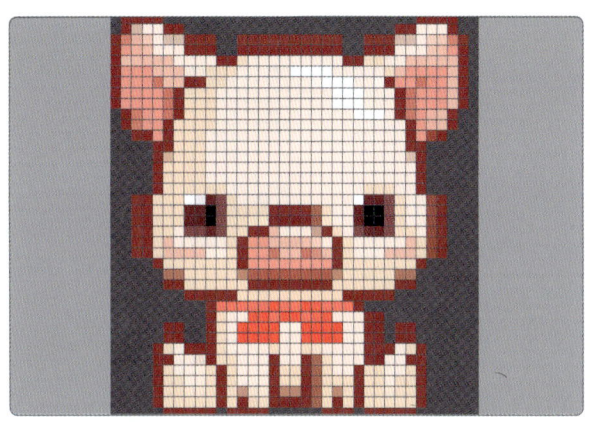
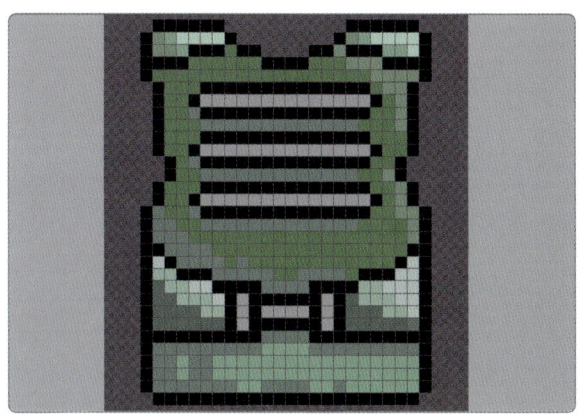
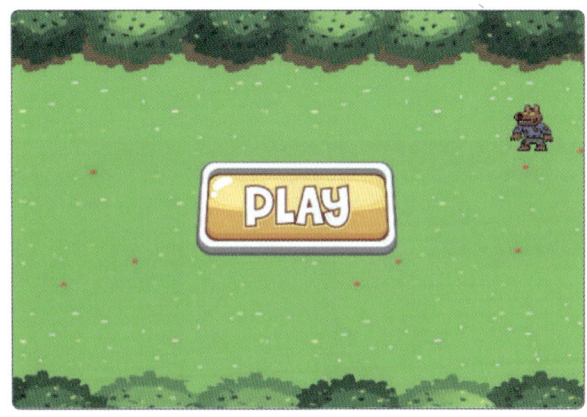

사용 프로그램

- **피스켈** : 게임에서 사용할 오브젝트를 만듭니다.
- **픽사베이** : 게임에서 사용할 음악을 다운로드합니다.
- **엔트리** : 장면을 꾸미고 게임을 제작합니다.

1 피스켈로 오브젝트 만들기

❶ 제작할 게임의 스토리를 확인합니다.

> 평화로운 어느 날 갑자기 늑대 무리들이 몰려 오기 시작했어요. 동산에서 혼자 놀고 있던 아기 돼지는 깜짝 놀라 얼어붙었죠. 숨을 곳을 찾지 못한 아기 돼지는 위험에 빠졌어요.
> '둥둥둥둥!' 그때 어디선가 물풍선 탱크가 나타났어요! 물풍선 탱크는 돼지를 구해 탱크에 태우고 늑대들을 향해 물풍선을 발사하기 시작했어요. 물풍선에 맞은 늑대들은 깜짝 놀라 달아났고 동산에는 다시 평화가 찾아 왔어요.

❷ 제작할 오브젝트를 확인합니다.

제작할 오브젝트	
돼지	탱크

❸ 피스켈 아이콘(▦)을 더블클릭하여 프로그램을 실행하고 다양한 도구를 이용하여 자유롭게 귀여운 돼지를 그리고 이미지 파일('돼지')로 저장한 후 [새 스프라이트(+)]를 클릭하여 새로운 캔버스를 실행합니다.

Tip 캔버스 크기는 '35px'×'38px'로 지정 후 작업하고 이미지 크기는 '452'×'491'로 지정 후 저장해 보세요.

❹ 새로운 캔버스가 실행되면 [캔버스 설정(🔲)]을 클릭하고 캔버스 크기를 Width('35px'), Height('53px')로 지정합니다.

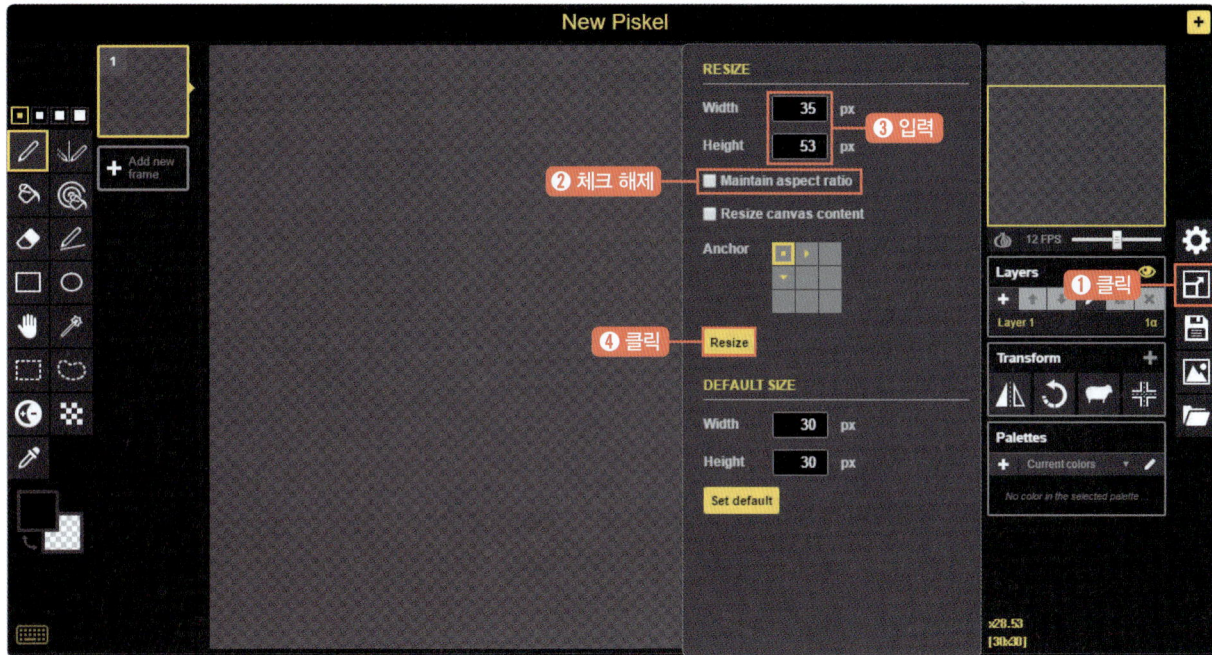

❺ 다양한 도구를 이용하여 자유롭게 탱크를 그리고 이미지 파일('탱크')로 저장합니다.

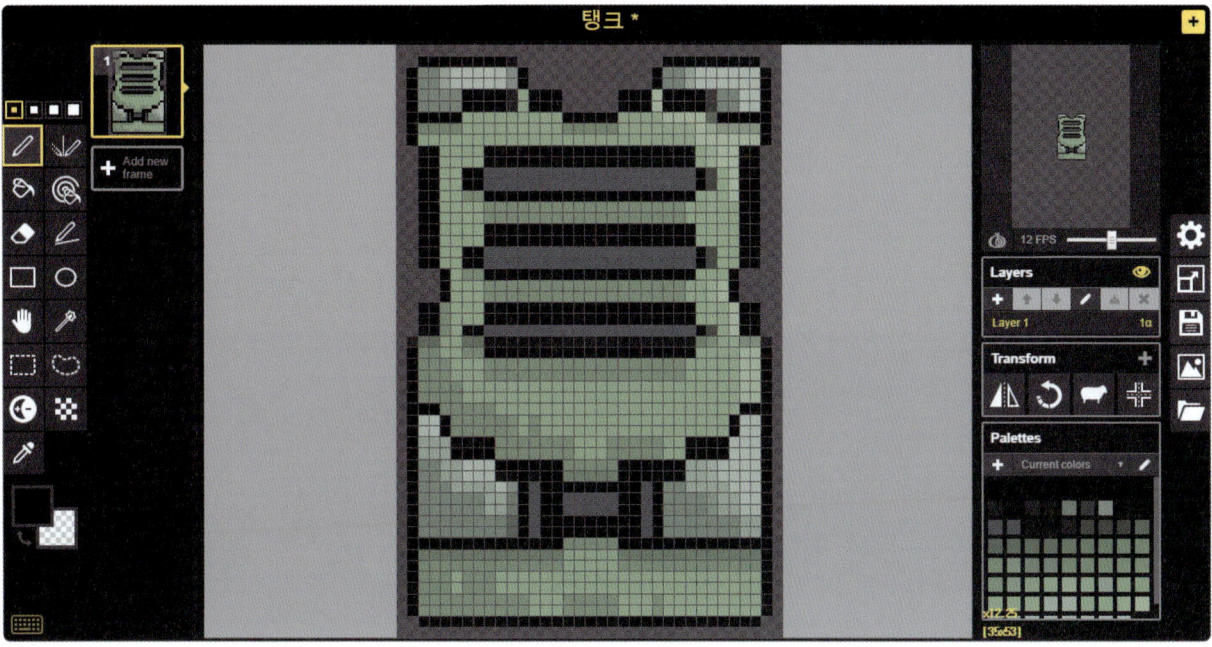

Tip

이미지 크기는 '512'×'775'로 지정 후 저장해 보세요.

2 배경음악과 효과음 다운로드하기

❶ 픽사베이 사이트(https://pixabay.com)에 접속하여 [음악] 카테고리를 클릭하고 게임 스토리에 어울리는 배경음악을 검색합니다.

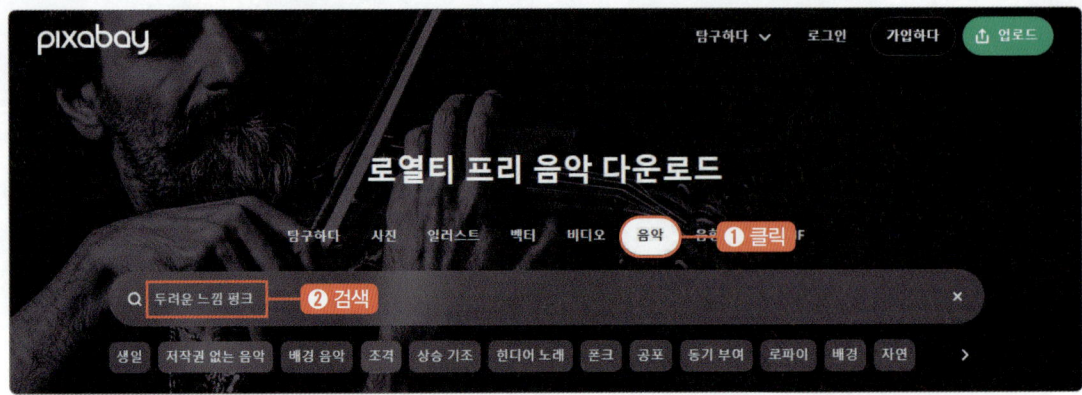

❷ 검색된 음악이 표시되면 게임 스토리에 어울리는 배경음악을 찾아 다운로드합니다.

❸ [음향 효과] 카테고리를 클릭하고 게임 실패 시 재생할 효과음을 찾아 다운로드합니다.

3 게임 장면 꾸미기

① 엔트리를 실행한 후 '10강 귀여운 돼지 지키기(예제).ent' 파일을 불러와 [+오브젝트 추가하기]를 클릭하여 [오브젝트 추가하기] 창이 나타나면 [파일 올리기]-[파일 올리기]를 클릭한 후 피스켈을 이용하여 만든 '돼지', '탱크' 오브젝트를 추가합니다.

Tip '돼지', '탱크' 오브젝트는 앞서 피스켈을 이용하여 만든 오브젝트로 불러와요. 단, 오브젝트를 만들지 못했다면 [10강 요소] 폴더에서 해당 오브젝트를 불러와요.

② 오브젝트 목록에서 오브젝트 순서를 그림과 같이 설정하고 실행 화면에서 오브젝트의 크기와 위치를 조절합니다.

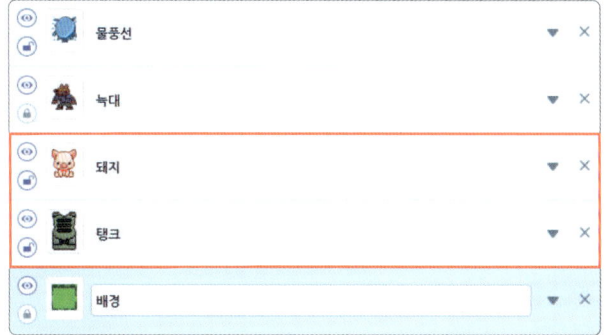 

Tip '플레이 버튼', '물풍선' 오브젝트의 ⊙ 버튼을 클릭하여 오브젝트를 실행 화면에서 숨긴 후 '돼지', '탱크' 오브젝트의 크기와 위치를 조절해요.

❸ 오브젝트의 크기와 위치를 참고하여 장면을 완성해 봅니다.

오브젝트	위치	크기
 돼지	x : 0.0 y : 0.0	25%
탱크	x : 0.0 y : 0.0	60%

Tip

[10강 요소] 폴더에서 오브젝트를 불러와 사용했을 경우 오브젝트 목록에서 해당 오브젝트를 선택하고 위와 같이 크기와 위치 속성 값을 지정해요. 오브젝트를 직접 만들어 사용하는 경우 오브젝트 목록에서 속성 값을 변경해 가며 적절한 크기와 위치를 찾아요.

❹ 게임 장면이 완성되면 [저장하기(🖫)]-[복사본으로 저장하기]를 클릭하여 '귀여운 돼지 지키기' 파일을 저장합니다.

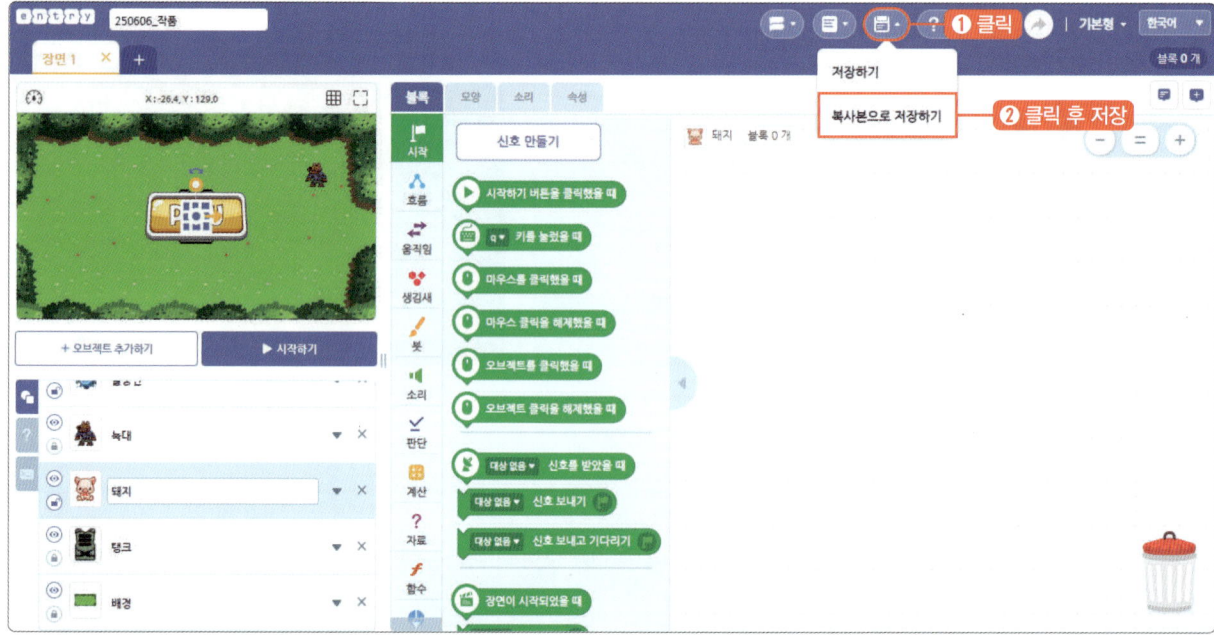

Chapter 11

게임 만들기

귀여운 돼지 지키기 게임 만들기

학습목표
- 위쪽 화살표 키를 누르면 탱크가 마우스를 따라 이동해요.
- 늑대는 랜덤 위치에서 복제되어 돼지를 따라 이동해요.
- 마우스를 클릭하면 물풍선이 발사돼요.
- 늑대가 물풍선에 닿으면 물풍선이 터지고 늑대가 사라져요.

미리보기
- 예제 파일 : 11강 귀여운 돼지 지키기(예제).ent
- 완성 파일 : 11강 귀여운 돼지 지키기(완성).ent

주요 블록

- `탱크▼ 위치로 이동하기` : 돼지가 탱크를 따라 이동합니다.
- `마우스포인터▼ 쪽 바라보기` : 탱크가 마우스 포인터 쪽을 바라봅니다.
- `이동 방향으로 10 만큼 움직이기` : 탱크가 마우스 포인터 쪽을 바라보며 이동합니다.
- `x좌표▼ 의 위치▼ 값 번째 항목` : 늑대가 리스트에 저장된 좌표 위치에서 나타납니다.

돼지 지키기 시작, 돼지 지키기 실패 장면 설정하기

❶ 엔트리를 실행하고 '10'강에서 저장한 파일을 불러온 후 [속성] 탭에서 변수('위치')와 신호 ('돼지 지키기 실패', '돼지 지키기 시작')를 생성하고 변수를 화면에서 숨깁니다.

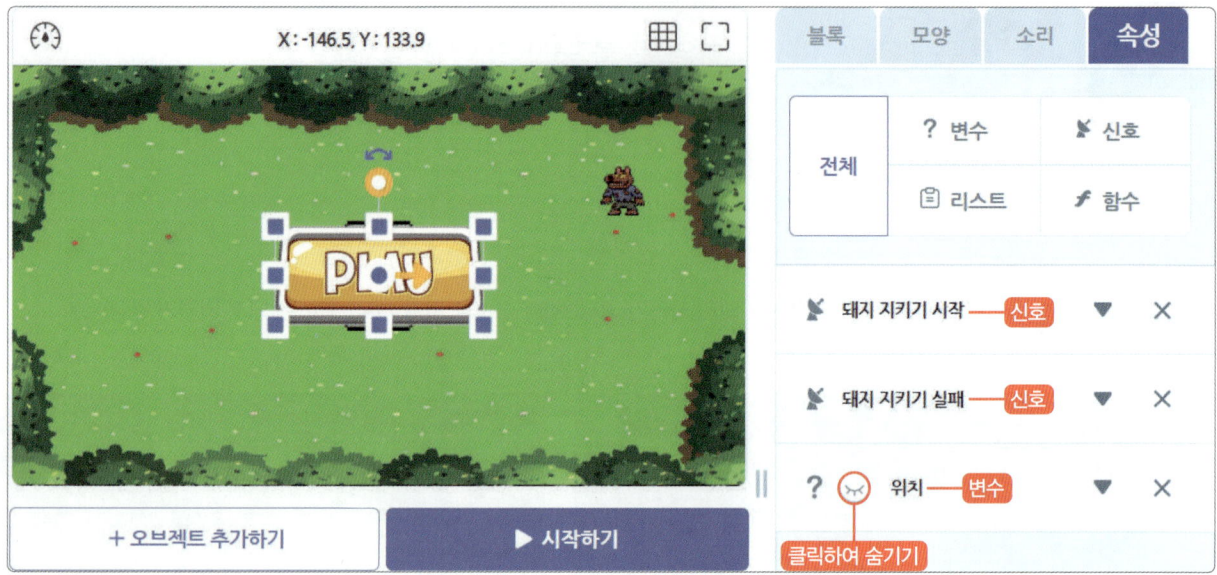

10강에서 저장한 파일이 없다면 '11강 귀여운 돼지 지키기(예제).ent' 파일을 불러와 작업해요.

❷ 이어서 [리스트]-[리스트 추가하기]를 클릭하여 리스트 이름('x좌표')을 입력하고 [공유 리스트로 사용 (서버에 저장)]을 선택한 후 [리스트 추가]를 클릭합니다.

❸ [리스트 불러오기]를 클릭하고 그림과 같이 리스트 항목을 입력한 후 [저장하기]를 클릭하고 리스트를 화면에서 숨깁니다.

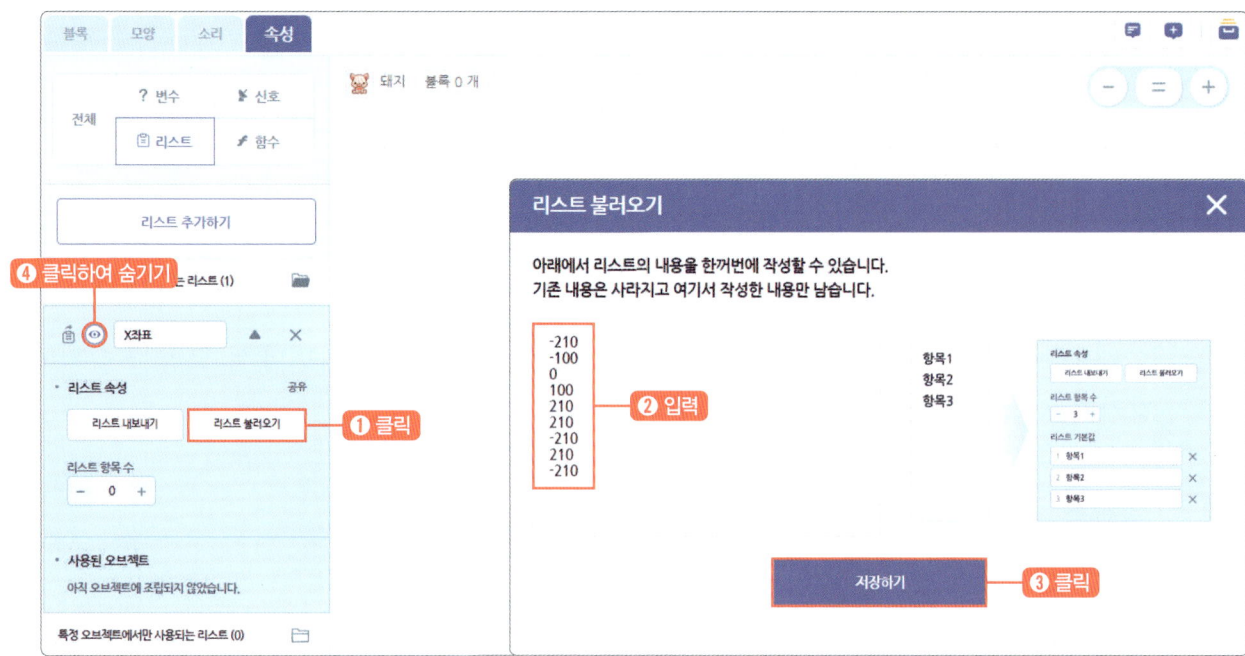

❹ ❷~❸과 같은 방법으로 'y좌표' 리스트를 생성하고 그림과 같이 리스트 항목을 입력한 후 [저장하기]를 클릭합니다.

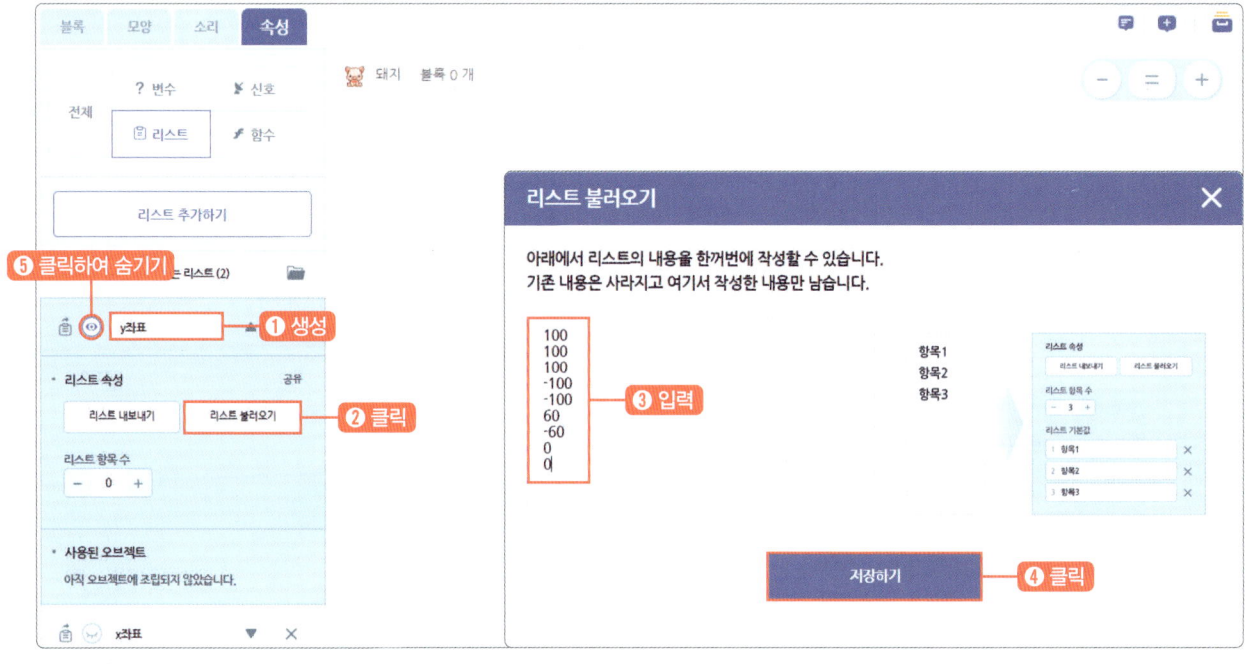

입력한 리스트 항목은 이후 '늑대'가 나타날 위치를 지정할 때 사용돼요.

❺ '물풍선', '늑대' 오브젝트를 각각 선택하고 게임이 시작되면 화면에서 모양을 숨기도록 코딩합니다.

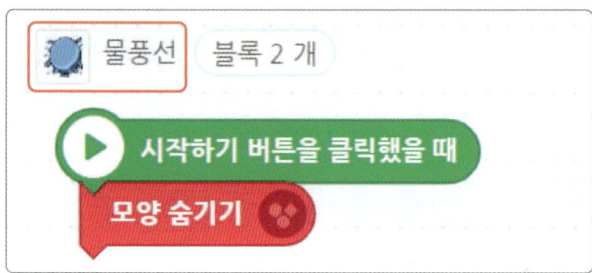
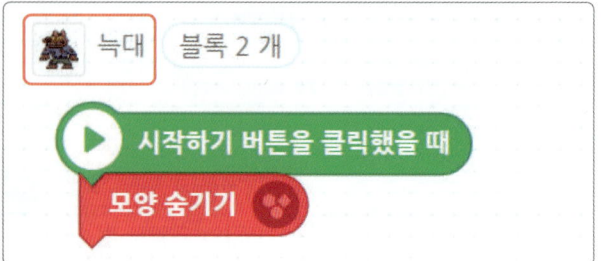

❻ '플레이 버튼' 오브젝트를 선택하고 '플레이 버튼'을 클릭하면 화면에서 모양을 숨기고 '돼지 지키기 시작' 신호를 보내도록 코딩합니다.

❼ 돼지 지키기에 실패하여 '돼지 지키기 실패' 신호를 받으면 다른 오브젝트의 움직임을 멈추고 '게임 오버' 모양을 화면에 표시한 후 게임이 종료되도록 코딩합니다.

2 돼지를 지키는 탱크 설정하기

① '탱크' 오브젝트를 선택하고 이동 방향을 '위쪽(0°)'으로 지정합니다.

② '돼지 지키기 시작' 신호를 받으면 계속해서 '마우스 포인터' 쪽을 바라보다가 '위쪽 화살표' 키를 누르면 이동 방향으로 이동하도록 코딩합니다.

③ '돼지' 오브젝트를 선택하고 '돼지 지키기 시작' 신호를 받으면 계속해서 '탱크'를 따라 이동하도록 코딩합니다.

Tip 10강 게임 장면 꾸미기에서 '돼지'가 '탱크'에 탄 것처럼 크기와 위치를 지정하였기 때문에 위와 같이 코딩하면 '돼지'가 '탱크'를 타고 이동하는 모습을 표현할 수 있어요.

CHAPTER 11 귀여운 돼지 지키기 게임 만들기 _ **095**

3 물풍선 발사 설정하기

❶ '물풍선' 오브젝트를 선택하고 '돼지 지키기 시작' 신호를 받았을 때 마우스를 클릭하면 '물풍선'의 복제본을 생성하도록 코딩합니다.

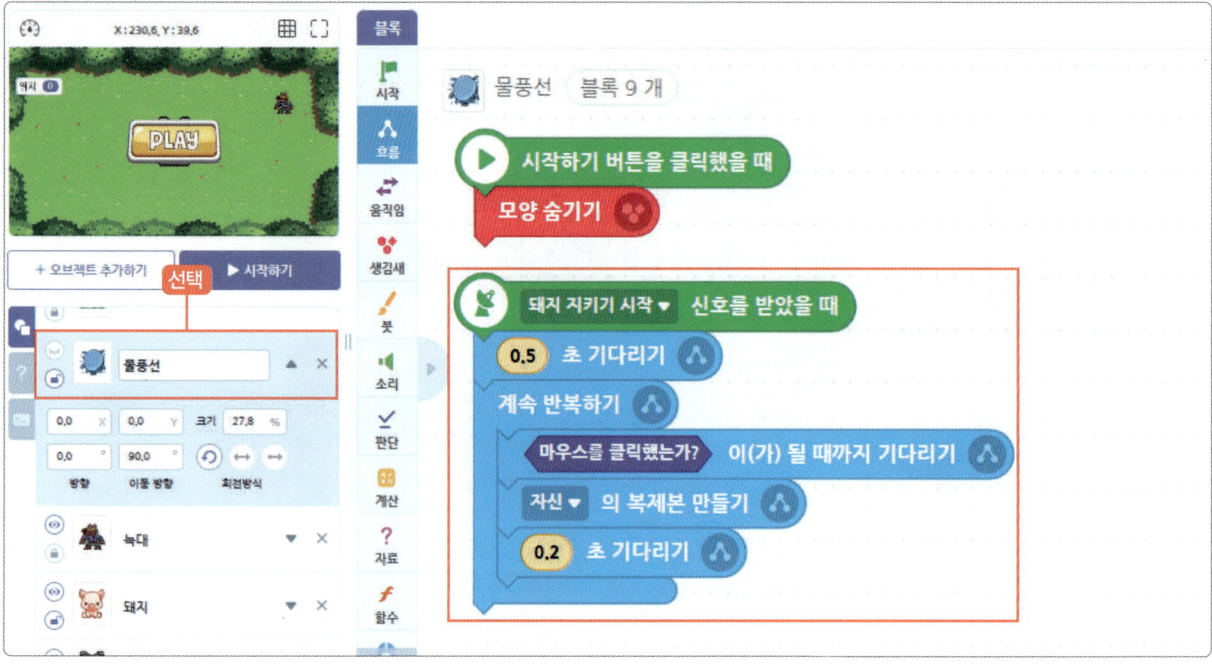

❷ 복제된 '물풍선'이 '탱크' 위치에서 발사되어 '마우스 포인터' 쪽으로 날아가다가 벽에 닿으면 복제본이 삭제되도록 코딩합니다.

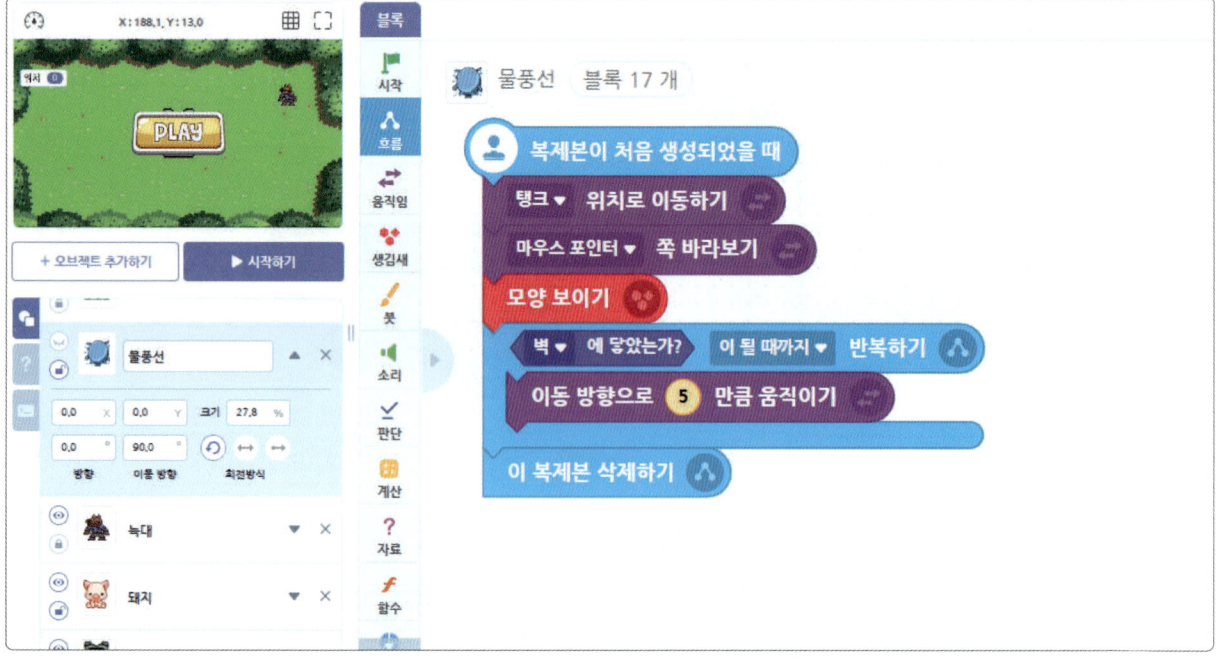

❸ '물풍선'이 날아가다가 '늑대'에 닿으면 '터진 물풍선' 모양으로 변경되고 잠시 후 복제본이 삭제되도록 코딩합니다.

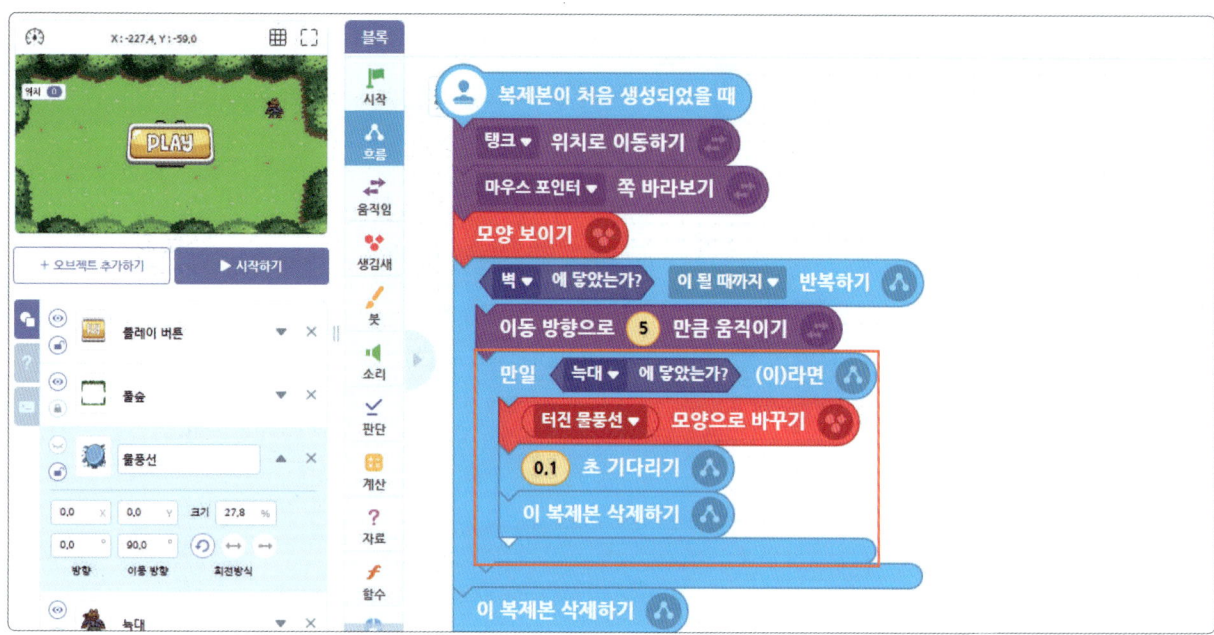

4 늑대 이동 설정하기

❶ '늑대' 오브젝트를 선택하고 '돼지 지키기 시작' 신호를 받으면 계속해서 랜덤 시간 간격으로 랜덤 위치에서 '늑대'가 '3'마리씩 복제되도록 코딩합니다.

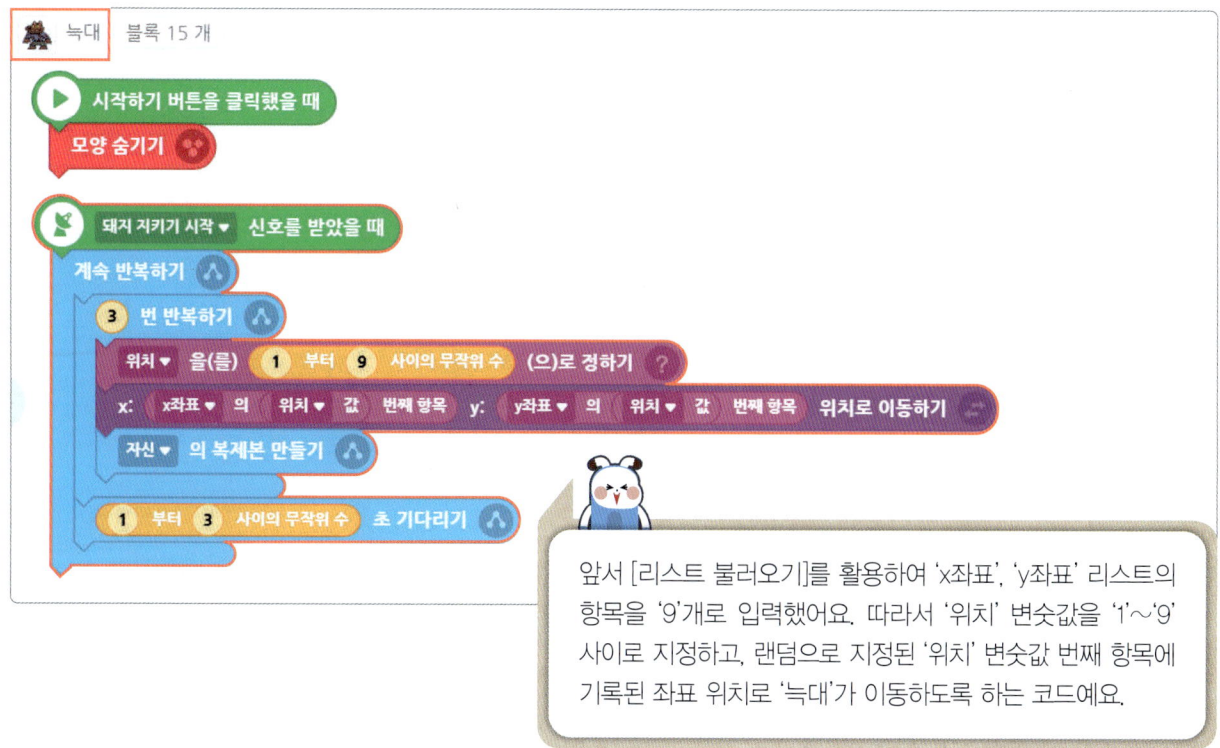

> 앞서 [리스트 불러오기]를 활용하여 'x좌표', 'y좌표' 리스트의 항목을 '9'개로 입력했어요. 따라서 '위치' 변숫값을 '1'~'9' 사이로 지정하고, 랜덤으로 지정된 '위치' 변숫값 번째 항목에 기록된 좌표 위치로 '늑대'가 이동하도록 하는 코드예요.

❷ 복제된 '늑대'가 계속해서 좌우로 모양을 변경하여 걷는 모습을 표현하도록 코딩합니다.

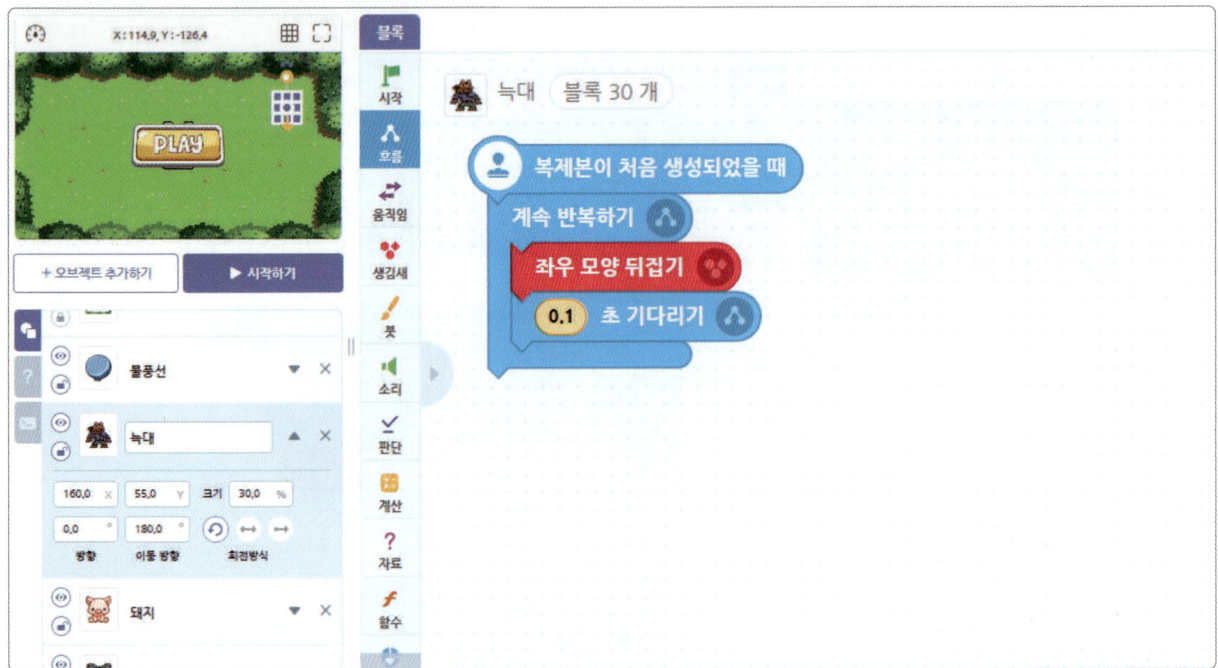

❸ 복제된 '늑대'가 '돼지'에게 닿을 때까지 '돼지'를 바라보며 이동하다가 '물풍선'에 닿으면 복제본이 삭제되고 '돼지'에 닿으면 '돼지 지키기 실패' 신호를 보내도록 코딩합니다.

❹ 게임이 완성되면 게임을 실행하고 '물풍선'을 발사하여 '늑대'를 물리쳐 '돼지'를 지켜 봅니다.

Chapter 12

게임 업그레이드
귀여운 돼지 지키기! 레벨 업!

학습목표
- 탱크가 이동하면 탱크 에너지가 줄어들어요.
- 탱크가 연료를 획득하면 연료 바가 채워져요.
- 돼지를 지킨 시간이 화면에 출력돼요.
- 탱크 에너지가 소진되면 탱크가 멈춰요.

미리보기 · 예제 파일 : 12강 귀여운 돼지 지키기(예제).ent · 완성 파일 : 12강 귀여운 돼지 지키기(완성).ent

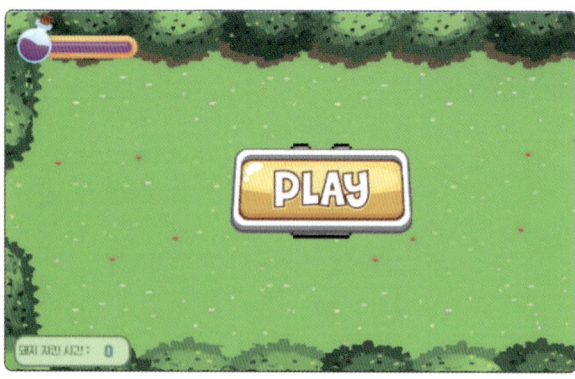

게임 업그레이드

- 오브젝트 추가하여 장면 꾸미기
- 돼지 지킨 시간 점점 증가하기
- 탱크 에너지 점점 감소하기
- 연료 획득하면 탱크 에너지 증가하기
- 탱크 에너지에 따라 연료 바 모양 변경하기
- 물풍선 발사될 때 효과음 출력하기
- 탱크 에너지가 소진되면 탱크 움직임 멈추기

1 게임 장면 꾸미기

❶ 엔트리를 실행하고 '11'강에서 저장한 파일을 불러온 후 를 클릭하고 [12강 요소] 폴더에서 '돼지 지킨 시간 판', '연료 바1', '연료' 오브젝트를 추가하여 그림과 같이 장면을 꾸밉니다.

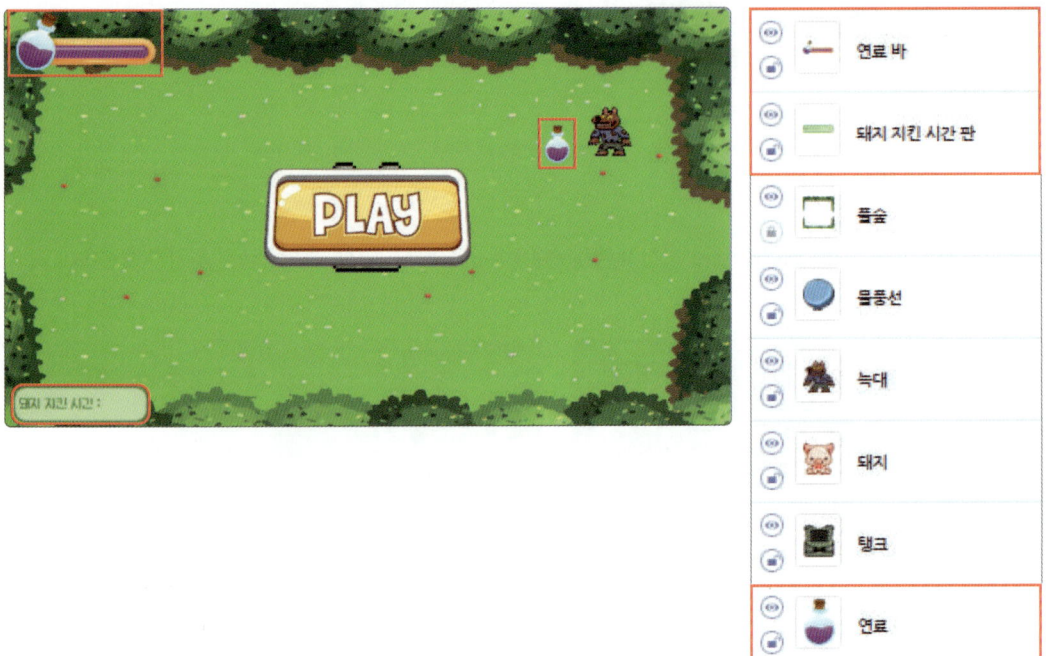

❷ '연료 바' 오브젝트를 선택하고 [모양] 탭-[모양 추가하기]를 클릭하여 '연료 바2'~'연료 바11' 모양을 추가합니다.

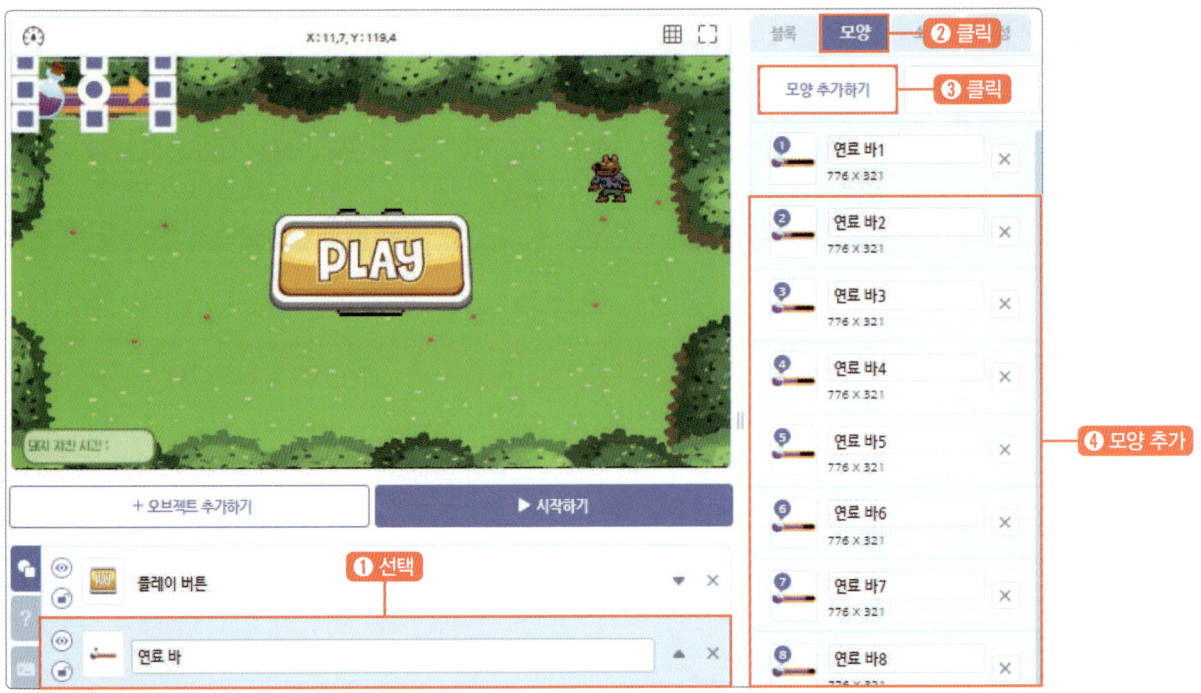

❸ [속성] 탭에서 변수('돼지 지킨 시간', '탱크 에너지')를 생성하고 변수를 화면에서 숨깁니다.

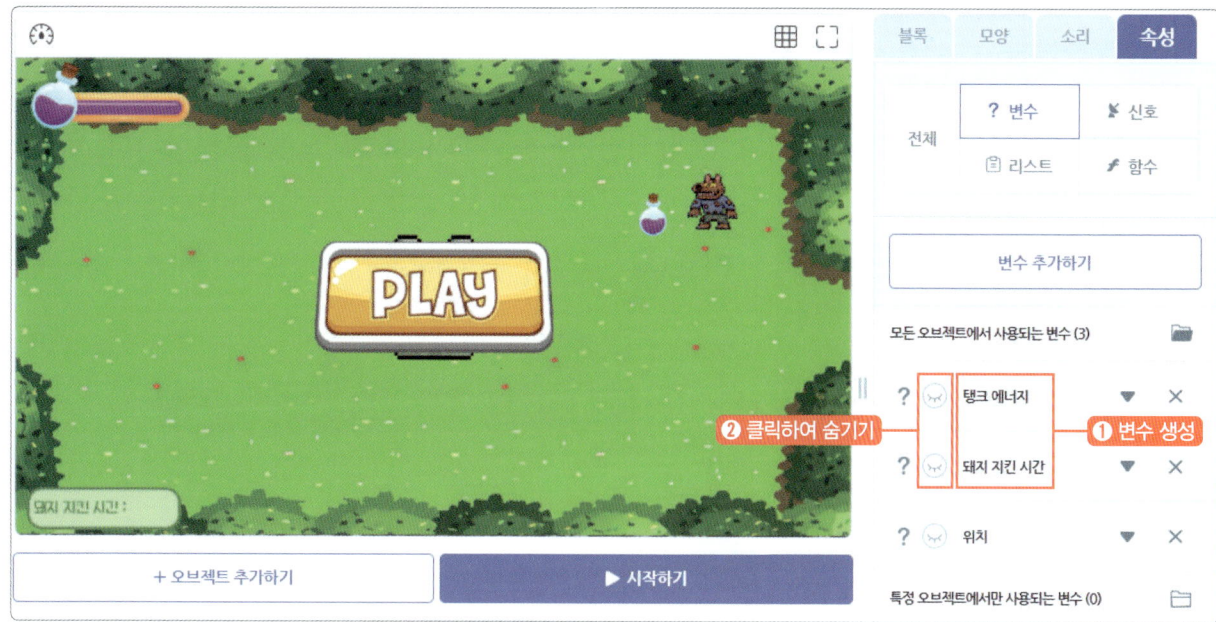

❹ `+ 오브젝트 추가하기`를 클릭하고 '글상자' 오브젝트를 추가한 후 오브젝트 이름을 '돼지 지킨 시간'으로 변경합니다.

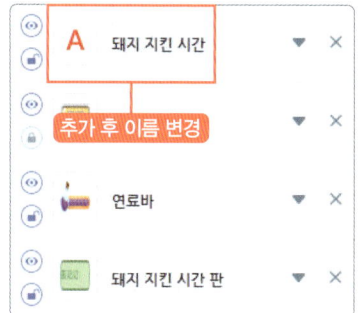

❺ 이어서 글꼴('잘난체'), 글자색('초록'), 배경색('없음')을 지정하고 글상자 내용을 "0"으로 입력한 후 '돼지 지킨 시간 판' 오브젝트 위치로 이동시킵니다.

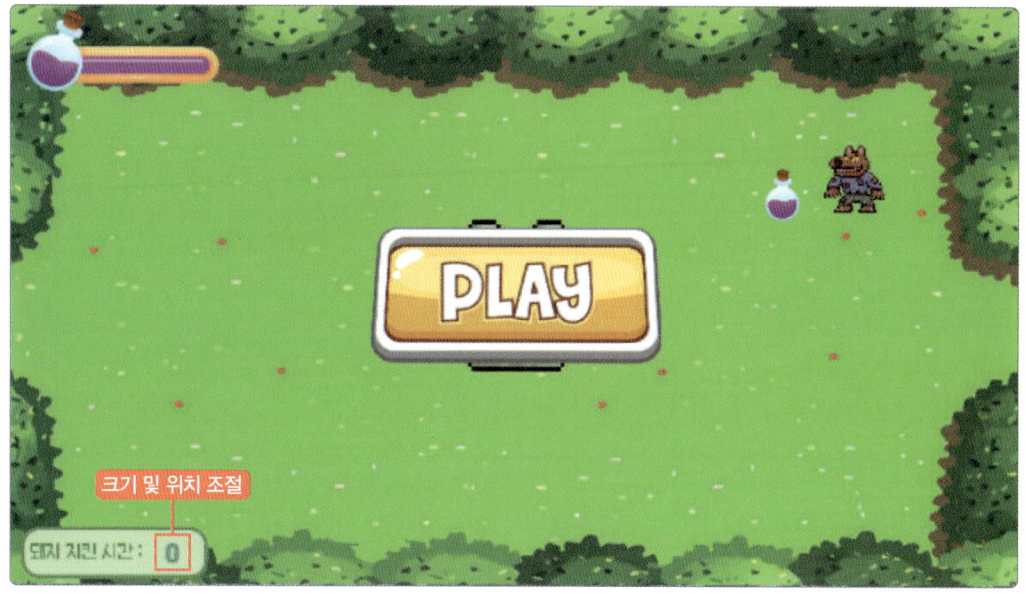

2 배경음악과 효과음 추가하기

❶ '배경' 오브젝트를 선택하고 [소리] 탭-[소리 추가하기]-[파일 올리기]를 클릭하여 '배경음악' 파일을 불러온 후 게임이 시작되면 '배경음악'이 재생되도록 코딩합니다.

Tip 다운로드 받은 '배경음악' 파일이 없다면 [12강 요소] 폴더에서 '배경음악' 파일을 불러와요.

❷ '플레이 버튼' 오브젝트를 선택하고 ❶과 같은 방법으로 '실패 효과음' 파일을 불러온 후 '돼지 지키기 실패' 신호를 받으면 배경음악을 멈추고 '실패 효과음'이 재생되도록 코드를 수정합니다.

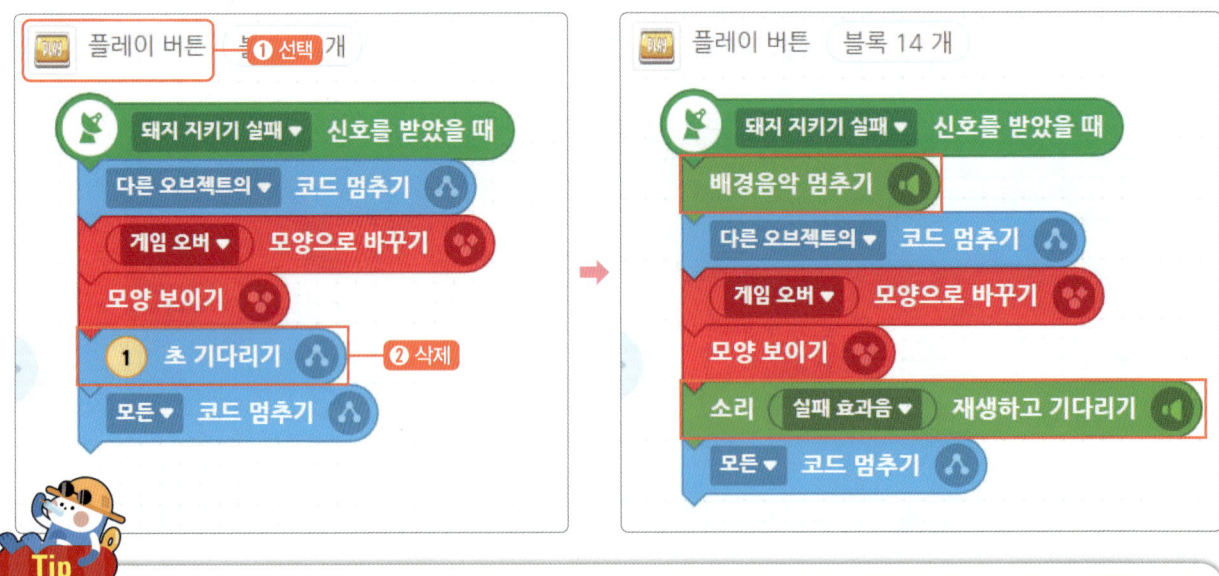

Tip 다운로드 받은 '실패 효과음' 파일이 없다면 [12강 요소] 폴더에서 '실패 효과음' 파일을 불러와요.

❸ '물풍선' 오브젝트를 선택하고 [소리] 탭-[소리 추가하기]에서 '총 소리' 소리를 검색하여 소리를 추가합니다.

❹ '물풍선'이 복제되어 발사될 때 '총 소리' 소리가 재생되도록 코드를 추가합니다.

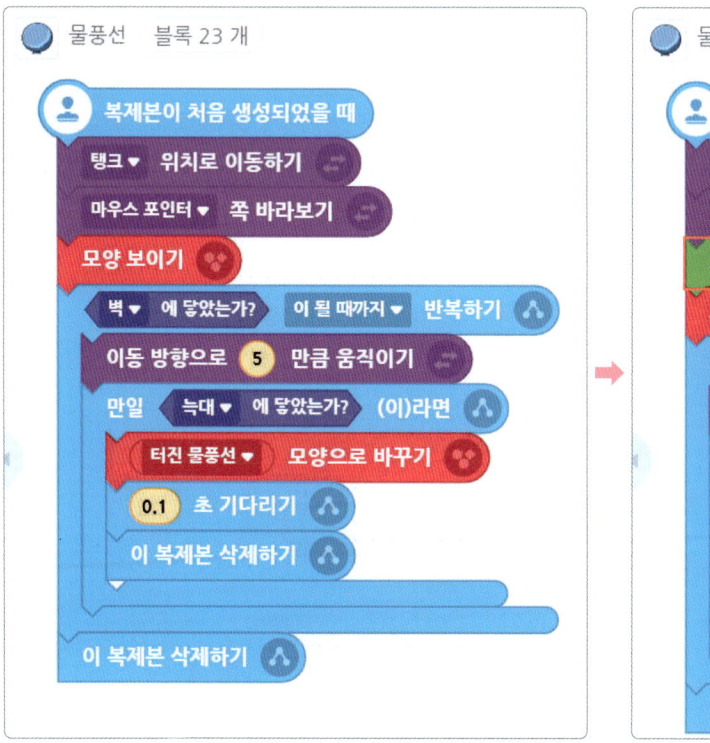
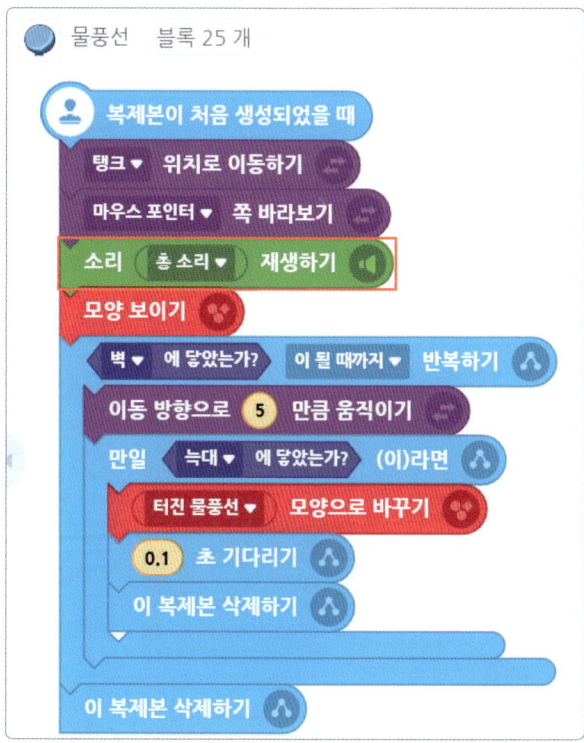

3 늑대 이동 방향 설정하기

① '늑대' 오브젝트를 선택하고 복제된 '늑대'가 랜덤의 시간 간격으로 '돼지' 쪽을 바라보도록 코딩합니다.

11강에서 '늑대'가 복제될 때 '돼지' 쪽을 바라보도록 코딩했어요. 이렇게 되면 '돼지'가 다른 위치로 이동해도 '늑대'가 처음 복제될 때 '돼지'가 있었던 위치로만 이동해요. 위와 같이 코드를 추가하면 '늑대'가 랜덤의 시간 간격으로 '돼지'를 다시 쫓아가도록 만들 수 있어요.

4 연료 바 설정하기

① '탱크' 오브젝트를 선택하고 '돼지 지키기 시작' 신호를 받았을 때 '위쪽 화살표' 키를 누르면 '탱크 에너지' 변숫값이 감소하도록 코딩합니다.

11강에서 '위쪽 화살표' 키를 눌러 '탱크'가 이동하도록 코딩했어요. '탱크'가 이동하면 '탱크 에너지'가 줄어들도록 하는 코드예요.

❷ '위쪽 화살표' 키를 눌렀을 때 '탱크 에너지'가 남아 있을 때만 '탱크'가 이동하도록 코드를 수정합니다.

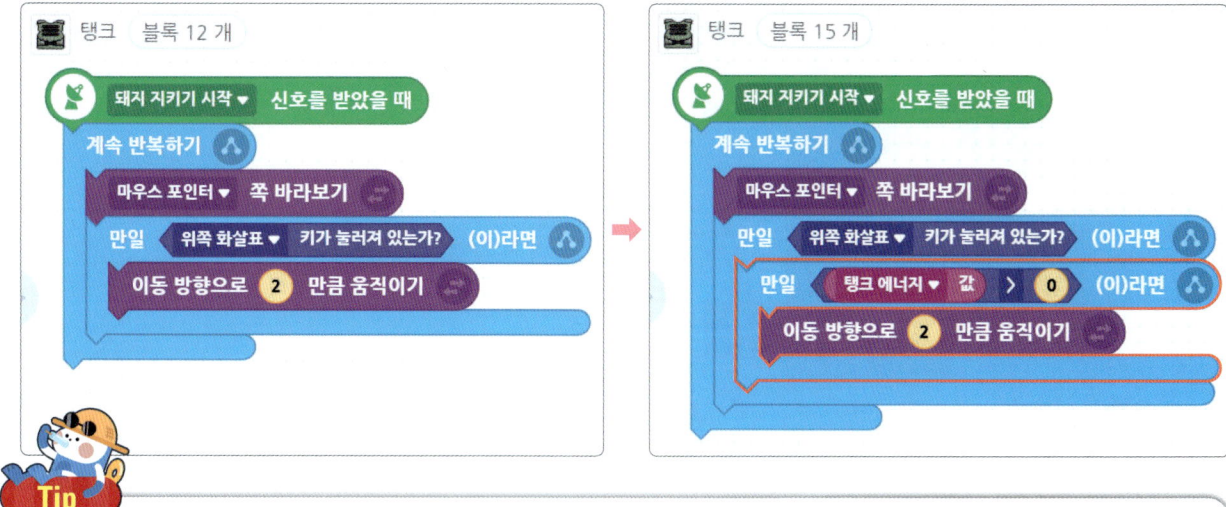

Tip
'탱크 에너지'가 없어 '탱크'가 이동할 수 없게 되면 '늑대'들에게 공격 당해 '돼지'를 지키지 못하게 돼요.

❸ '연료 바' 오브젝트를 선택하고 '탱크 에너지' 변수의 초기 값을 '10'으로 지정한 후 '탱크 에너지'가 남아 있다면 모양을 '탱크 에너지' 변숫값으로 변경하고 '탱크 에너지'가 소진되면 모양을 '연료 바11'로 변경하도록 코딩합니다.

- '탱크 에너지' 변숫값이 '0'보다 크면 '탱크 에너지' 변숫값으로 '연료 바'의 모양을 변경해요(예 변숫값 '3' = '연료 바'의 3번째 모양으로 변경).
- '연료 바11' 모양은 '연료 바'가 비어 있는 모양이에요.

5 연료 획득하기

❶ '연료' 오브젝트를 선택하고 게임이 시작되면 '연료'의 모양을 화면에서 숨기도록 코딩합니다.

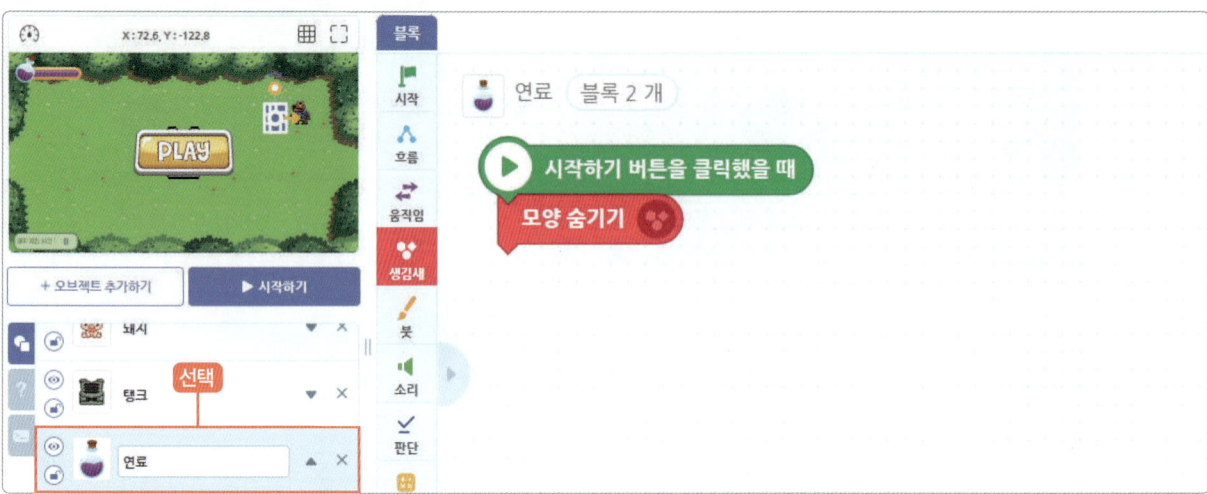

❷ '돼지 지키기 시작' 신호를 받으면 계속해서 랜덤의 시간 간격으로 '연료'의 복제본을 생성하도록 코딩합니다.

❸ 복제된 '연료'가 '2'초 후 사라지도록 코딩합니다.

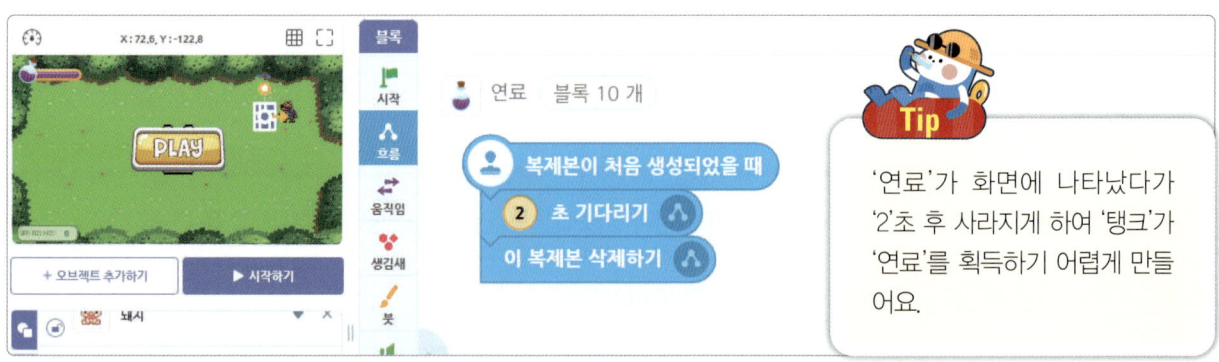

Tip
'연료'가 화면에 나타났다가 '2'초 후 사라지게 하여 '탱크'가 '연료'를 획득하기 어렵게 만들어요.

❹ 복제된 '연료'가 화면 랜덤 위치에서 나타나 '탱크'에 닿을 때까지 커졌다 작아졌다 반복하도록 코딩합니다.

❺ 복제된 '연료'가 '탱크'에 닿으면 '탱크 에너지' 변숫값을 '2'만큼 증가하고 복제본이 삭제되도록 코딩합니다.

6 돼지 지킨 시간 출력하기

① '돼지 지킨 시간' 오브젝트를 선택하고 게임이 시작되면 '돼지 지킨 시간' 변수의 초기 값을 '0'으로 지정한 후 변숫값이 화면에 출력되도록 코딩합니다.

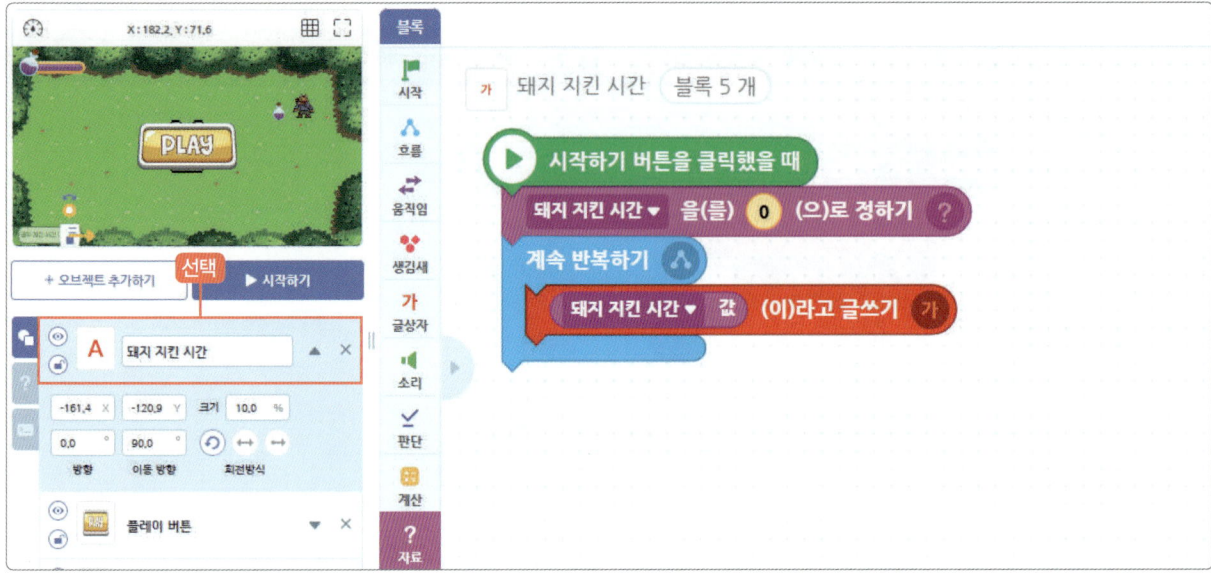

② '돼지 지키기 시작' 신호를 받으면 '1'초 간격으로 '돼지 지킨 시간' 변숫값이 '1'씩 증가하도록 코딩합니다.

③ 게임이 완성되면 게임을 실행하여 업그레이드된 게임을 체험해 봅니다.

Chapter 13

게임 디자인

슬라임 소탕 작전! 장면 만들기

학습목표
- 피스켈에서 게임에 필요한 오브젝트를 만들어요.
- 게임에 필요한 음악을 다운로드해요.
- 오브젝트를 추가하여 게임 장면을 만들어요.

미리보기 • 예제 파일 : 13강 슬라임 소탕 작전(예제).ent • 완성 파일 : 13강 슬라임 소탕 작전(완성).ent

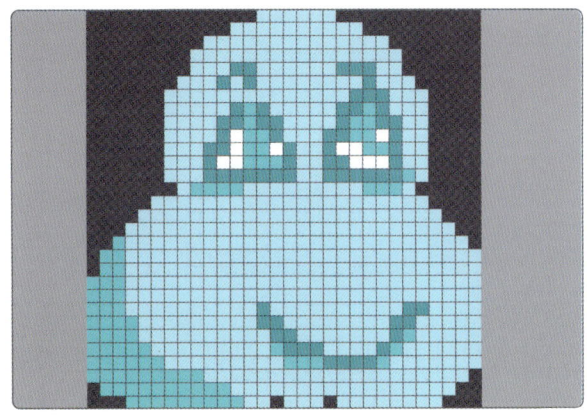 

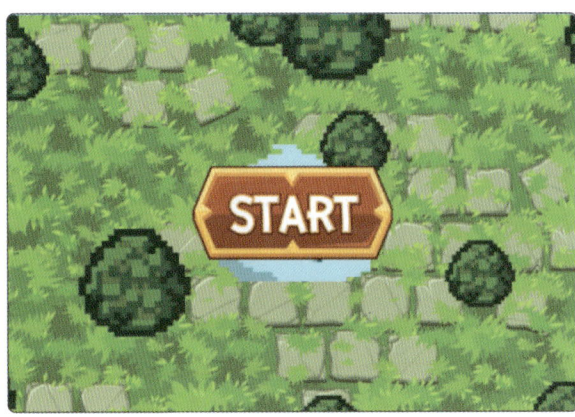 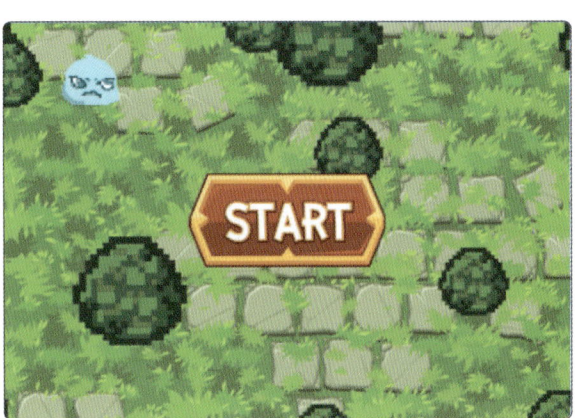

사용 프로그램

- **피스켈** : 게임에서 사용할 오브젝트를 만듭니다.
- **픽사베이** : 게임에서 사용할 음악을 다운로드합니다.
- **엔트리** : 장면을 꾸미고 게임을 제작합니다.

1 피스켈로 오브젝트 만들기

❶ 제작할 게임의 스토리를 확인합니다.

> 모험가가 신비로운 숲에 도착했어요. "이 숲 어딘가에 특별한 능력이 숨겨져 있다는데…?"
> 모험가가 숲속 이곳 저곳을 구경하고 있는데 숲에서 갑자기 슬라임들이 튀어나오기 시작했어요. 모험가는 깜짝 놀라 도망쳤지만 숲속에서 튀어나오는 슬라임을 피하기는 역부족이었어요.
> 모험가는 슬라임을 물리치기로 마음 먹고 슬라임을 공격했어요. 어…? 그런데 슬라임은 사라지지 않고 크기만 작아질 뿐이었어요. 모험가는 포기하지 않고 슬라임을 계속해서 공격했고, 점점 작아지던 슬라임은 결국 아기 슬라임으로 변한 후 사라졌어요.

❷ 제작할 오브젝트를 확인합니다.

제작할 오브젝트	
큰 슬라임	작은 슬라임

❸ 피스켈 아이콘(▦)을 더블클릭하여 프로그램을 실행하고 다양한 도구를 이용하여 자유롭게 큰 슬라임을 그리고 이미지 파일('큰 슬라임')로 저장한 후 [새 스프라이트(➕)]를 클릭하여 새로운 캔버스를 실행합니다.

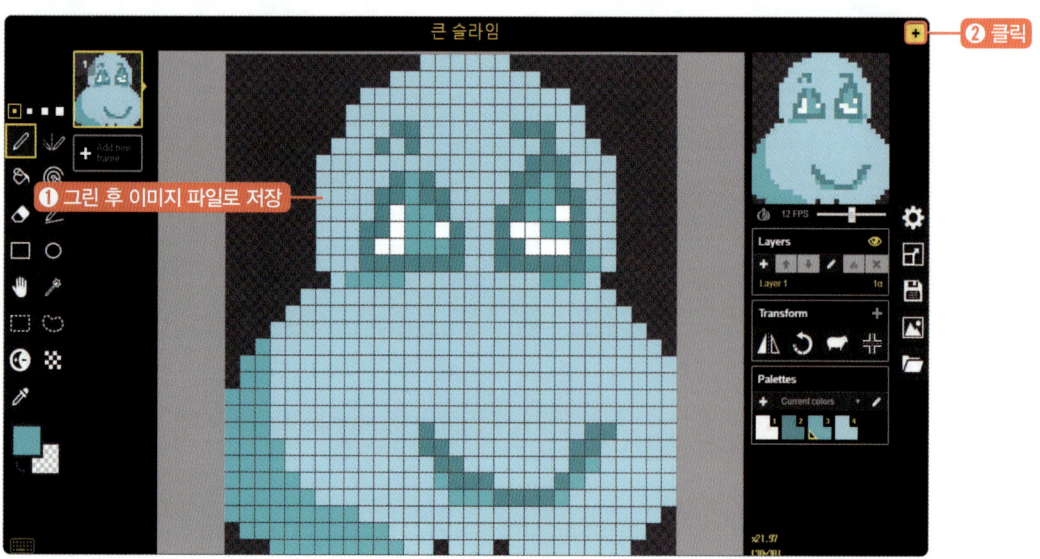

❹ 새로운 캔버스가 실행되면 ❸과 같은 방법으로 작은 슬라임을 그리고 이미지 파일('작은 슬라임')로 저장합니다.

2 배경음악과 효과음 다운로드하기

1 픽사베이 사이트(https://pixabay.com)에 접속하여 [음악] 카테고리를 클릭하고 게임 스토리에 어울리는 배경음악을 검색합니다.

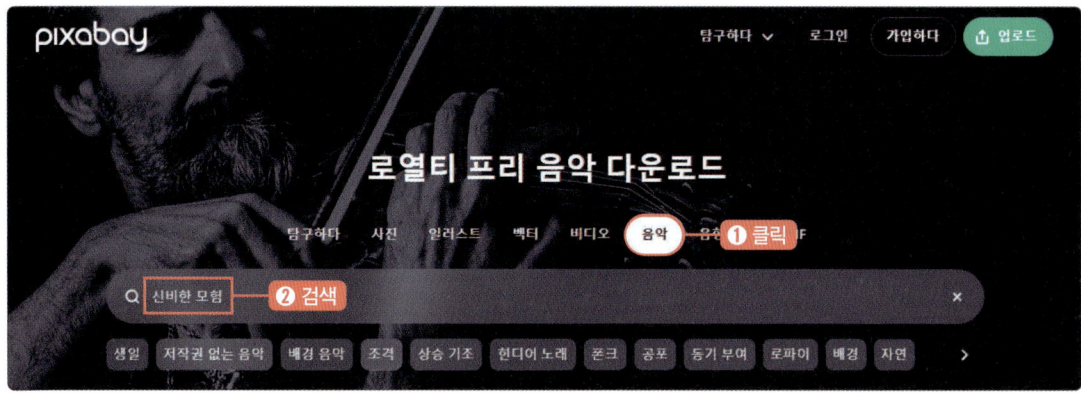

2 검색된 음악이 표시되면 게임 스토리에 어울리는 배경음악을 찾아 다운로드합니다.

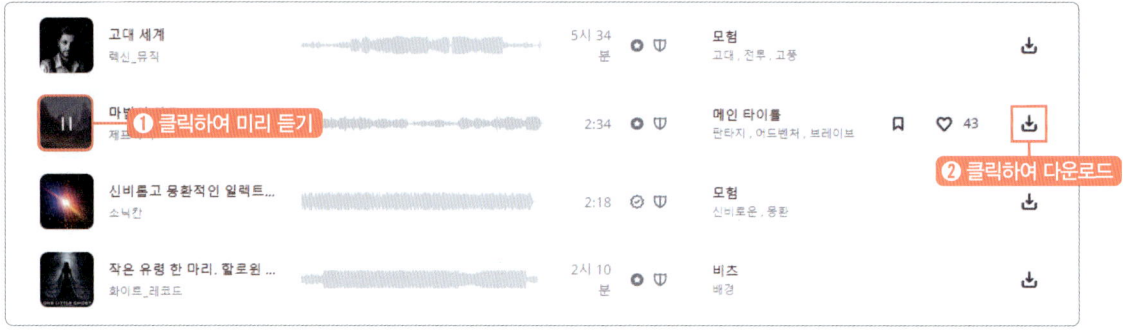

3 [음향 효과] 카테고리를 클릭하고 게임 실패 시 재생할 효과음을 찾아 다운로드합니다.

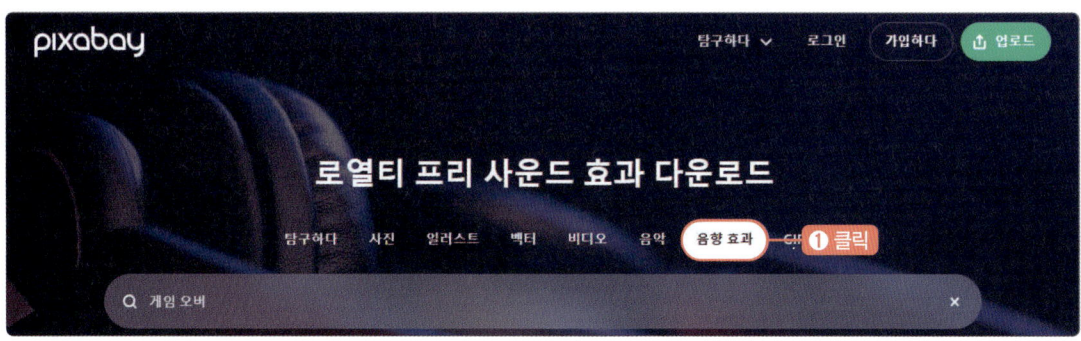

3 게임 장면 꾸미기

❶ 엔트리를 실행한 후 '13강 슬라임 소탕 작전(예제).ent' 파일을 불러와 ┌ 오브젝트 추가하기 ┐를 클릭하여 [오브젝트 추가하기] 창이 나타나면 [파일 올리기]-[파일 올리기]를 클릭한 후 피스켈을 이용하여 만든 '큰 슬라임' 오브젝트를 추가합니다.

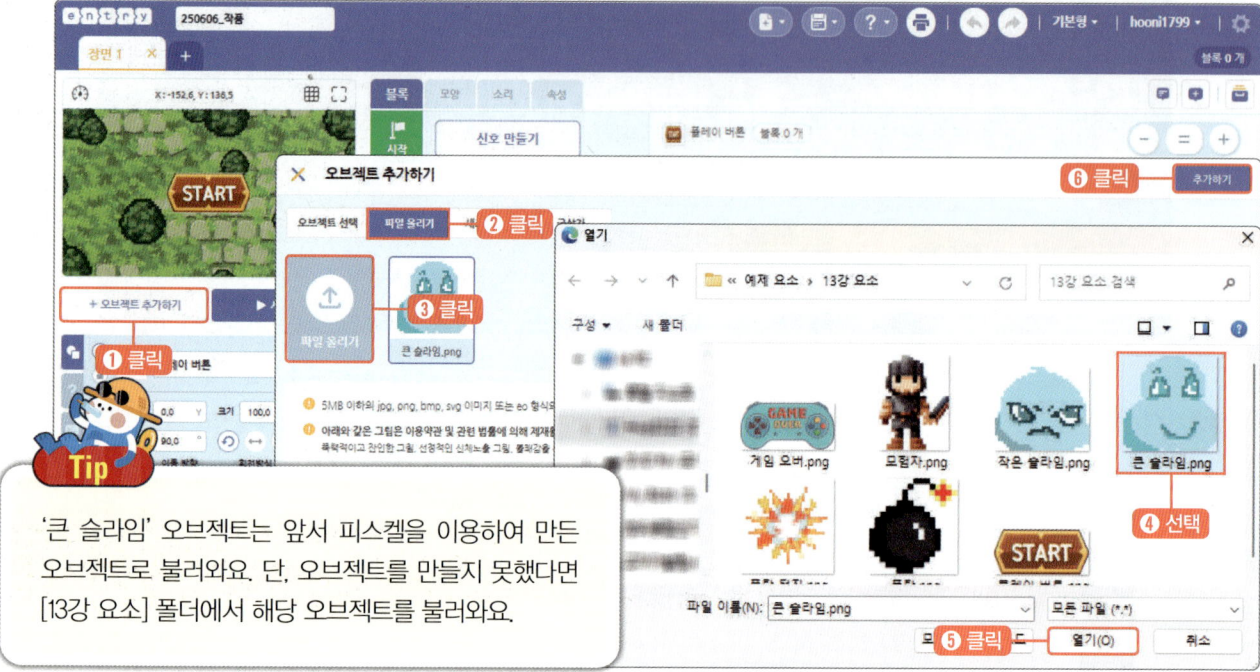

> **Tip**
> '큰 슬라임' 오브젝트는 앞서 피스켈을 이용하여 만든 오브젝트로 불러와요. 단, 오브젝트를 만들지 못했다면 [13강 요소] 폴더에서 해당 오브젝트를 불러와요.

❷ 오브젝트 목록에서 오브젝트 순서와 이름을 그림과 같이 설정하고 실행 화면에서 오브젝트의 크기와 위치를 조절합니다.

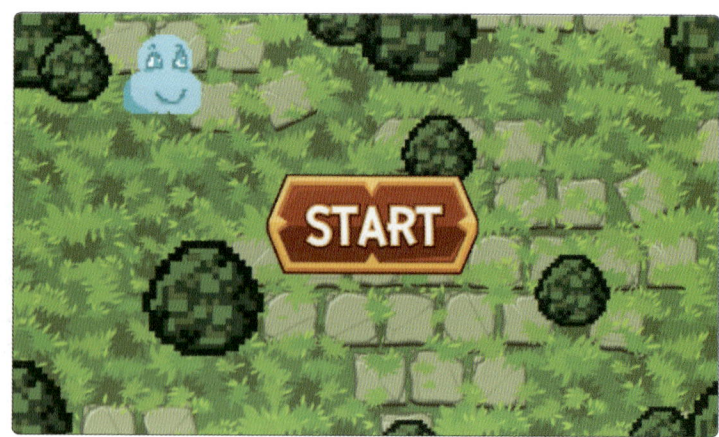

❸ '슬라임' 오브젝트를 선택하고 회전 방식을 '좌우 회전(↔)'으로 설정합니다.

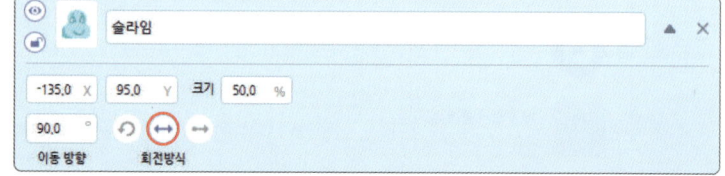

❹ [모양] 탭-[모양 추가하기]를 클릭하여 '작은 슬라임' 모양을 추가합니다.

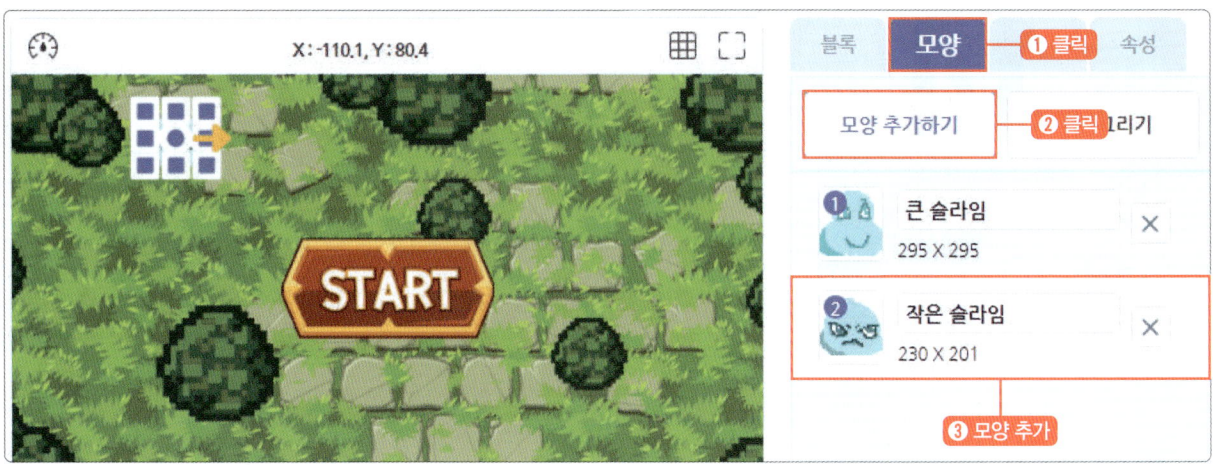

❺ 오브젝트의 크기와 위치를 참고하여 장면을 완성해 봅니다.

오브젝트	위치	크기
슬라임	x : -135.0 y : 95.0	50%

Tip
[13강 요소] 폴더에서 오브젝트를 불러와 사용했을 경우 오브젝트 목록에서 해당 오브젝트를 선택하고 위와 같이 크기와 위치 속성 값을 지정해요. 오브젝트를 직접 만들어 사용하는 경우 오브젝트 목록에서 속성 값을 변경해 가며 적절한 크기와 위치를 찾아요.

❻ 게임 장면이 완성되면 [저장하기(💾)]-[복사본으로 저장하기]를 클릭하여 '슬라임 소탕 작전' 파일을 저장합니다.

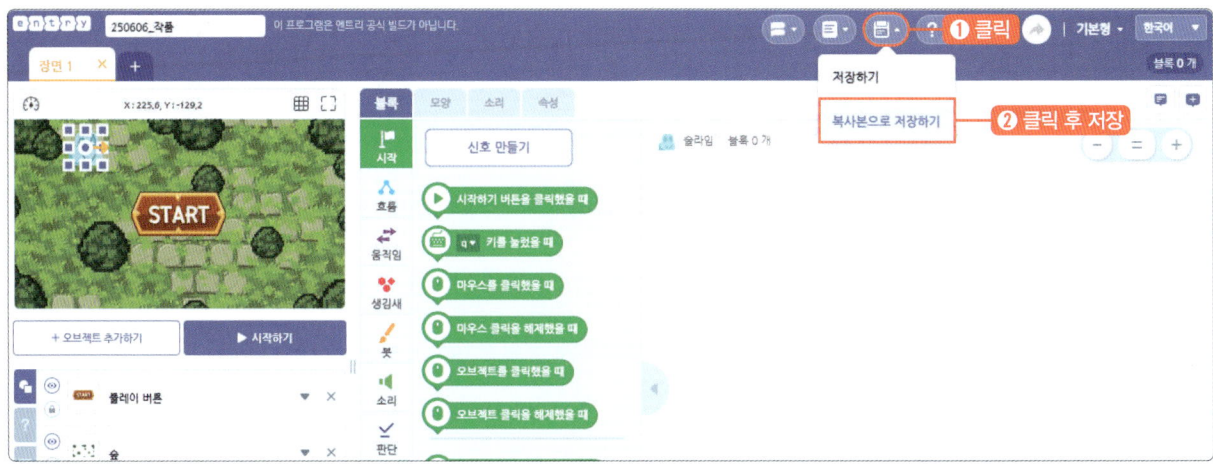

Chapter 14

게임 만들기

슬라임 소탕 작전! 게임 만들기

학습목표
- 모험가는 마우스를 클릭한 위치로 이동해요.
- 스페이스 키를 누르면 폭탄이 원을 그리며 발사돼요.
- 슬라임이 랜덤 위치에서 복제되어 모험가를 따라다녀요.
- 슬라임이 폭탄에 닿으면 점점 작아지다가 모양을 변경한 후 사라져요.

 미리보기 • 예제 파일 : 14강 슬라임 소탕 작전(예제).ent • 완성 파일 : 14강 슬라임 소탕 작전(완성).ent

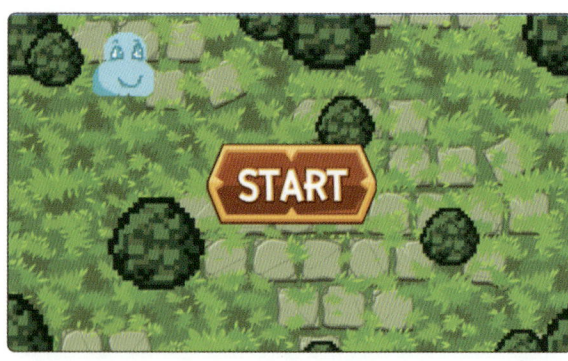

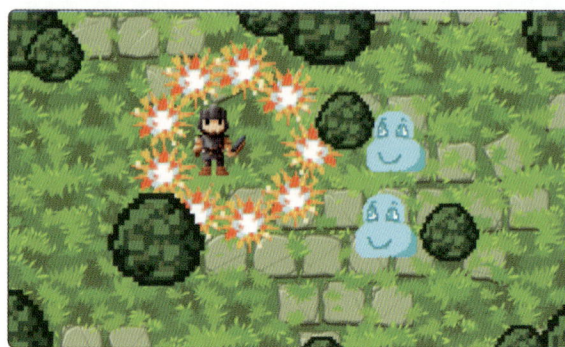

주요 블록

- `이동 방향을 90° 만큼 회전하기` : 폭탄이 원을 그리며 발사됩니다.
- `1 초 동안 마우스포인터▼ 위치로 이동하기` : 모험가가 1초 동안 마우스 포인터의 위치로 이동합니다.
- `자신▼ 의 모양 이름▼ = 큰 슬라임` : 복제된 슬라임의 모양 이름이 큰 슬라임인지 확인합니다.
- `y좌표▼ 의 위치▼ 값 번째 항목` : 슬라임이 리스트에 저장된 좌표 위치에서 나타납니다.

 **슬라임 잡기 시작, 슬라임 잡기 실패 장면 설정하기**

❶ 엔트리를 실행하고 '13'강에서 저장한 파일을 불러온 후 [속성] 탭에서 변수('위치')와 신호 ('슬라임 잡기 실패', '슬라임 잡기 시작')를 생성하고 변수를 실행 화면에서 숨깁니다.

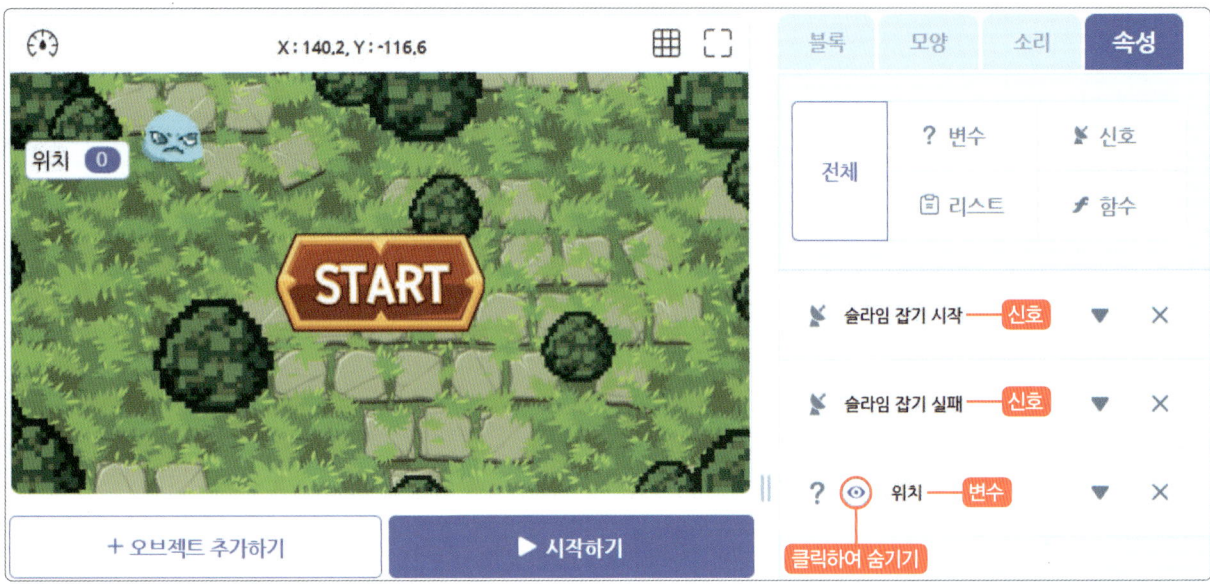

13강에서 저장한 파일이 없다면 '14강 슬라임 소탕 작전(예제).ent' 파일을 불러와 작업해요.

❷ 이어서 [리스트]-[리스트 추가하기]를 클릭하여 리스트 이름('x좌표')을 입력하고 [공유 리스트로 사용 (서버에 저장)]을 선택한 후 [리스트 추가]를 클릭합니다.

❸ [리스트 불러오기]를 클릭하고 그림과 같이 리스트 항목을 입력한 후 [저장하기]를 클릭하고 리스트를 화면에서 숨깁니다.

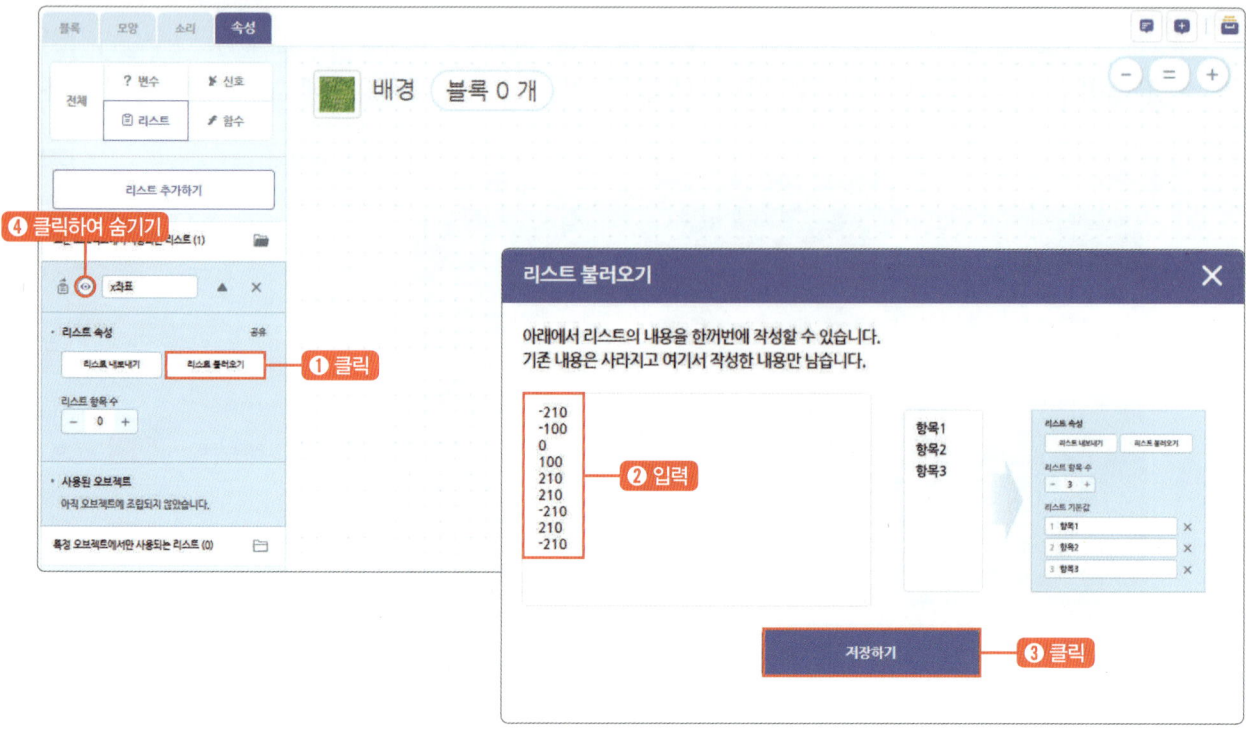

❹ ❷~❸과 같은 방법으로 'y좌표' 리스트를 생성하고 그림과 같이 리스트 항목을 입력한 후 [저장하기]를 클릭합니다.

❺ '폭탄', '슬라임' 오브젝트를 각각 선택하고 게임이 시작되면 화면에서 모양을 숨기도록 코딩합니다.

❻ '플레이 버튼' 오브젝트를 선택하고 '플레이 버튼'을 클릭하면 화면에서 모양을 숨기고 '슬라임 잡기 시작' 신호를 보내도록 코딩합니다.

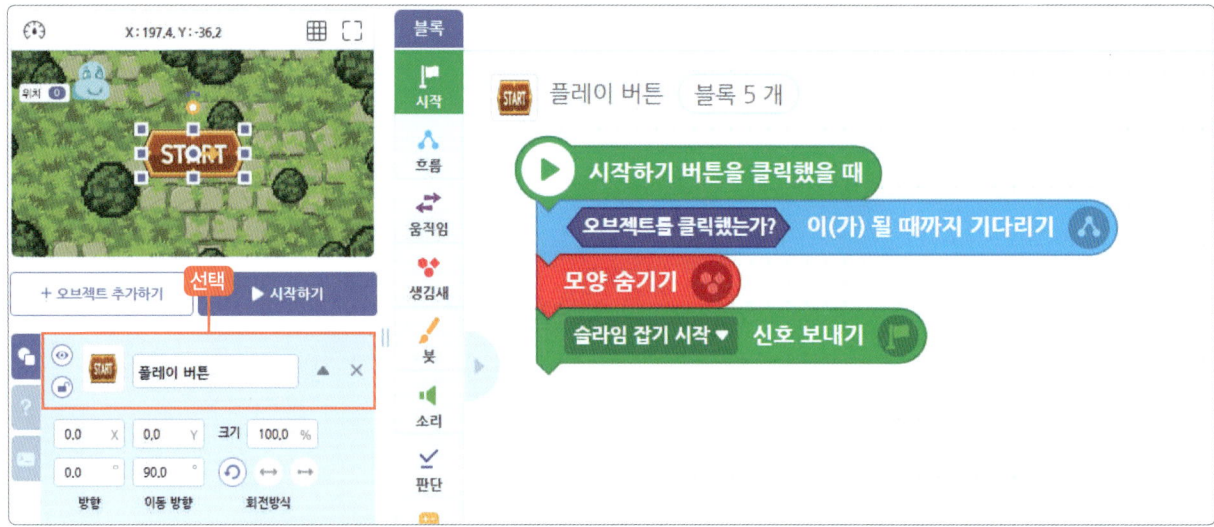

❼ 슬라임 잡기에 실패하여 '슬라임 잡기 실패' 신호를 받으면 다른 오브젝트의 움직임을 멈추고 '게임 오버' 모양을 화면에 표시한 후 게임이 종료되도록 코딩합니다.

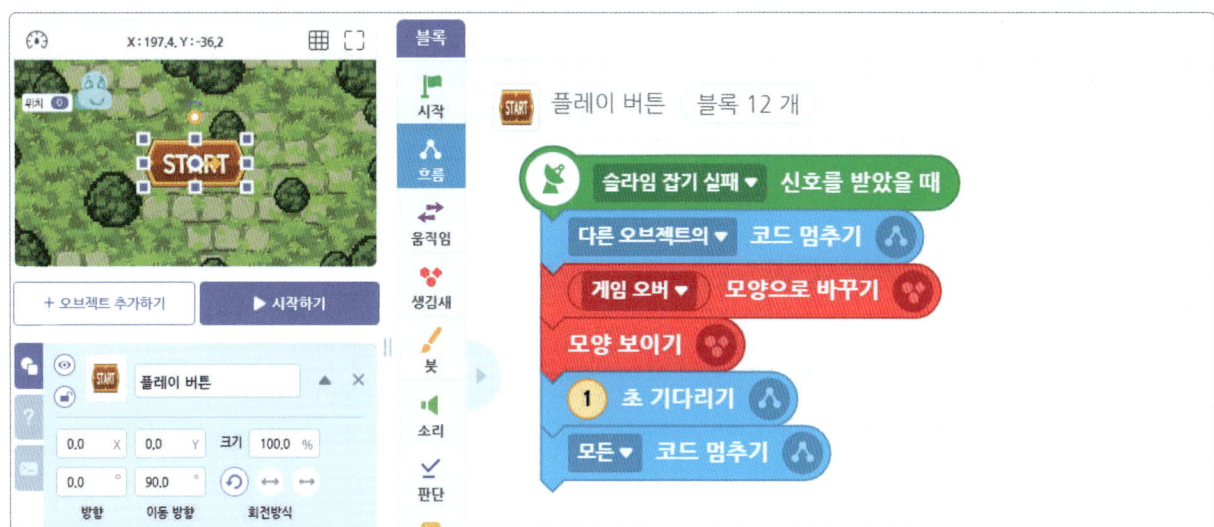

2 모험가 이동 설정하기

❶ '모험가' 오브젝트를 선택하고 '슬라임 잡기 시작' 신호를 받으면 계속해서 좌우로 모양을 변경하여 걷는 모습을 표현하도록 코딩합니다.

❷ '슬라임 잡기 시작' 신호를 받았을 때 마우스를 클릭하면 '모험가'가 '1'초 동안 '마우스 포인터' 위치로 이동하도록 코딩합니다.

- '플레이 버튼'을 클릭했을 때 '모험가'가 이동하지 않도록 신호를 받고 '0.2'초 동안 기다려요.
- 마우스를 클릭하면 '모험가'가 '1'초 동안 '마우스 포인터' 위치로 이동하는 코드로, '모험가'가 실시간으로 변경되는 '마우스 포인터'의 위치를 따라 이동하진 않아요.

3 슬라임 이동 설정하기

❶ '슬라임' 오브젝트를 선택하고 '슬라임 잡기 시작' 신호를 받으면 계속해서 랜덤의 시간 간격으로 랜덤 위치에서 '슬라임'이 '2'마리씩 복제되도록 코딩합니다.

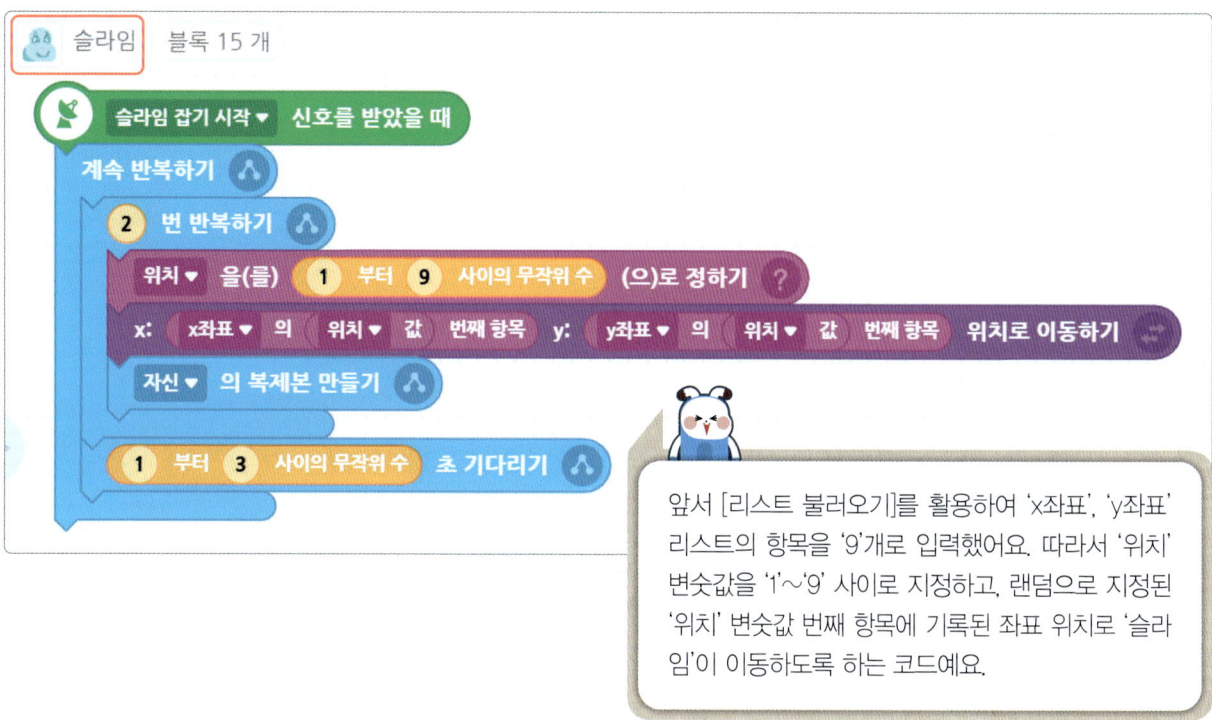

앞서 [리스트 불러오기]를 활용하여 'x좌표', 'y좌표' 리스트의 항목을 '9'개로 입력했어요. 따라서 '위치' 변숫값을 '1'~'9' 사이로 지정하고, 랜덤으로 지정된 '위치' 변숫값 번째 항목에 기록된 좌표 위치로 '슬라임'이 이동하도록 하는 코드예요.

❷ 복제된 '슬라임'이 '모험가' 쪽으로 이동하다가 '폭탄'에 닿으면 크기가 작아지고 살짝 튕겨져 나간 후 '모험가'에 닿으면 '슬라임 잡기 실패' 신호를 보내도록 코딩합니다.

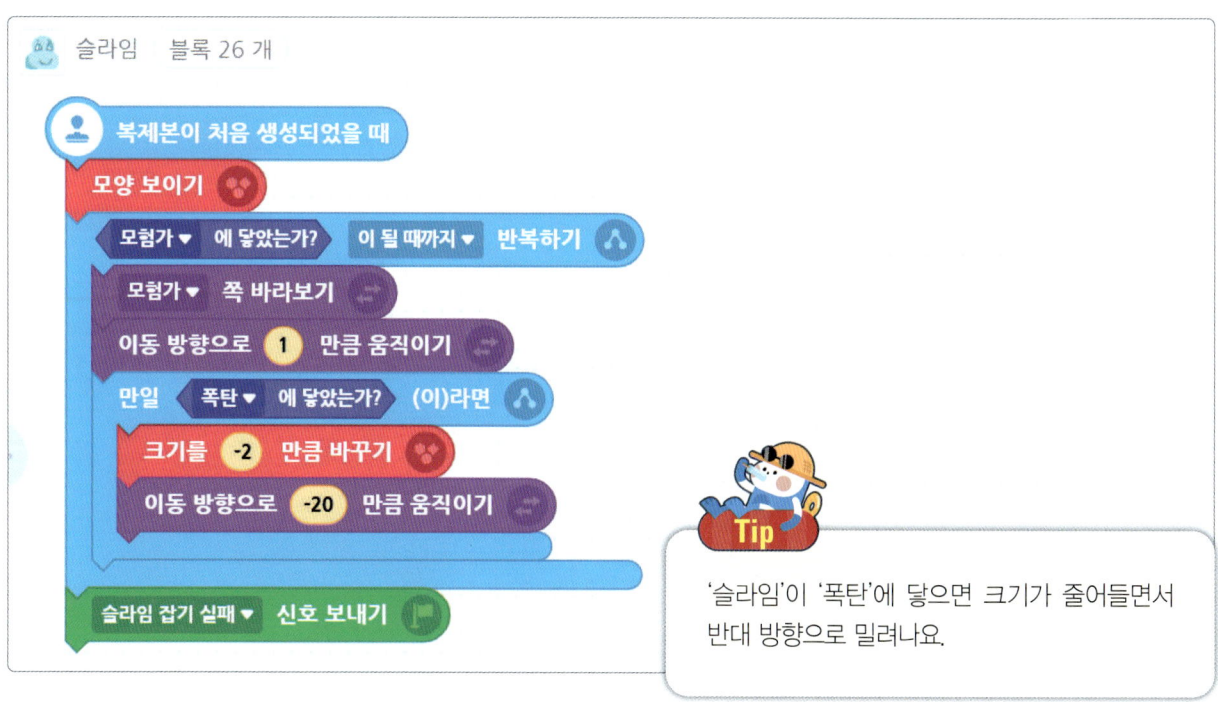

Tip '슬라임'이 '폭탄'에 닿으면 크기가 줄어들면서 반대 방향으로 밀려나요.

❸ '슬라임'이 '폭탄'에 닿았을 때 '슬라임'의 모양 이름이 '큰 슬라임'이면 크기가 '30'보다 작은지 확인하고 크기가 '30'보다 작아지면 '작은 슬라임' 모양으로 변경한 후 다시 '폭탄'에 닿으면 복제본이 삭제되도록 코딩합니다.

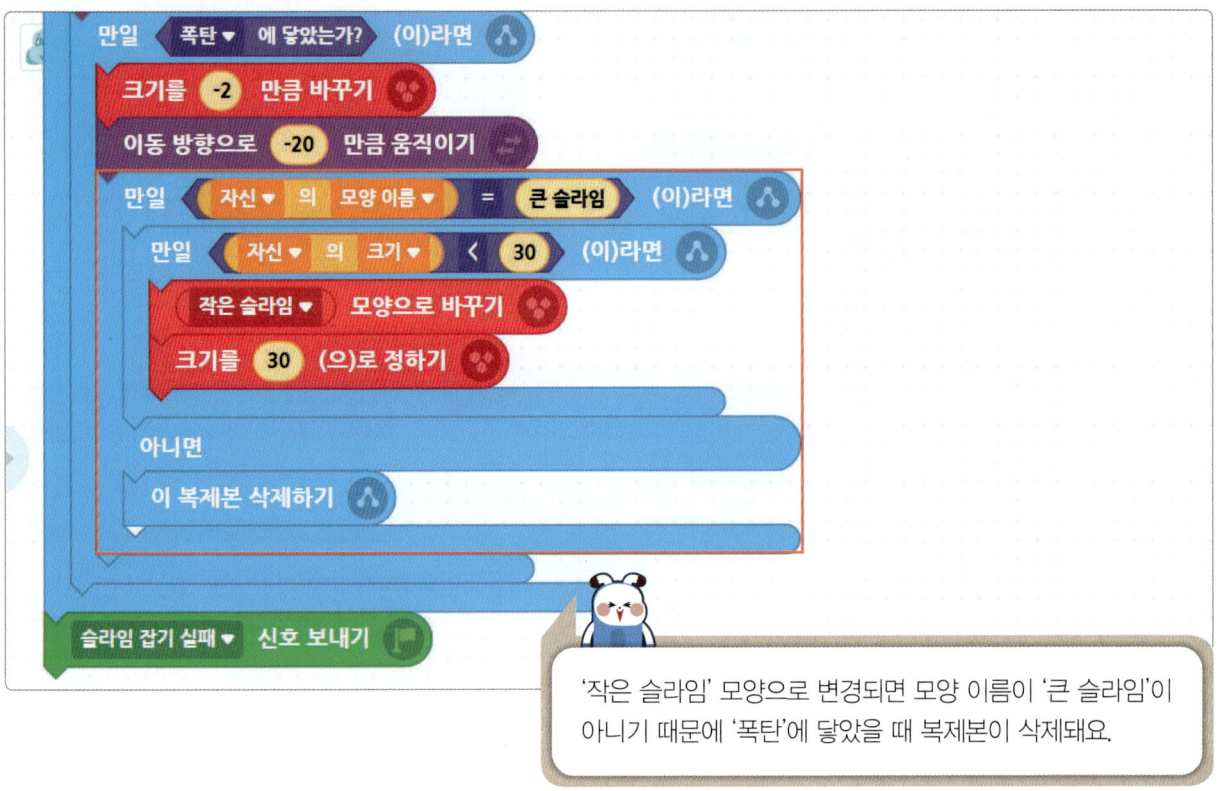

'작은 슬라임' 모양으로 변경되면 모양 이름이 '큰 슬라임'이 아니기 때문에 '폭탄'에 닿았을 때 복제본이 삭제돼요.

4 폭탄 이동 설정하기

❶ '폭탄' 오브젝트를 선택하고 '슬라임 잡기 시작' 신호를 받았을 때 '스페이스' 키를 누르면 '9'번 반복하여 회전하며 '폭탄'의 복제본이 생성되도록 코딩합니다.

❷ 복제된 '폭탄'이 '모험가' 위치에서 나타나 이동하다가 터진 후 복제본이 삭제되도록 코딩합니다.

Tip

앞서 '폭탄'의 이동 방향을 서로 다르게 지정하여 복제되도록 코딩했어요. 복제된 '폭탄'이 해당 이동 방향으로 이동하면 '모험가'를 중심으로 원 모양을 그리며 '폭탄'이 발사되는 모습을 표현할 수 있어요.

❸ 복제된 '폭탄'의 모양을 계속해서 좌우로 변경하여 '폭탄'이 터져 반짝이는 모습을 표현하도록 코딩합니다.

❹ 게임이 완성되면 게임을 실행하여 '모험가'가 '슬라임'을 물리치도록 '폭탄'을 발사해 봅니다.

Chapter 15

게임 업그레이드
슬라임 소탕 작전! 레벨 업!

학습목표
- 물약이 랜덤 시간 간격으로 랜덤 위치에서 나타났다가 사라져요.
- 모험가가 물약을 획득하면 발사되는 폭탄의 개수가 증가해요.
- 슬라임이 모험가에 닿으면 하트의 개수가 줄어들어요.
- 잡은 슬라임 수가 화면에 출력돼요.

미리보기
- 예제 파일 : 15강 슬라임 소탕 작전(예제).ent
- 완성 파일 : 15강 슬라임 소탕 작전(완성).ent

게임 업그레이드

- 오브젝트 추가하여 장면 꾸미기
- 화면에 잡은 슬라임 수 출력하기
- 물약 획득하면 발사되는 폭탄 개수 증가하기
- 슬라임이 모험가에 닿으면 하트 감소하기
- 폭탄 발사될 때 효과음 출력하기
- 하트가 모두 소진되면 게임 실패하기

1 게임 장면 꾸미기

❶ 엔트리를 실행하고 '14'강에서 저장한 파일을 불러온 후  를 클릭하고 [15강 요소] 폴더에서 '잡은 슬라임 수 판', '물약', '하트1' 오브젝트를 추가하여 그림과 같이 장면을 꾸밉니다.

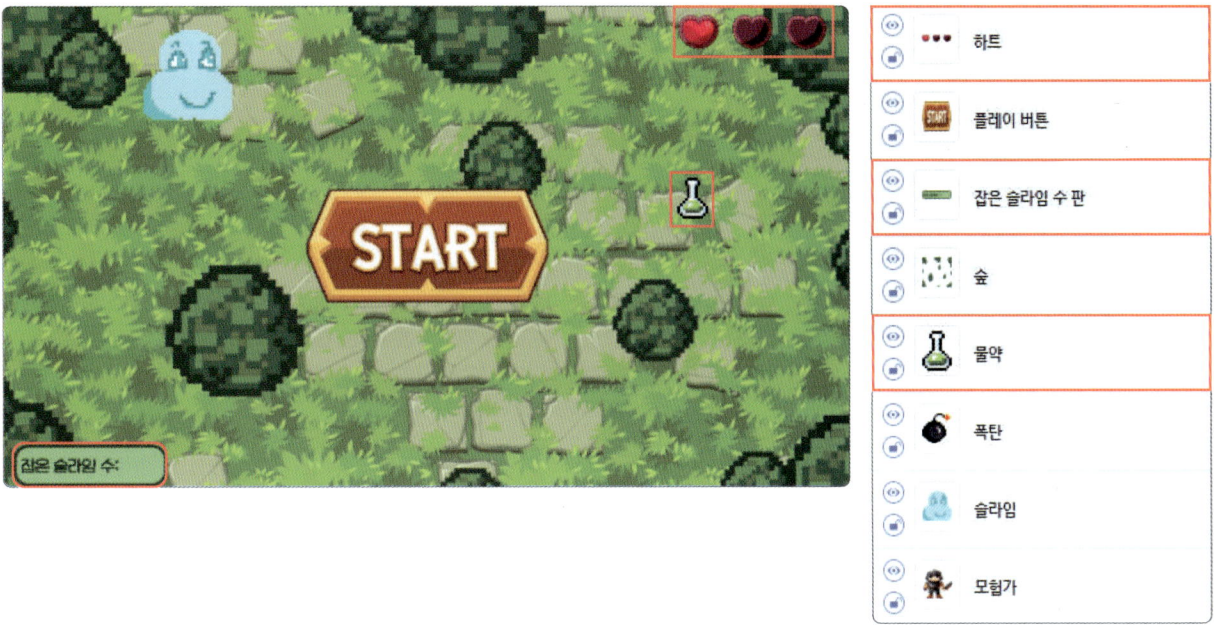

❷ '하트' 오브젝트를 선택하고 [모양] 탭-[모양 추가하기]를 클릭하여 '하트2'~'하트4' 모양을 추가합니다.

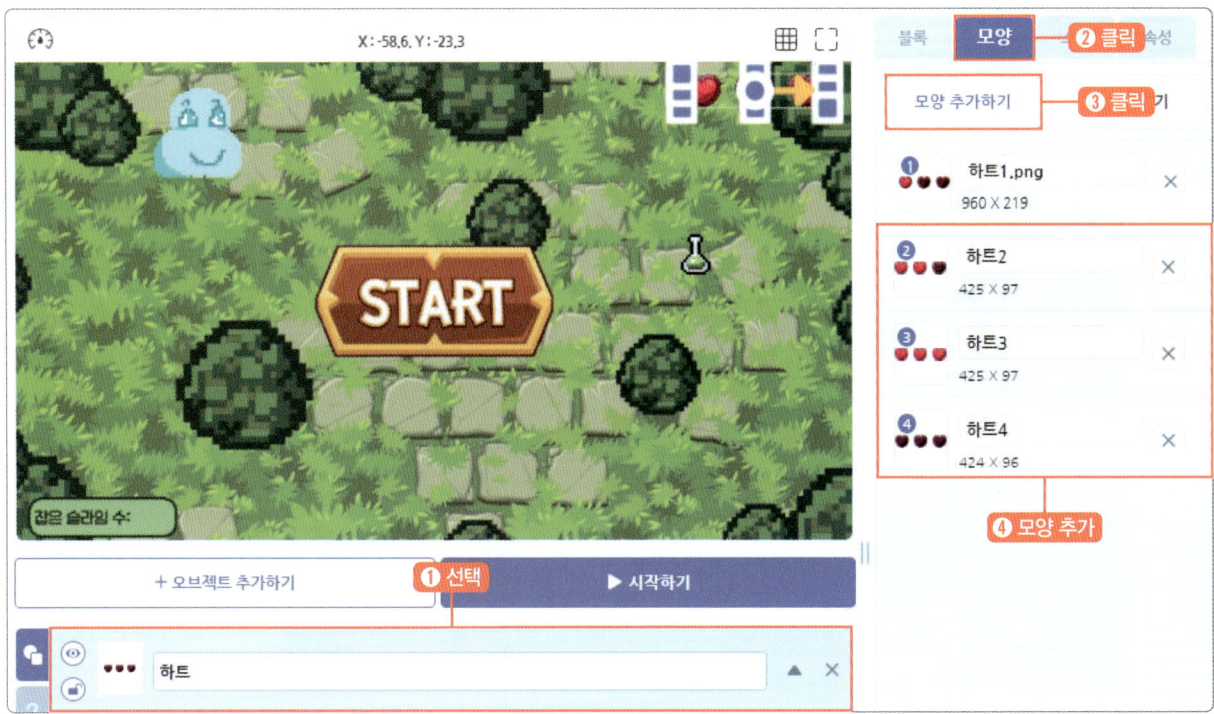

❸ [속성] 탭에서 변수('하트', '잡은 슬라임', '폭탄 개수')를 생성하고 변수를 실행 화면에서 숨깁니다.

❹ +오브젝트 추가하기 를 클릭하여 '글상자' 오브젝트를 추가하고 오브젝트 이름을 '잡은 슬라임'으로 변경합니다.

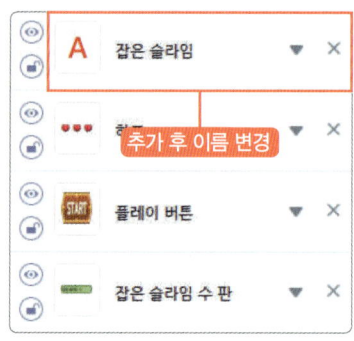

❺ 이어서 글꼴('잘난체'), 글자색('초록'), 배경색('없음')을 지정하고 글상자 내용을 "0"으로 입력한 후 '잡은 슬라임 수 판' 오브젝트 위치로 이동시킵니다.

2 배경음악과 효과음 추가하기

❶ '배경' 오브젝트를 선택하고 [소리] 탭-[소리 추가하기]-[파일 올리기]를 클릭하여 '배경음악' 파일을 불러온 후 게임이 시작되면 '배경음악'이 재생되도록 코딩합니다.

Tip 다운로드 받은 '배경음악' 파일이 없다면 [15강 요소] 폴더에서 '배경음악' 파일을 불러와요.

❷ '플레이 버튼' 오브젝트를 선택하고 ❶과 같은 방법으로 '실패 효과음' 파일을 불러온 후 '슬라임 잡기 실패' 신호를 받으면 배경음악을 멈추고 '실패 효과음'이 재생되도록 코드를 수정합니다.

Tip 다운로드 받은 '실패 효과음' 파일이 없다면 [15강 요소] 폴더에서 '실패 효과음' 파일을 불러와요.

❸ '폭탄' 오브젝트를 선택하고 [소리] 탭-[소리 추가하기]에서 '폭탄 폭발' 소리를 검색하여 소리를 추가한 후 '폭탄'이 발사될 때 '폭탄 폭발' 소리가 재생되도록 코드를 추가합니다.

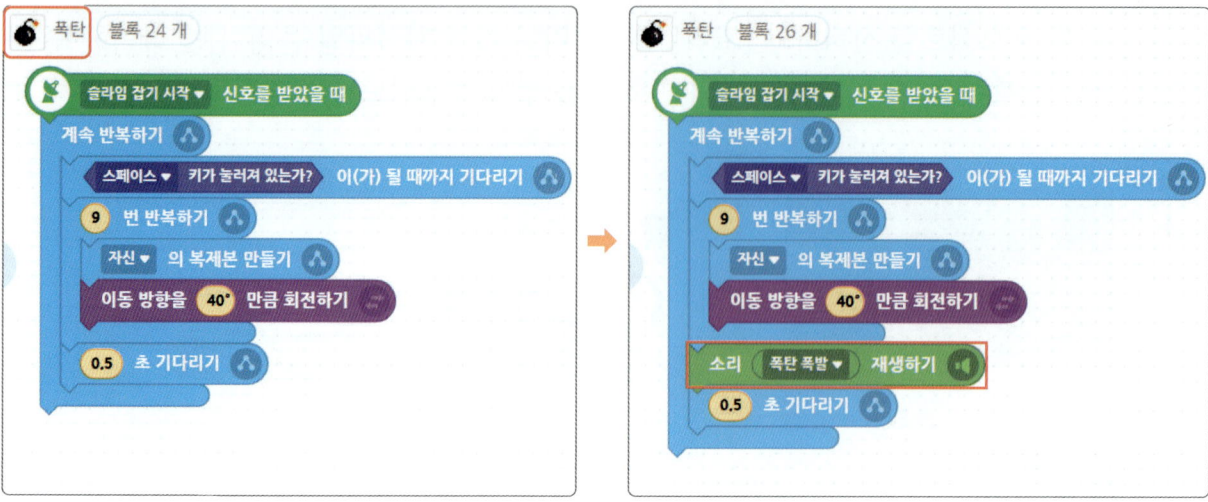

❹ '스페이스' 키를 누르면 '폭탄 개수' 변숫값만큼 '폭탄'의 복제본이 생성되도록 코드를 수정합니다.

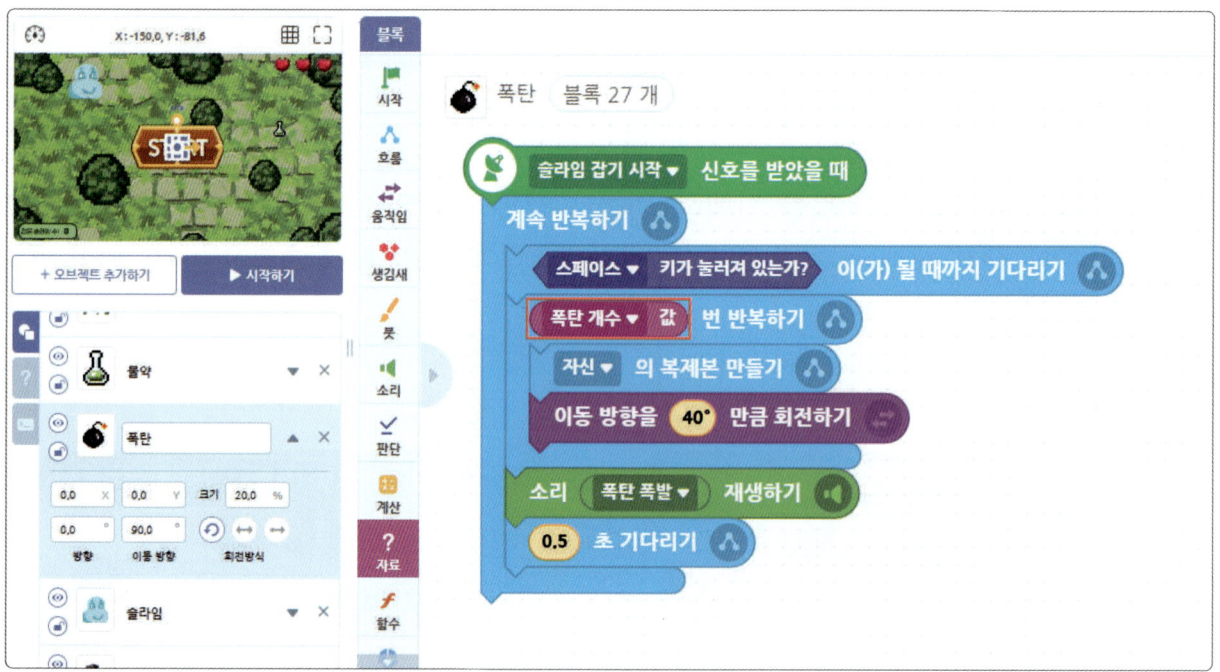

'모험가'가 '물약'을 획득하면 '폭탄 개수' 변숫값이 증가하도록 코딩할 예정이에요. '폭탄 개수' 변숫값만큼만 '폭탄'이 복제되도록 하여 '모험가'가 '물약'을 획득하면 공격력이 증가하도록 해요.

3 하트와 잡은 슬라임 수 표시하기

❶ '슬라임' 오브젝트를 선택하고 '모험가'가 '슬라임'을 물리치면 '잡은 슬라임' 변숫값이 '1'씩 증가하도록 코드를 추가합니다.

❷ '슬라임'이 '모험가'에 닿으면 '하트' 변숫값이 '1'씩 감소하고 복제본이 삭제되도록 코드를 수정합니다.

Tip '슬라임'이 '모험가'에 닿으면 바로 게임이 종료되지 않고 '하트'의 개수가 모두 소진되면 게임이 종료되도록 할 예정이에요.

❸ '하트' 오브젝트를 선택하고 계속해서 '하트'의 모양을 '하트' 변숫값으로 변경하고 '하트'가 모두 소진되면 모양을 '하트4'로 변경한 후 '슬라임 잡기 실패' 신호를 보내도록 코딩합니다.

 **Tip**
- '하트'의 개수가 '3'개이기 때문에 '하트' 변수의 초기 값을 '3'으로 지정해요.
- '하트4' 모양은 '하트'가 모두 소진된 모양이에요.

❹ '잡은 슬라임' 오브젝트를 선택하고 게임이 시작되면 '잡은 슬라임' 변수의 초기 값을 '0'으로 지정한 후 실시간으로 변경되는 변숫값이 화면에 출력되도록 코딩합니다.

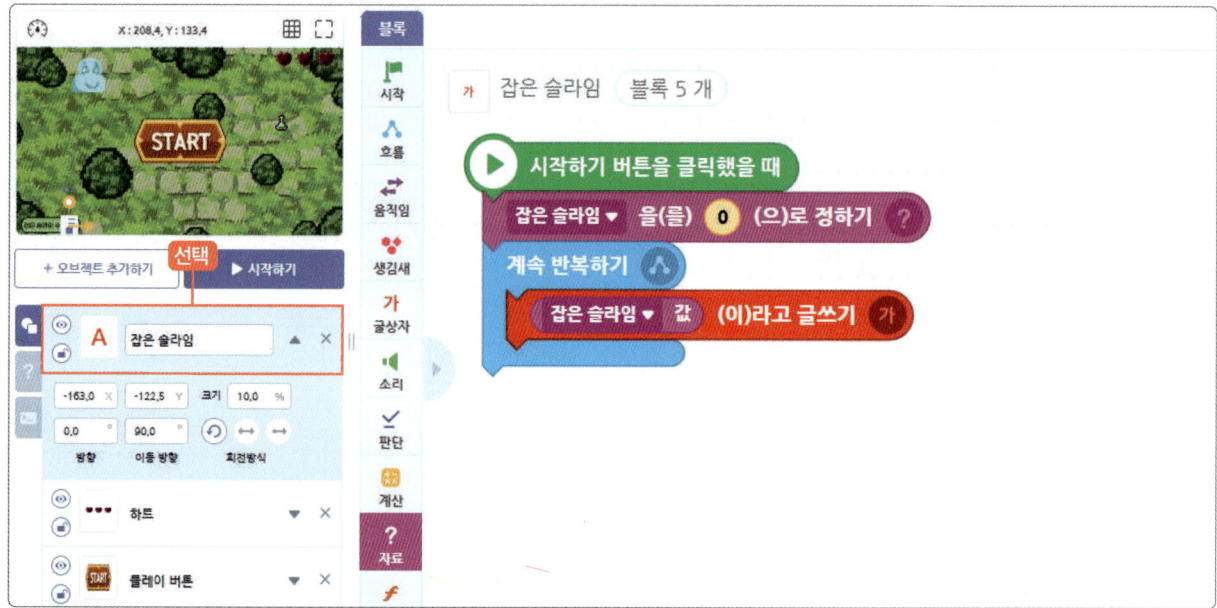

3 하트와 잡은 슬라임 수 표시하기

❶ '슬라임' 오브젝트를 선택하고 '모험가'가 '슬라임'을 물리치면 '잡은 슬라임' 변숫값이 '1'씩 증가하도록 코드를 추가합니다.

❷ '슬라임'이 '모험가'에 닿으면 '하트' 변숫값이 '1'씩 감소하고 복제본이 삭제되도록 코드를 수정합니다.

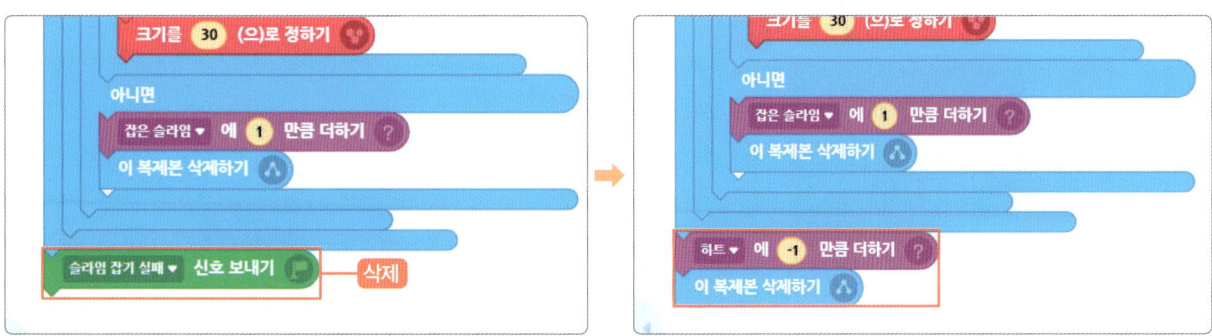

Tip
'슬라임'이 '모험가'에 닿으면 바로 게임이 종료되지 않고 '하트'의 개수가 모두 소진되면 게임이 종료되도록 할 예정이에요.

❸ '하트' 오브젝트를 선택하고 계속해서 '하트'의 모양을 '하트' 변숫값으로 변경하고 '하트'가 모두 소진되면 모양을 '하트4'로 변경한 후 '슬라임 잡기 실패' 신호를 보내도록 코딩합니다.

- '하트'의 개수가 '3'개이기 때문에 '하트' 변수의 초기 값을 '3'으로 지정해요.
- '하트4' 모양은 '하트'가 모두 소진된 모양이에요.

❹ '잡은 슬라임' 오브젝트를 선택하고 게임이 시작되면 '잡은 슬라임' 변수의 초기 값을 '0'으로 지정한 후 실시간으로 변경되는 변숫값이 화면에 출력되도록 코딩합니다.

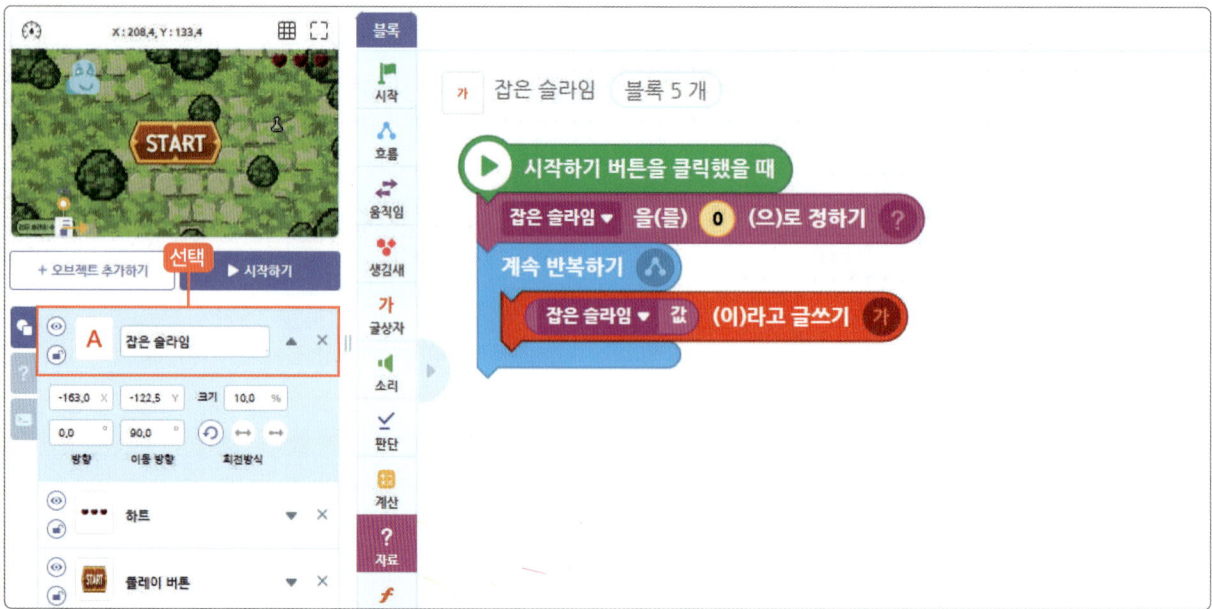

4 물약 획득 설정하기

❶ '물약' 오브젝트를 선택하고 게임이 시작되면 '모험가'가 발사할 수 있는 '폭탄'의 개수를 '2'개로 지정한 후 모양을 화면에서 숨기도록 코딩합니다.

'폭탄'이 '폭탄 개수' 변숫값만큼 복제되어 발사되도록 코딩했기 때문에 '폭탄 개수' 변수의 초기 값을 '2'로 지정하면 '모험가'가 '물약'을 획득하기 전까지 '폭탄'을 '2'개씩 발사할 수 있어요.

❷ '슬라임 잡기 시작' 신호를 받으면 '7'번 반복하여 '물약'이 랜덤의 시간 간격으로 랜덤 위치에서 나타났다가 사라지도록 코딩합니다.

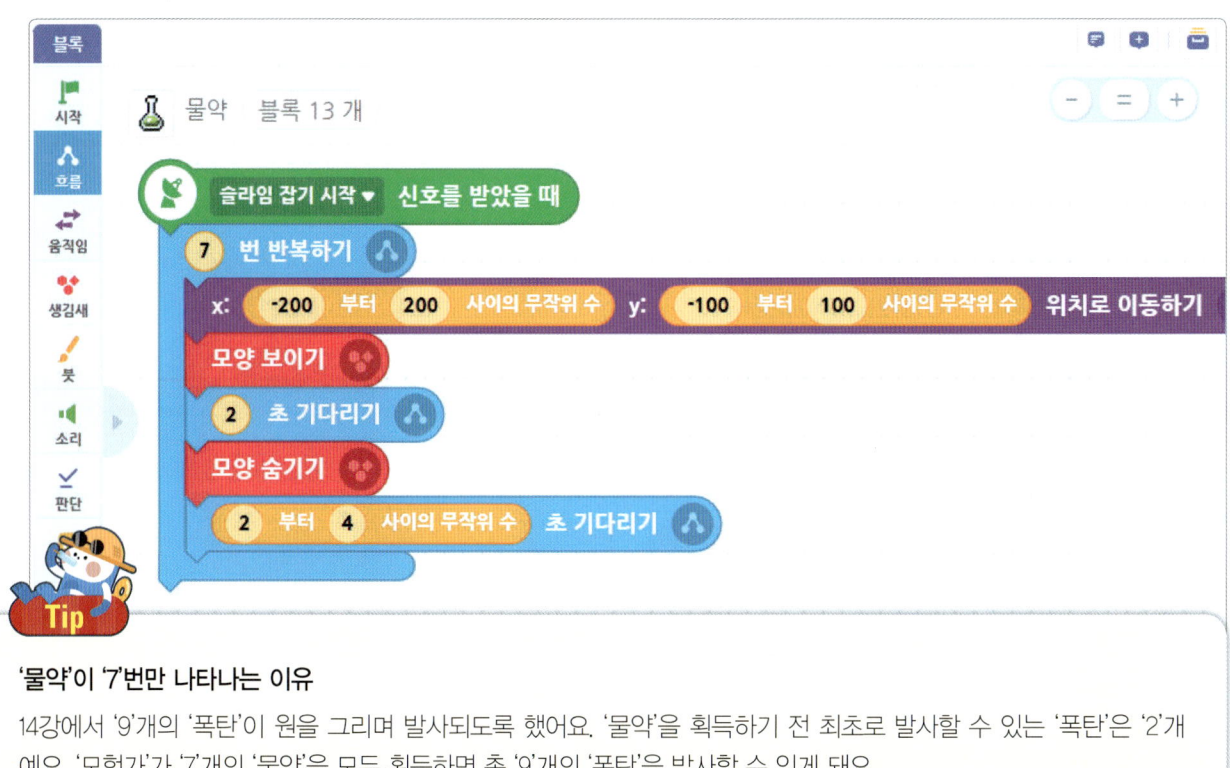

'물약'이 '7'번만 나타나는 이유

14강에서 '9'개의 '폭탄'이 원을 그리며 발사되도록 했어요. '물약'을 획득하기 전 최초로 발사할 수 있는 '폭탄'은 '2'개 예요. '모험가'가 '7'개의 '물약'을 모두 획득하면 총 '9'개의 '폭탄'을 발사할 수 있게 돼요.

❸ '슬라임 잡기 시작' 신호를 받았을 때 '물약'이 '모험가'에 닿으면 '폭탄 개수' 변숫값을 '1'씩 증가하고 모양을 화면에서 숨기도록 코딩합니다.

❹ '슬라임 잡기 시작' 신호를 받으면 '물약'이 좌우로 흔들리는 모습을 표현하도록 코딩합니다.

❺ 게임이 완성되면 게임을 실행하여 업그레이드된 게임을 체험해 봅니다.

Chapter 16

게임 디자인
알사탕 레이스 장면 만들기

학습목표
- 피스켈에서 게임에 필요한 오브젝트를 만들어요.
- 게임에 필요한 음악을 다운로드해요.
- 오브젝트를 추가하여 게임 장면을 만들어요.

 **미리보기** • 예제 파일 : 16강 알사탕 레이스(예제).ent　• 완성 파일 : 16강 알사탕 레이스(완성).ent

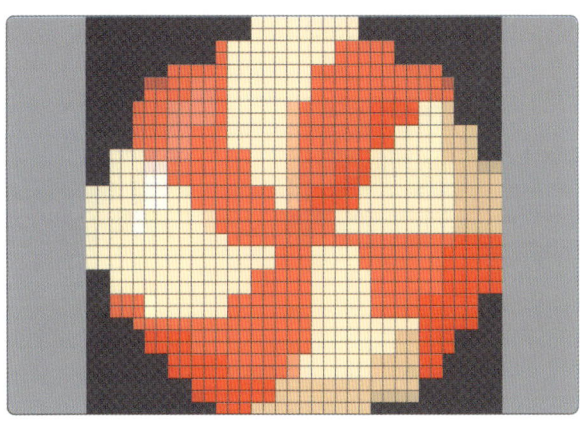

사용 프로그램

- **피스켈** : 게임에서 사용할 오브젝트를 만듭니다.
- **픽사베이** : 게임에서 사용할 음악을 다운로드합니다.
- **엔트리** : 장면을 꾸미고 게임을 제작합니다.

1 피스켈로 오브젝트 만들기

❶ 제작할 게임의 스토리를 확인합니다.

> 여기는 달콤한 사탕 마을이에요. 오늘은 1년에 한 번 열리는 달콤! 알사탕 레이스가 펼쳐지는 날이에요.
> 알록달록 달콤한 알사탕을 굴리는 레이스로, 가장 오래 동안 알사탕을 굴리는 참가자가 우승이에요.
> 하지만 조심하세요. 레이스가 펼쳐지는 경기장 곳곳에는 물웅덩이가 있는 발판이 있어, 알사탕이 물웅덩이에 닿으면 녹아버리고 갑자기 나타나 떨어지는 칼에 닿으면 알사탕이 부서져버리니까요.
> 정확한 판단과 조작으로 알사탕을 끝까지 지켜내고 최고의 알사탕 레이서가 되어 보세요!

❷ 제작할 오브젝트를 확인합니다.

제작할 오브젝트			
알사탕	왼쪽 물발판	가운데 물발판	오른쪽 물발판

❸ 피스켈 아이콘(▦)을 더블클릭하여 프로그램을 실행하고 다양한 도구를 이용하여 자유롭게 알사탕을 그리고 이미지 파일('알사탕')로 저장한 후 [새 스프라이트(➕)]를 클릭합니다.

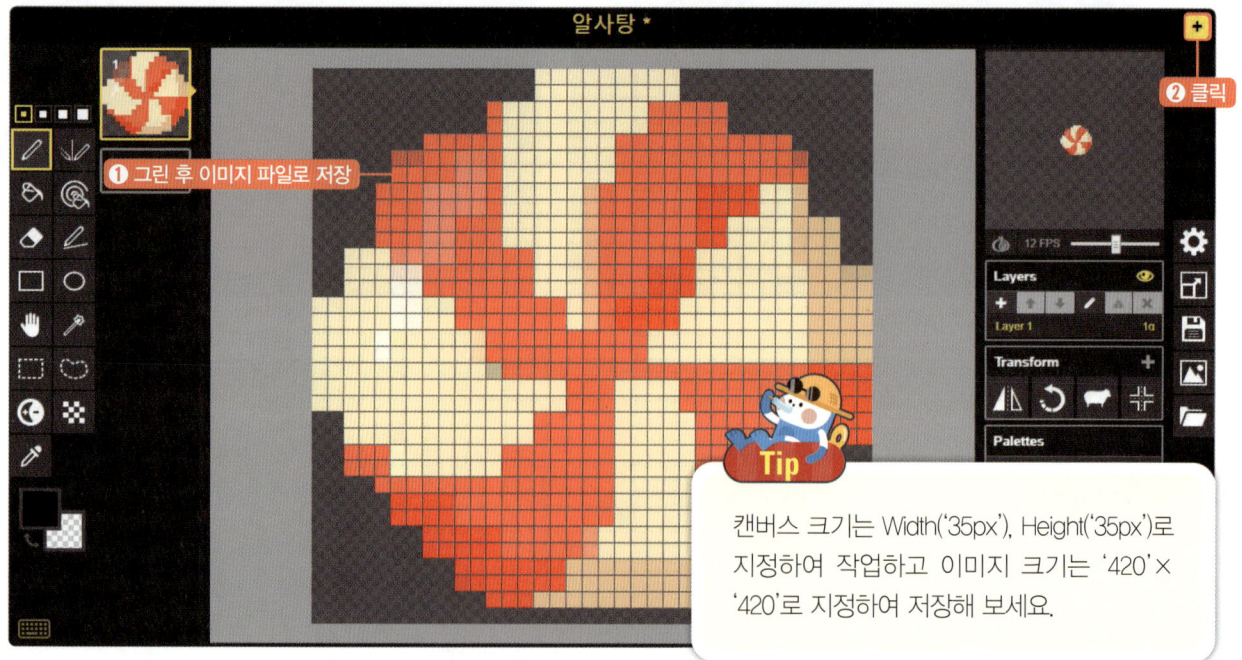

❶ 그린 후 이미지 파일로 저장
❷ 클릭

Tip 캔버스 크기는 Width('35px'), Height('35px')로 지정하여 작업하고 이미지 크기는 '420'×'420'로 지정하여 저장해 보세요.

❹ [불러오기(📁)]-[Browse .piskel files]를 클릭하고 [16강 요소] 폴더에서 '오른쪽 발판.piskel' 파일을 불러옵니다.

❺ '오른쪽 발판.piskel' 파일이 실행된 모습을 확인합니다.

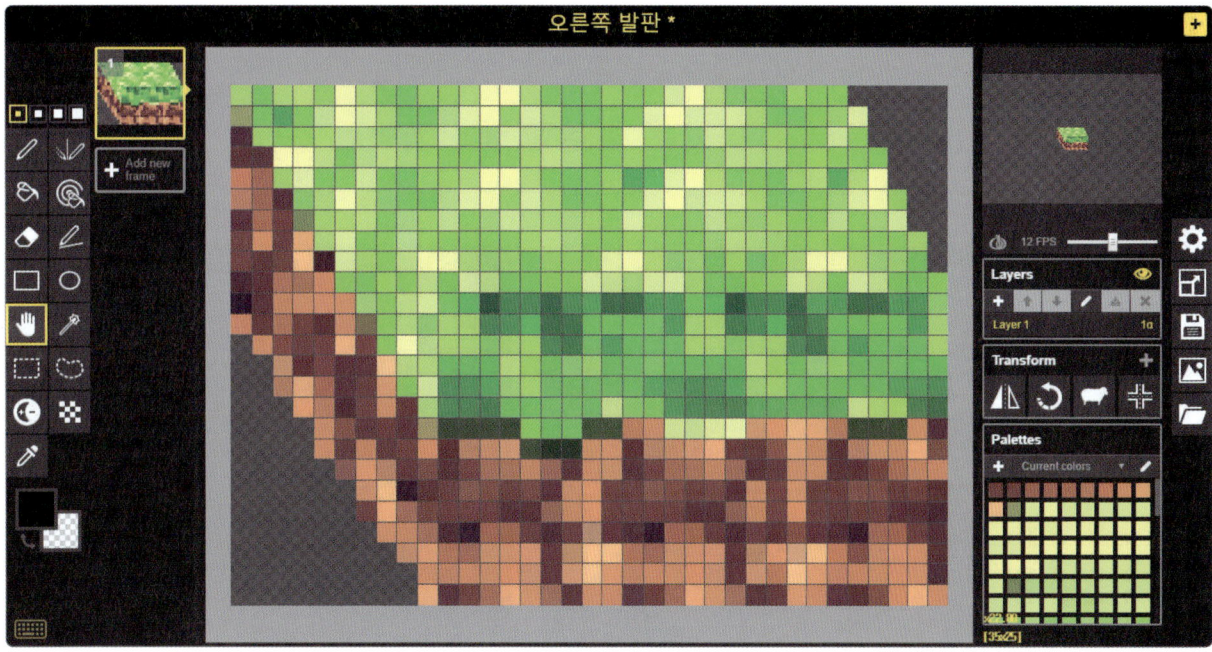

❻ 다양한 도구를 이용하여 발판 위쪽에 물웅덩이를 그리고 이미지 파일('오른쪽 물발판')로 저장한 후 [새 스프라이트(+)]를 클릭합니다.

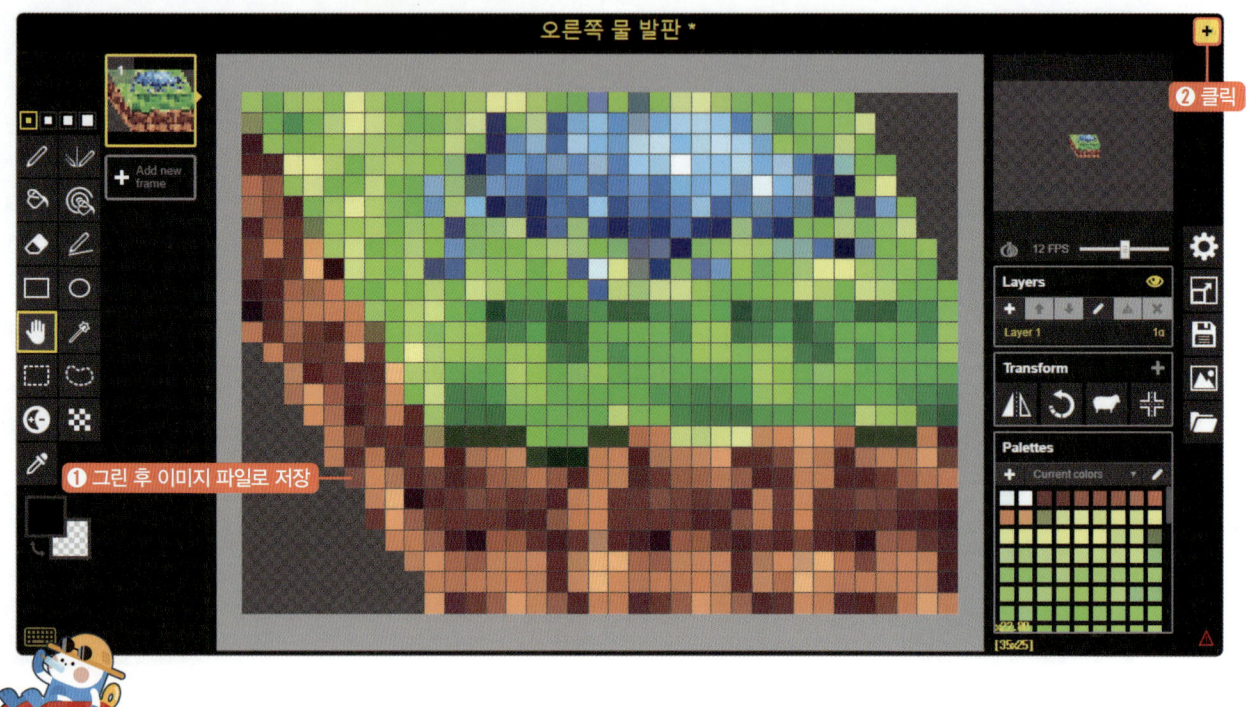

Tip 완성한 '오른쪽 물발판'을 이미지로 저장할 때 크기를 '384'×'274'로 지정해요.

❼ ❹~❻과 같은 방법으로 '왼쪽 발판', '가운데 발판' 파일을 불러와 발판 위에 물웅덩이를 그리고 이미지 파일('왼쪽 물발판', '가운데 물발판')로 저장합니다.

[왼쪽 물발판]   [가운데 물발판]

Tip '왼쪽 물발판', '가운데 물발판'도 이미지로 저장할 때 크기를 '384'×'274'로 지정해요.

배경음악과 효과음 다운로드하기

① 픽사베이 사이트(https://pixabay.com)에 접속하여 [음악] 카테고리를 클릭하고 게임 스토리에 어울리는 배경음악을 검색합니다.

② 검색된 음악이 표시되면 게임 스토리에 어울리는 배경음악을 찾아 다운로드합니다.

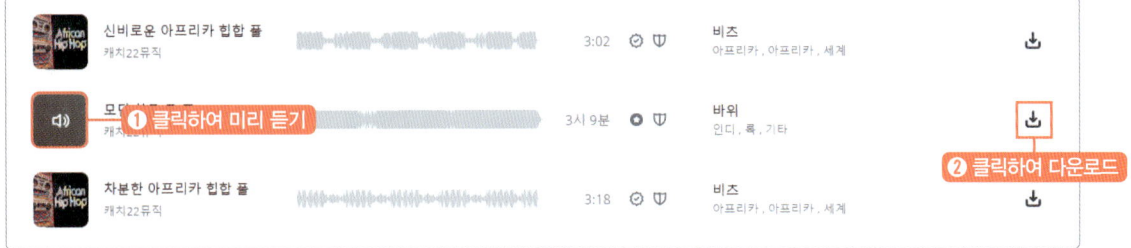

③ [음향 효과] 카테고리를 클릭하고 게임 실패 시 재생할 효과음을 찾아 다운로드합니다.

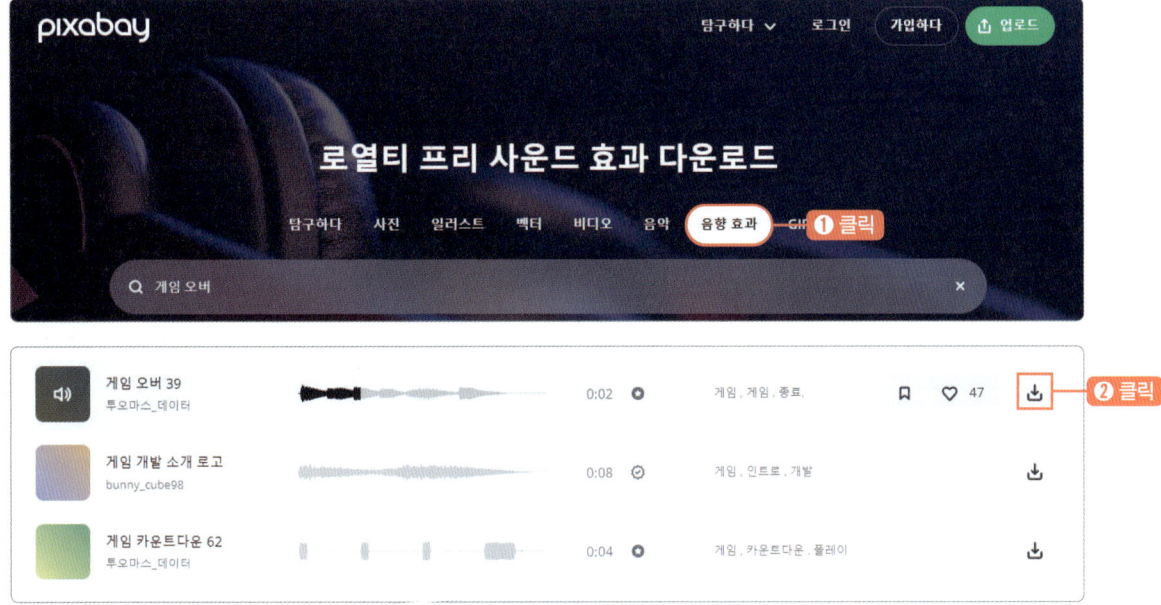

CHAPTER 16 알사탕 레이스 장면 만들기 _ **135**

3 게임 장면 꾸미기

❶ 엔트리를 실행한 후 '16강 알사탕 레이스(예제).ent' 파일을 불러와 +오브젝트 추가하기 를 클릭하여 [오브젝트 추가하기] 창이 나타나면 [파일 올리기]-[파일 올리기]를 클릭한 후 피스켈을 이용하여 만든 '알사탕' 오브젝트를 추가합니다.

Tip '알사탕' 오브젝트는 앞서 피스켈을 이용하여 만든 오브젝트로 불러와요. 단, 오브젝트를 만들지 못했다면 [16강 요소] 폴더에서 해당 오브젝트를 불러와요.

❷ 오브젝트 목록에서 오브젝트 순서와 이름을 그림과 같이 설정하고 실행 화면에서 오브젝트의 크기와 위치를 조절합니다.

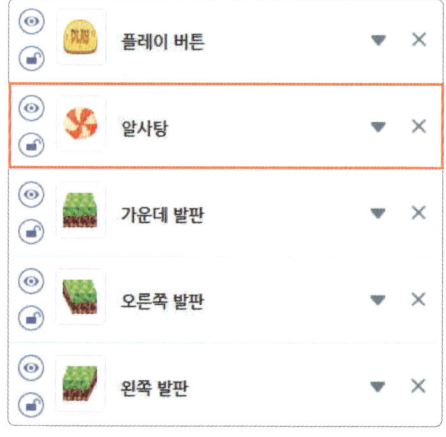

❸ 오브젝트의 크기와 위치를 참고하여 장면을 완성해 봅니다.

오브젝트	위치	크기
알사탕	x : 0.0 y : -75.0	90%

Tip [16강 요소] 폴더에서 오브젝트를 불러와 사용했을 경우 오브젝트 목록에서 '알사탕' 오브젝트를 선택하고 위와 같이 크기와 위치 속성 값을 지정해요. 오브젝트를 직접 만들어 사용하는 경우 오브젝트 목록에서 속성 값을 변경해 가며 적절한 크기와 위치를 찾아요.

❹ '왼쪽 발판' 오브젝트를 선택하고 [모양] 탭-[모양 추가하기]를 클릭하여 피스켈을 이용하여 만든 '왼쪽 물발판' 모양을 추가합니다.

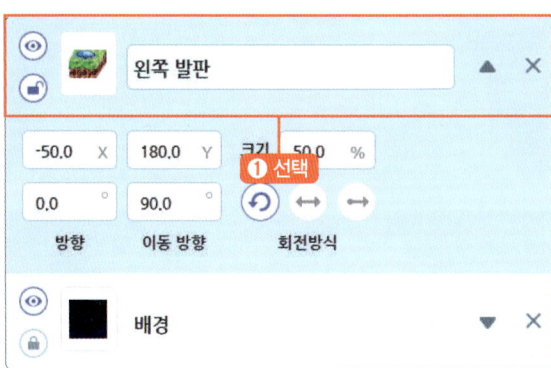 

❺ '오른쪽 발판', '가운데 발판' 오브젝트를 각각 선택하고 ❹와 같은 방법으로 피스켈을 이용하여 만든 '오른쪽 물발판', '가운데 물발판' 모양을 추가합니다.

['오른쪽 발판' 오브젝트]   ['가운데 발판' 오브젝트]

Tip 피스켈을 이용해 물발판을 만들지 못했다면 [16강 요소] 폴더에서 '왼쪽 물발판'~'가운데 물발판' 파일을 불러와요.

❻ 게임 장면이 완성되면 [저장하기(📄)]-[복사본으로 저장하기]를 클릭하여 '알사탕 레이스' 파일을 저장합니다.

게임 만들기

Chapter 17
알사탕 레이스 게임 만들기

학습목표
- 키보드의 좌우 방향키를 누르면 알사탕이 좌우로 굴러가요.
- 발판이 계속해서 크기를 키우며 아래쪽으로 내려와요.
- 위치 변숫값에 따라 발판의 모양이 물발판 모양으로 변경돼요.
- 알사탕이 물발판에 닿으면 게임에 실패해요.

 미리보기 · 예제 파일 : 17강 알사탕 레이스(예제).ent · 완성 파일 : 17강 알사탕 레이스(완성).ent

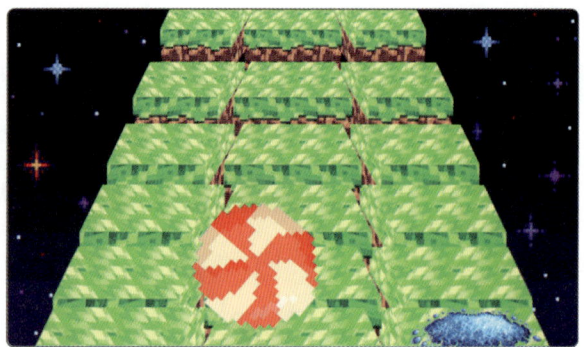
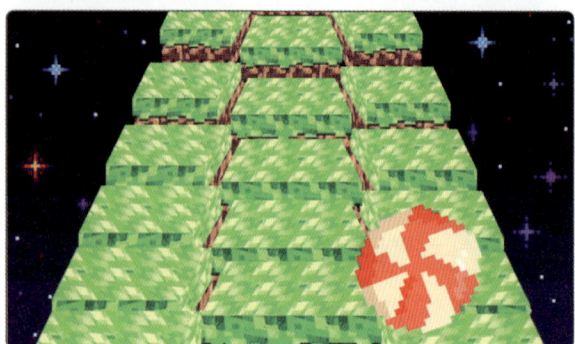

주요 블록

- `위치▼ 를 1 부터 3 사이의 무작위 수 (으)로 정하기` : 변숫값에 따라 물발판이 랜덤으로 나타납니다.
- `자신▼ 의 y좌푯값▼` : 발판의 y좌표 위치를 확인합니다.
- `방향을 10° 만큼 회전하기` : 알사탕이 좌우로 굴러갑니다.
- `10 = 10` : 조건이 같은지 확인합니다.

138 _ 피스켈&엔트리로 만드는 픽셀 게임 **초등 코딩 게임 만들기**

 **레이스 시작, 레이스 실패 장면 설정하기**

❶ 엔트리를 실행하고 '16'강에서 저장한 파일을 불러온 후 [속성] 탭에서 변수('위치')와 신호 ('레이스 실패', '레이스 시작')를 생성하고 변수를 실행 화면에서 숨깁니다.

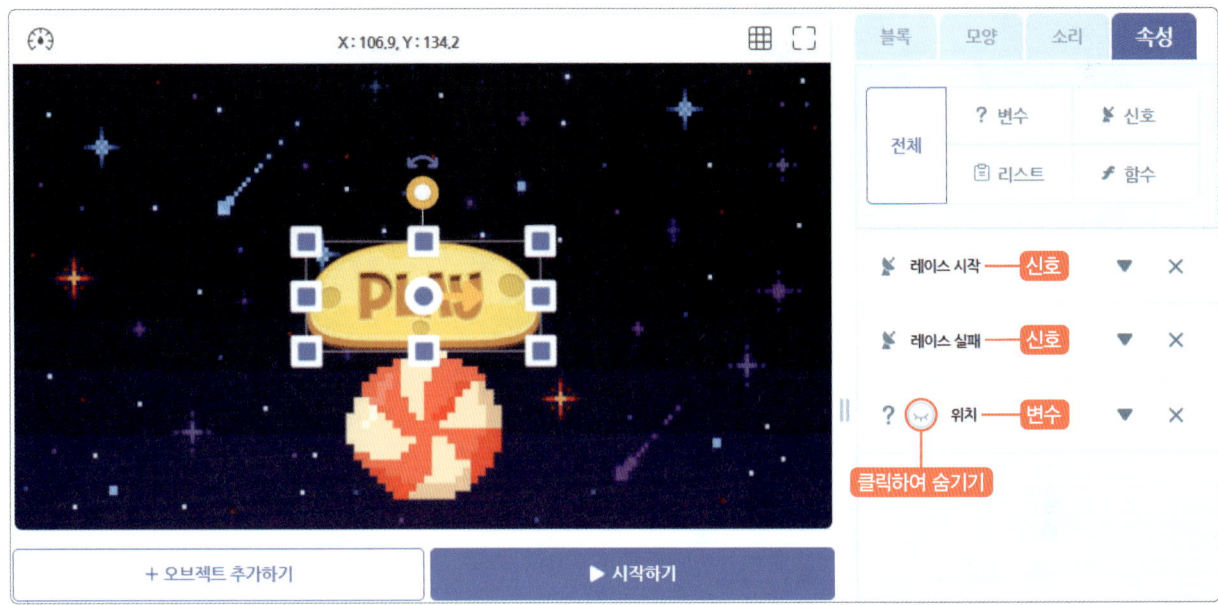

 **Tip**
16강에서 저장한 파일이 없다면 '17강 알사탕 레이스(예제).ent' 파일을 불러와 작업해요.

❷ '알사탕', '가운데 발판', '오른쪽 발판', '왼쪽 발판' 오브젝트를 각각 선택하고 게임이 시작 되면 화면에서 모양을 숨기도록 코딩합니다.

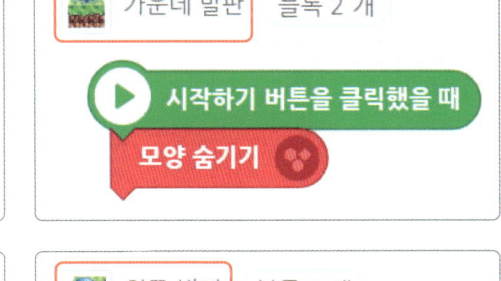
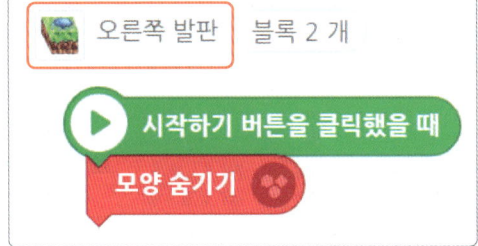
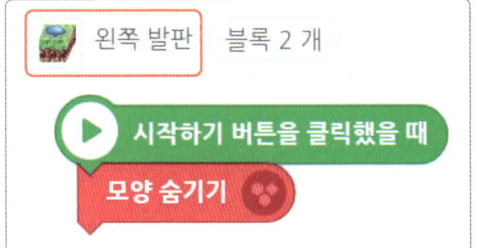

❸ '플레이 버튼' 오브젝트를 선택하고 '플레이 버튼'을 클릭하면 화면에서 모양을 숨기고 '레이스 시작' 신호를 보내도록 코딩합니다.

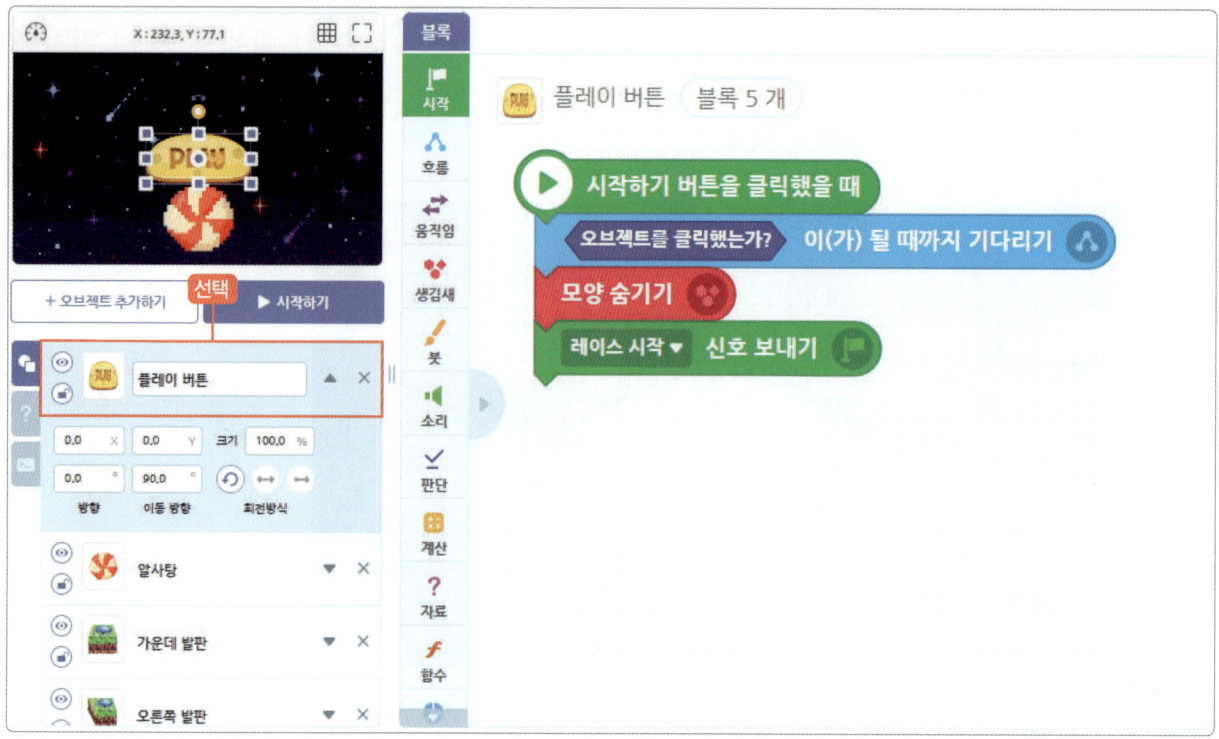

❹ 알사탕 레이스에 실패하여 '레이스 실패' 신호를 받으면 다른 오브젝트의 움직임을 멈추고 '게임 오버' 모양을 화면에 표시한 후 게임이 종료되도록 코딩합니다.

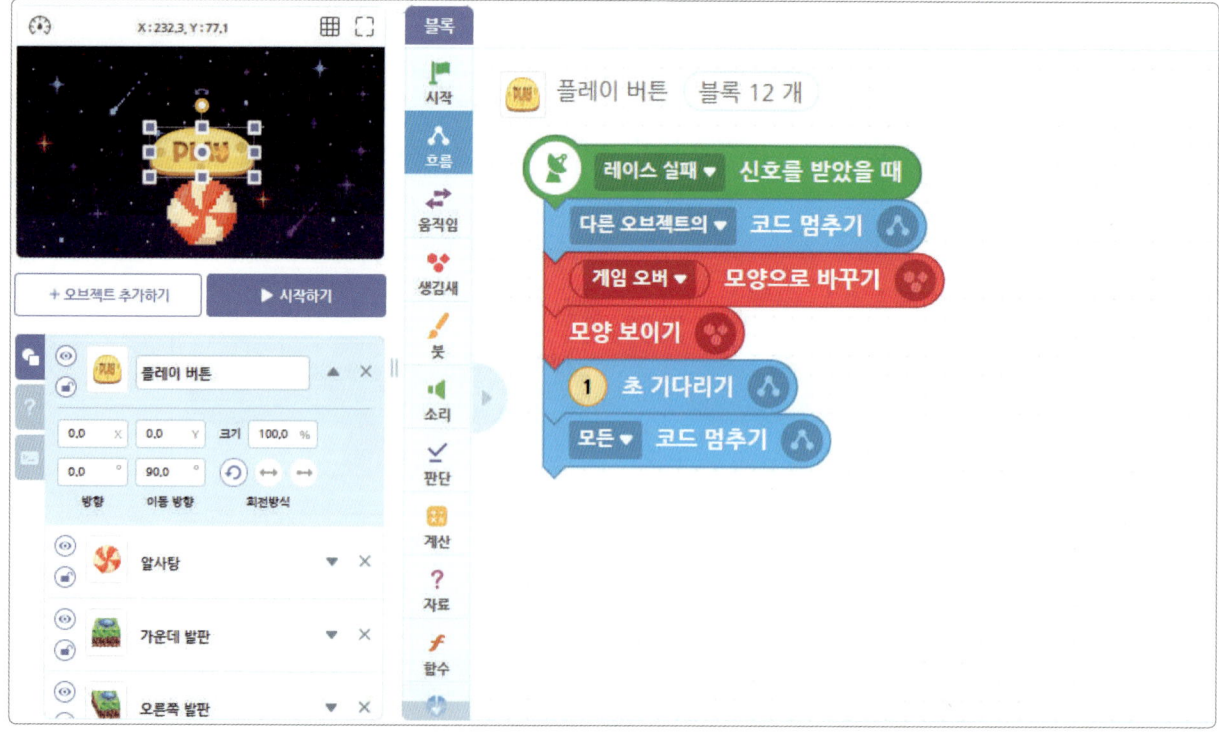

2 발판 설정하기

❶ '플레이 버튼' 오브젝트가 선택된 상태에서 계속해서 '위치' 변숫값을 랜덤으로 지정한 후 다시 '위치' 변숫값을 초기화하도록 코딩합니다.

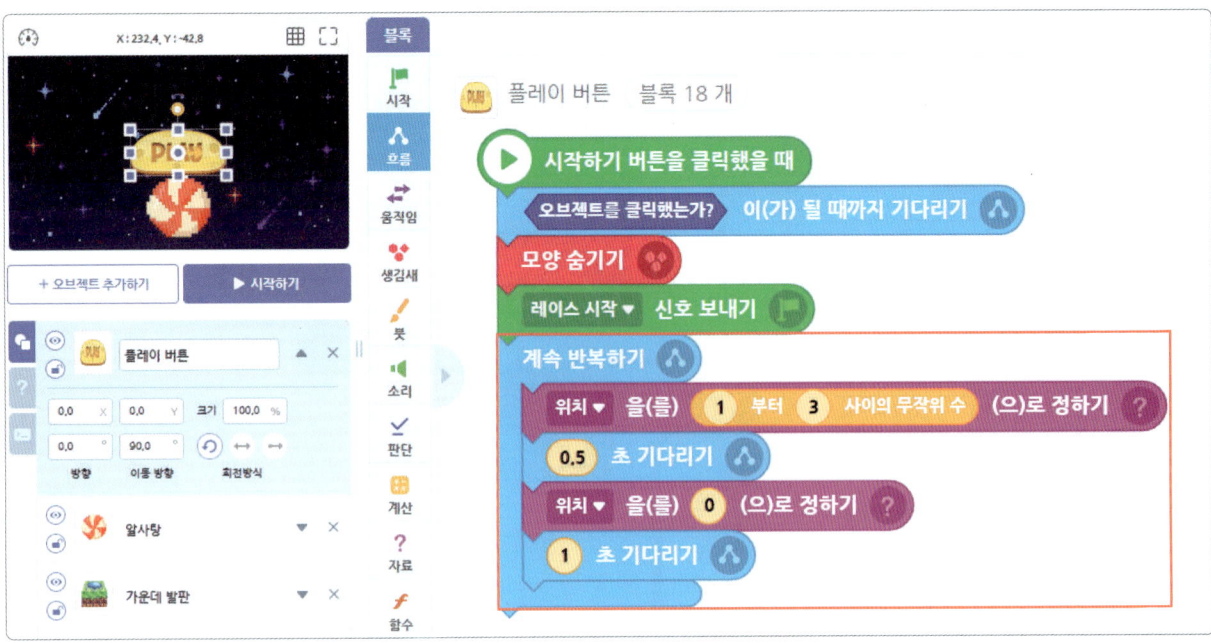

'위치' 변숫값을 이용하여 물발판이 나타나도록 하는 코드예요. 물발판이 가운데, 오른쪽, 왼쪽 발판 중 선택되어 나타나도록 '위치' 변숫값을 '1'~'3'으로 지정해요.

❷ '왼쪽 발판' 오브젝트를 선택하고 '레이스 시작' 신호를 받았을 때 '위치' 변숫값이 '1'이면 '왼쪽 물발판' 모양으로 변경하고 그렇지 않으면 '왼쪽 발판' 모양으로 변경하도록 코딩합니다.

❸ 모양을 변경한 후 '왼쪽 발판'의 복제본을 만들고 원본 '왼쪽 발판'이 복제된 '왼쪽 발판'보다 뒤쪽에 위치하도록 코딩합니다.

- '왼쪽 발판'이 자연스럽게 지나가는 모습을 표현하기 위해 순서를 뒤쪽으로 보내요.
- '왼쪽 발판'을 '0.7'초 간격으로 복제하여 발판끼리 겹치지 않도록 설정해요.

❹ 복제된 '왼쪽 발판'이 점점 다가오는 모습을 표현하기 위해 화면 아래쪽으로 이동할 때까지 크기를 점점 키우며 왼쪽 하단으로 이동하도록 코딩합니다.

- '왼쪽 발판'이 실행 화면 바깥쪽으로 벗어날 때까지 이동하도록 y좌푯값이 '-160'보다 작아질 때까지 명령을 반복해요.
- '왼쪽 발판'이 점점 다가오는 모습을 표현하기 위해 크기를 키워요.
- '왼쪽 발판'이 점점 화면 왼쪽 하단으로 다가오는 모습을 표현하기 위해 x, y좌푯값을 변경해요.

❺ 복제된 '왼쪽 발판'의 크기가 '130'보다 커졌을 때 '알사탕'이 '왼쪽 물발판'에 닿으면 '레이스 실패' 신호를 보내도록 코딩합니다.

❻ '오른쪽 발판' 오브젝트를 선택하고 '왼쪽 발판' 오브젝트의 코드를 복사하여 붙여 넣은 후 이동 좌푯값과 '위치' 변수 비교 값, 모양 이름을 변경합니다.

❼ '가운데 발판' 오브젝트를 선택하고 ❻과 같은 방법으로 코드를 복사하여 붙여 넣은 후 이동 좌푯값과 '위치' 변수 비교 값, 모양 이름을 변경합니다.

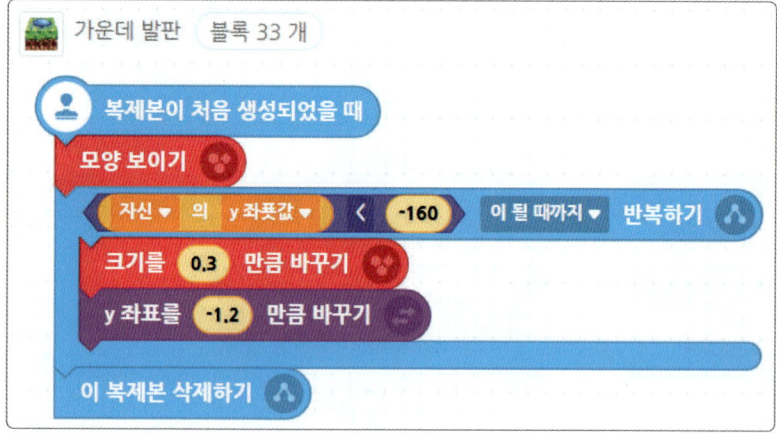

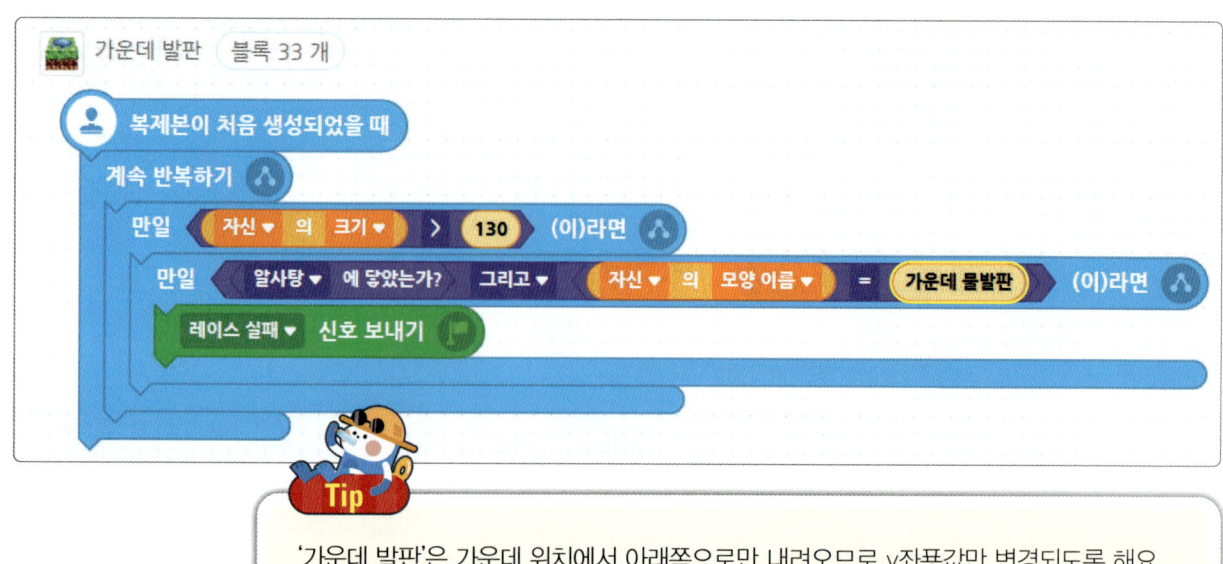

Tip '가운데 발판'은 가운데 위치에서 아래쪽으로만 내려오므로 y좌푯값만 변경되도록 해요.

3 알사탕 이동 설정하기

① '알사탕' 오브젝트를 선택하고 '레이스 시작' 신호를 받으면 '알사탕'이 화면 위쪽에서 점점 크기를 키우면서 아래쪽으로 이동하도록 코딩합니다.

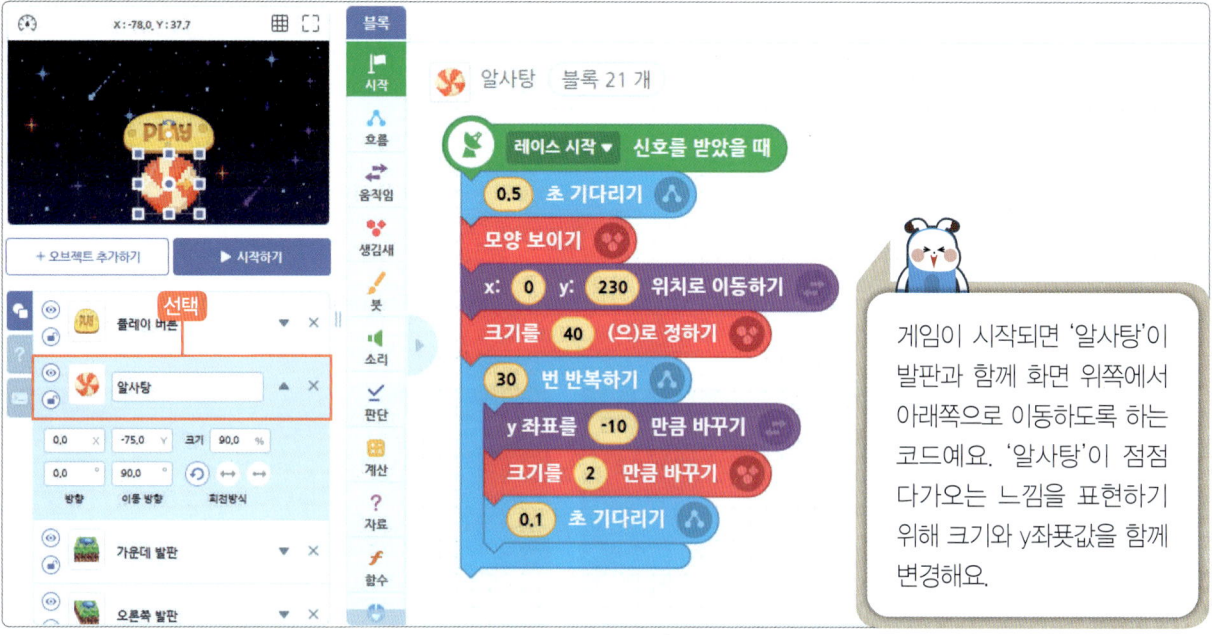

게임이 시작되면 '알사탕'이 발판과 함께 화면 위쪽에서 아래쪽으로 이동하도록 하는 코드예요. '알사탕'이 점점 다가오는 느낌을 표현하기 위해 크기와 y좌푯값을 함께 변경해요.

② '레이스 시작' 신호를 받았을 때 키보드의 좌우 방향키를 누르면 '알사탕'이 좌우 방향으로 굴러가도록 코딩합니다.

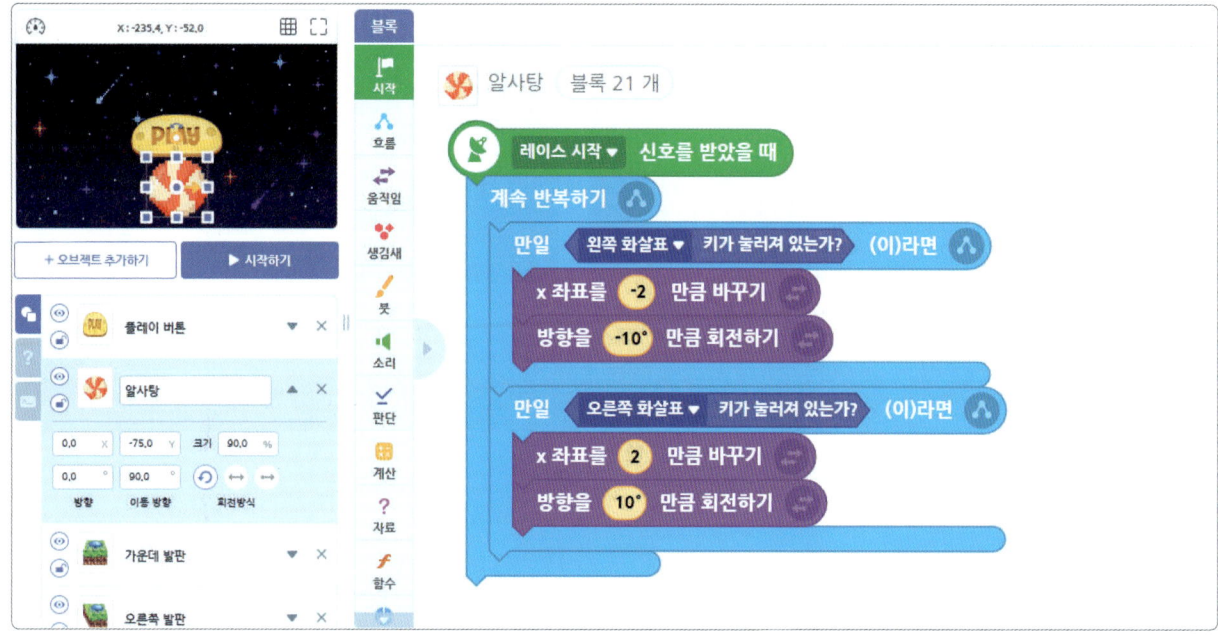

③ 게임이 완성되면 게임을 실행하여 '알사탕'이 물발판에 닿지 않도록 레이스를 펼쳐 봅니다.

CHAPTER 17 알사탕 레이스 게임 만들기 _ **145**

Chapter 18

게임 업그레이드

알사탕 레이스 레벨 업!

학습목표
- 칼이 랜덤의 발판 위치에서 나타나 아래쪽으로 이동해요.
- 레이스 진행 시간이 화면에 출력돼요.
- 칼이 일정 크기보다 커졌을 때 알사탕에 닿으면 게임에 실패해요.

미리보기 • 예제 파일 : 18강 알사탕 레이스(예제).ent • 완성 파일 : 18강 알사탕 레이스(완성).ent

게임 업그레이드

- 오브젝트 추가하여 장면 꾸미기
- 레이스 진행 시간 출력하기
- 상하 방향키로 알사탕 위아래로 움직이기
- 변숫값 이용하여 칼이 나타날 위치 지정하기
- 알사탕이 칼에 닿으면 게임 실패하기

 게임 장면 꾸미기

❶ 엔트리를 실행하고 '17'강에서 저장한 파일을 불러온 후 ┼오브젝트 추가하기 를 클릭하고 [18강 요소] 폴더에서 '진행시간 판', '칼' 오브젝트를 추가하여 그림과 같이 장면을 꾸밉니다.

❷ [속성] 탭에서 변수('x좌표', 'y좌표', '공간 선택', '시간')를 생성하고 변수를 실행 화면에서 숨깁니다.

❸ ┼오브젝트 추가하기 를 클릭하고 '글상자' 오브젝트를 추가한 후 오브젝트 이름을 '진행 시간'으로 변경합니다.

❹ 이어서 글꼴('잘난체'), 글자색('검정'), 배경색('없음')을 지정하고 글상자 내용을 "0"으로 입력한 후 '진행시간 판' 오브젝트 위치로 이동시킵니다.

2 배경음악과 효과음 추가하기

❶ '배경' 오브젝트를 선택하고 [소리] 탭-[소리 추가하기]-[파일 올리기]를 클릭하여 '배경음악' 파일을 불러온 후 게임이 시작되면 '배경음악'이 재생되도록 코딩합니다.

Tip 다운로드 받은 '배경음악' 파일이 없다면 [18강 요소] 폴더에서 '배경음악' 파일을 불러와요.

❷ '플레이 버튼' 오브젝트를 선택하고 ❶과 같은 방법으로 '실패 효과음' 파일을 불러온 후 '레이스 실패' 신호를 받으면 배경음악을 멈추고 '실패 효과음'이 재생되도록 코드를 수정합니다.

Tip 다운로드 받은 '실패 효과음' 파일이 없다면 [18강 요소] 폴더에서 '실패 효과음' 파일을 불러와요.

3 진행 시간 출력하기

❶ '진행 시간' 오브젝트를 선택하고 게임이 시작되면 '시간' 변수의 초기 값을 '0'으로 지정하고 계속해서 화면에 '시간' 변숫값이 출력되도록 코딩합니다.

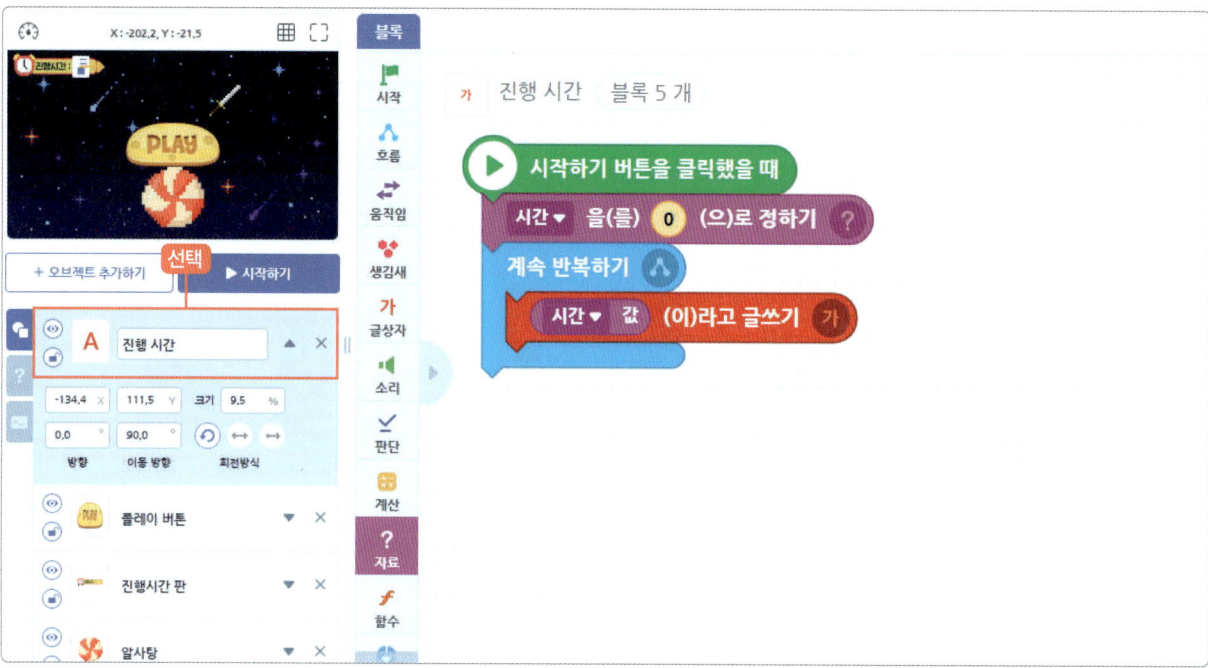

❷ '레이스 시작' 신호를 받으면 계속해서 '1'초 간격으로 '시간' 변숫값이 '1'씩 증가하도록 코딩합니다.

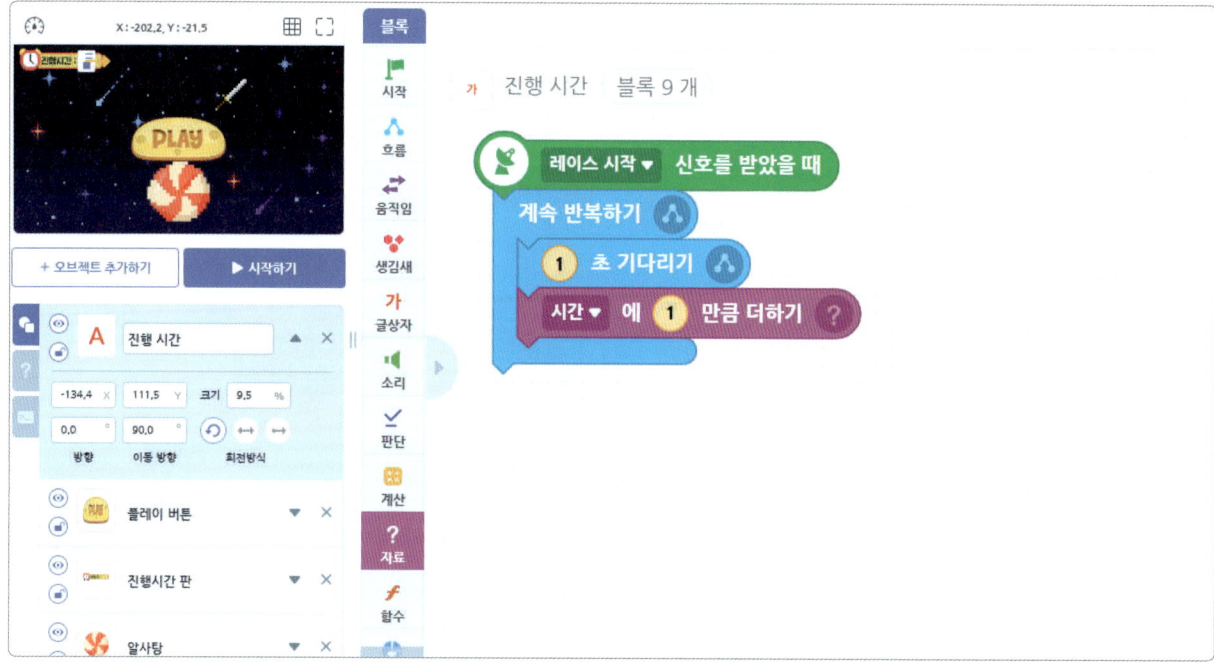

4 알사탕 움직임 설정하기

❶ '알사탕' 오브젝트를 선택하고 '위쪽 화살표' 키를 눌렀을 때 '알사탕'의 y좌푯값이 '0'보다 작으면 크기가 작아지며 위쪽으로 이동하도록 코드를 추가합니다.

- '알사탕'이 화면의 중간보다 위쪽으로 이동하지 않도록 y좌푯값이 '0'보다 작을 때만 위쪽으로 이동하도록 해요.
- '위쪽 화살표' 키를 누르면 '알사탕'이 점점 위쪽으로 멀어지는 느낌을 표현하기 위해 y좌푯값을 변경하고 크기가 작아지도록 해요.

❷ '아래쪽 화살표' 키를 누르면 다시 '알사탕'의 크기가 커지며 아래쪽으로 이동하도록 코딩합니다.

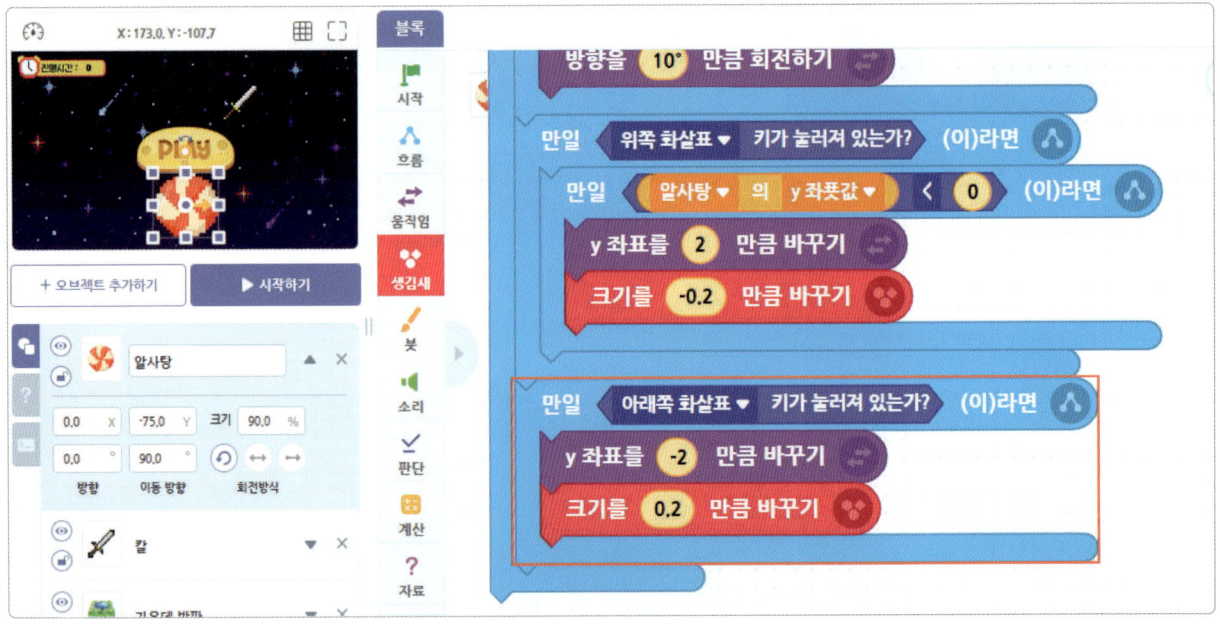

5 칼 움직임 설정하기

❶ '칼' 오브젝트를 선택하고 게임이 시작되면 화면에서 모양을 숨기도록 코딩합니다.

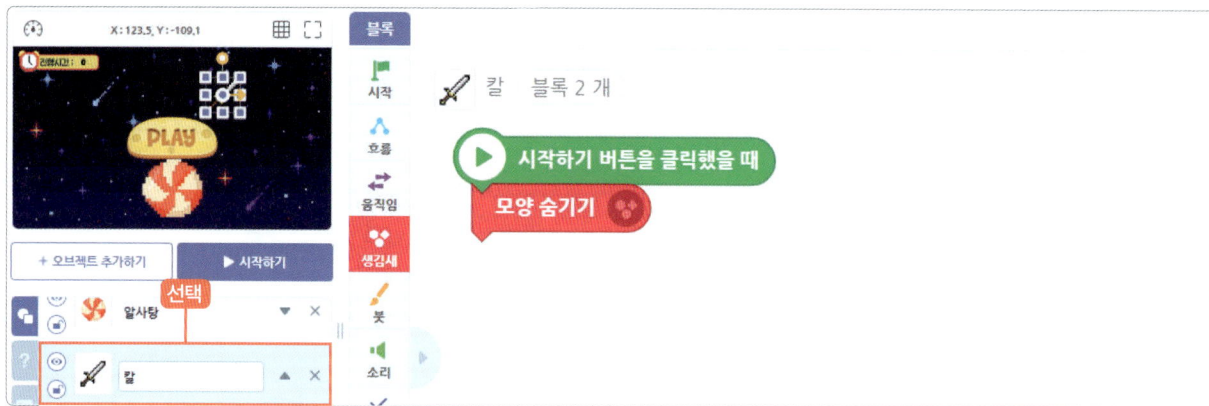

❷ '레이스 시작' 신호를 받으면 계속해서 좌우로 모양을 뒤집어 흔들리는 모습을 표현하도록 코딩합니다.

❸ '레이스 시작' 신호를 받으면 '칼'이 나타날 위치를 랜덤으로 지정하고 크기를 지정한 후 화면에 나타나도록 코딩합니다.

Tip
'칼'이 발판과 함께 멀리서 다가오도록 크기를 작게 지정해요.

❹ '공간 선택' 변숫값이 '1'이면 'x좌표' 변숫값을 '-0.3'으로, 'y좌표' 변숫값을 '-1.2'로 지정한 후 '왼쪽 발판' 위치로 이동하도록 코딩합니다.

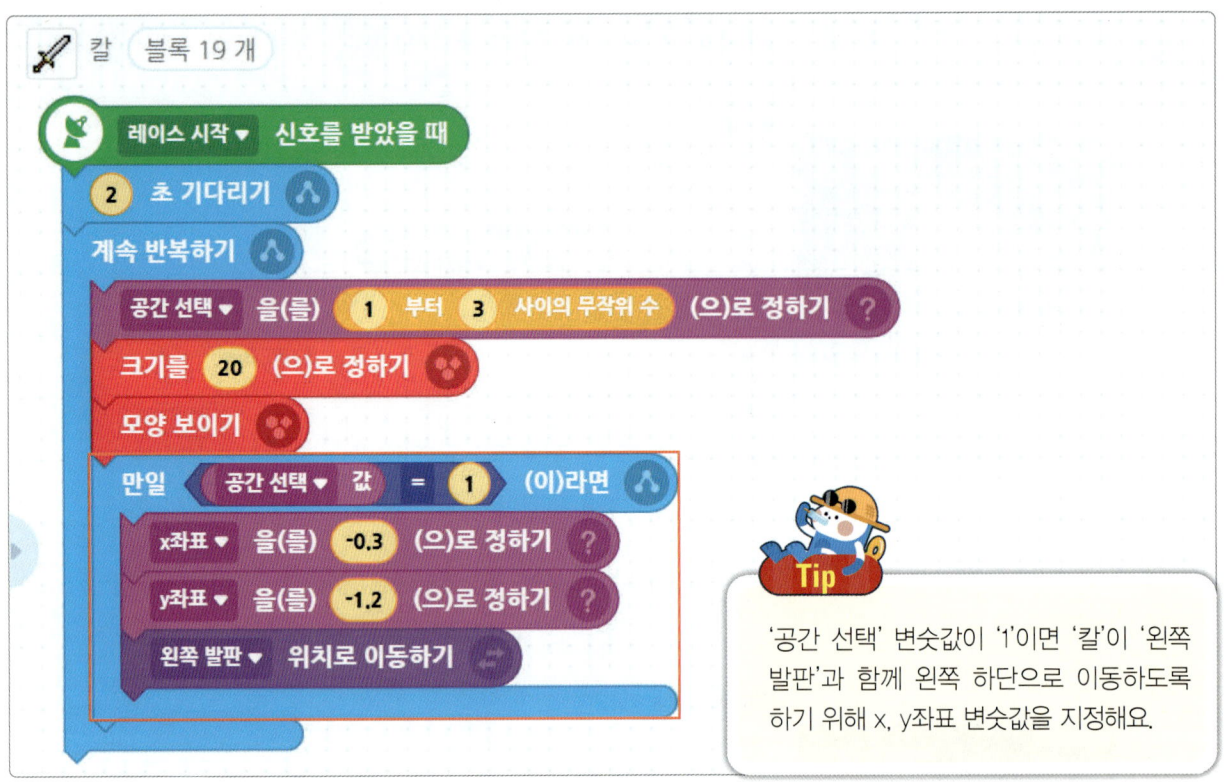

❺ '공간 선택' 변숫값이 '2'와 '3'이면 '칼'이 각각 '가운데 발판', '오른쪽 발판' 위치로 이동하도록 ❹와 같은 방법으로 코딩합니다.

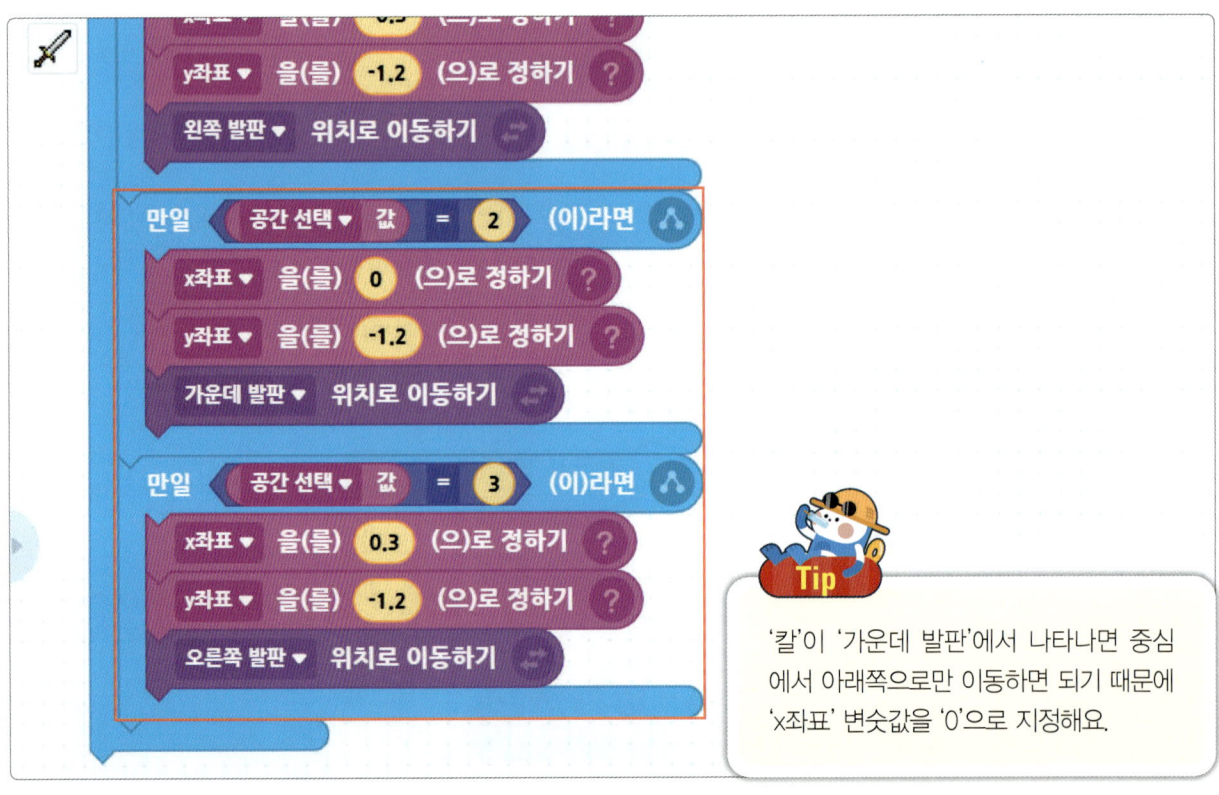

❻ '칼'이 아래쪽 벽에 닿을 때까지 반복하여 점점 크기가 커지며 지정된 'x좌표', 'y좌표' 변숫값만큼 이동하다가 아래쪽 벽에 닿으면 화면에서 모양을 숨기도록 코딩합니다.

Tip
'칼'이 점점 다가오는 모습을 표현하기 위해 크기가 점점 커지도록 설정해요.

❼ '레이스 시작' 신호를 받았을 때 '알사탕'에 닿고 '칼'의 크기가 '50'보다 크면 '레이스 실패' 신호를 보내도록 코딩합니다.

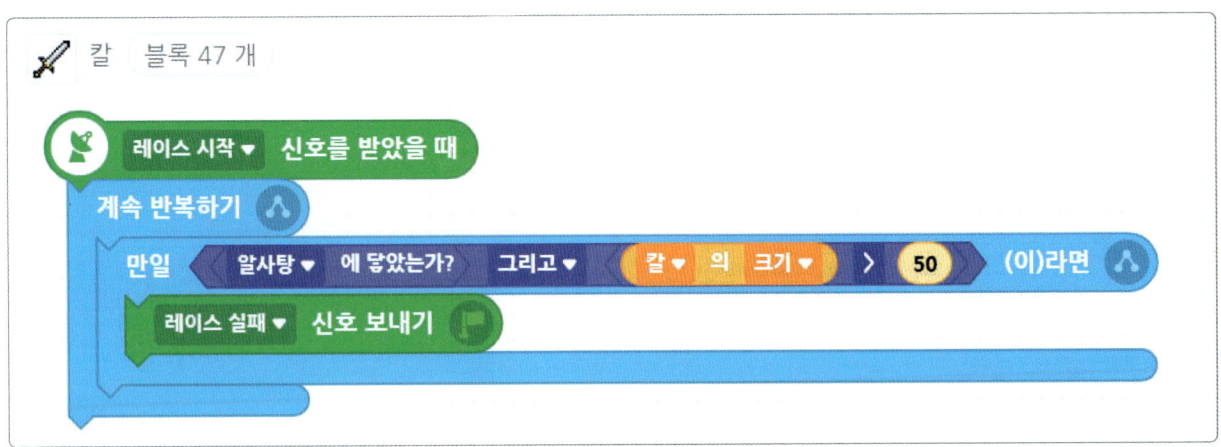

Tip
'칼'이 멀리서 점점 다가오다가 크기가 '50'보다 커지면 '알사탕'에 닿을 수 있도록 설정해요.

❽ 게임이 완성되면 게임을 실행하여 업그레이드된 게임을 체험해 봅니다.

Chapter 19

게임 디자인

펭귄의 얼음 등반 장면 만들기

학습목표
- 피스켈에서 게임에 필요한 오브젝트를 만들어요.
- 게임에 필요한 음악을 다운로드해요.
- 오브젝트를 추가하여 게임 장면을 만들어요.

미리보기 • 예제 파일 : 19강 펭귄의 얼음 등반(예제).ent   • 완성 파일 : 19강 펭귄의 얼음 등반(완성).ent

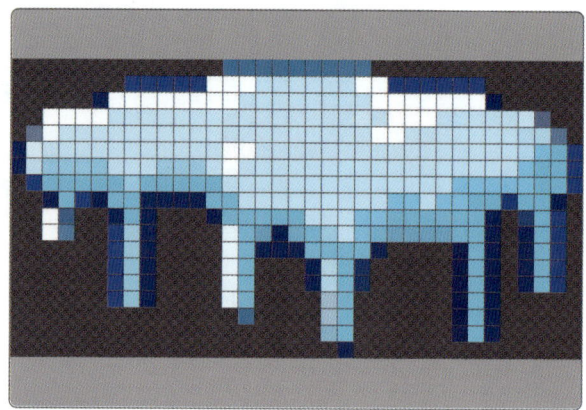

사용 프로그램

- 피스켈 : 게임에서 사용할 오브젝트를 만듭니다.
- 픽사베이 : 게임에서 사용할 음악을 다운로드합니다.
- 엔트리 : 장면을 꾸미고 게임을 제작합니다.

1 피스켈로 오브젝트 만들기

❶ 제작할 게임의 스토리를 확인합니다.

> 남극 마을의 귀염둥이 꼬마 펭귄은 호기심이 많아 항상 높은 곳에 올라가고 싶어 했어요.
> "내가 새처럼 날지는 못하지만 남극 마을 제일 높은 곳까지 올라가고 말 거야!"
> 그러던 어느 날 남극 마을 뒤편에 반짝 반짝 빛나는 얼음벽이 나타났어요. 빙산을 본 꼬마 펭귄은 망설임 없이 모험을 시작했어요.
> 뒤뚱뒤뚱!, 껑충껑충! 꼬마 펭귄은 열심히 얼음벽을 올라갔어요. 하지만 얼음벽은 방향도 헷갈리고 생각보다 너무 미끄러워요. 우리 꼬마 펭귄이 얼음벽을 안전하게 등반하여 남극 마을 제일 높은 곳까지 도착할 수 있을까요?

❷ 제작할 오브젝트를 확인합니다.

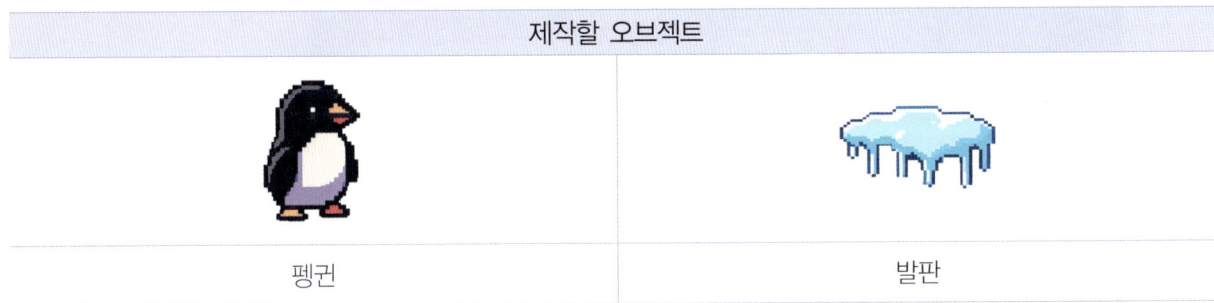

제작할 오브젝트	
펭귄	발판

❸ 피스켈 아이콘(▦)을 더블클릭하여 프로그램을 실행하고 캔버스 크기를 Width('35px'), Height('50px')로 변경합니다.

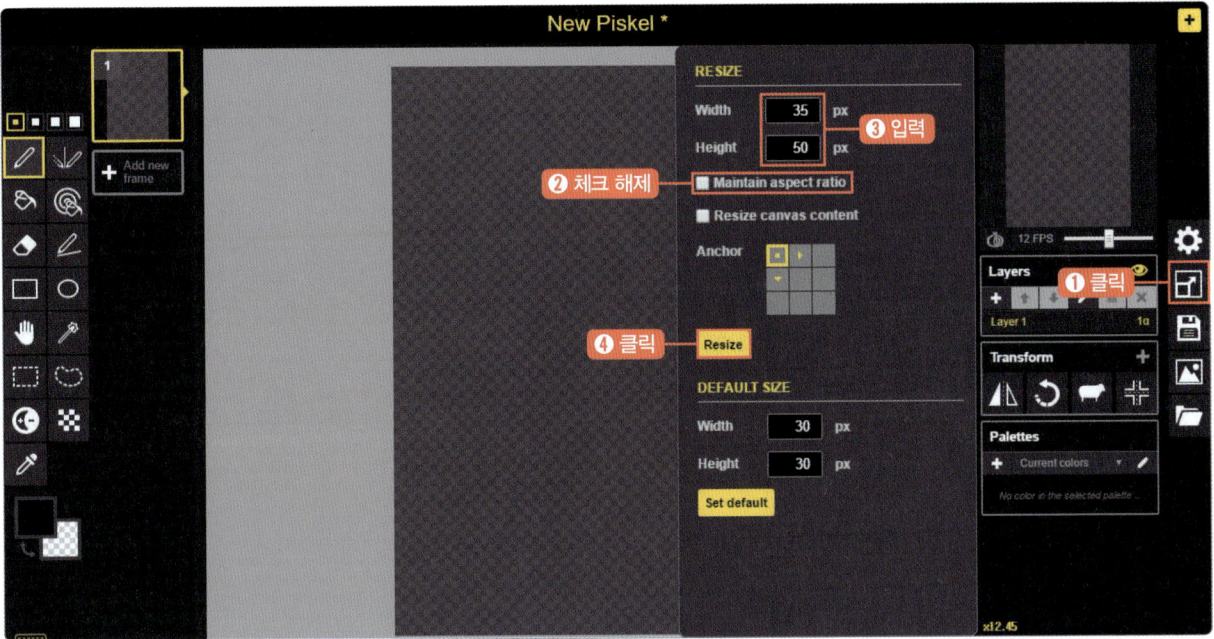

CHAPTER 19 펭귄의 얼음 등반 장면 만들기 _ 155

❹ 다양한 도구를 이용하여 자유롭게 펭귄을 그리고 이미지 파일('펭귄')로 저장한 후 [새 스프라이트(+)]를 클릭합니다.

❺ ❸과 같은 방법으로 캔버스의 크기를 Width('35px'), Height('18px')로 변경하고 다양한 도구를 이용하여 자유롭게 발판을 그린 후 이미지 파일('발판')로 저장합니다.

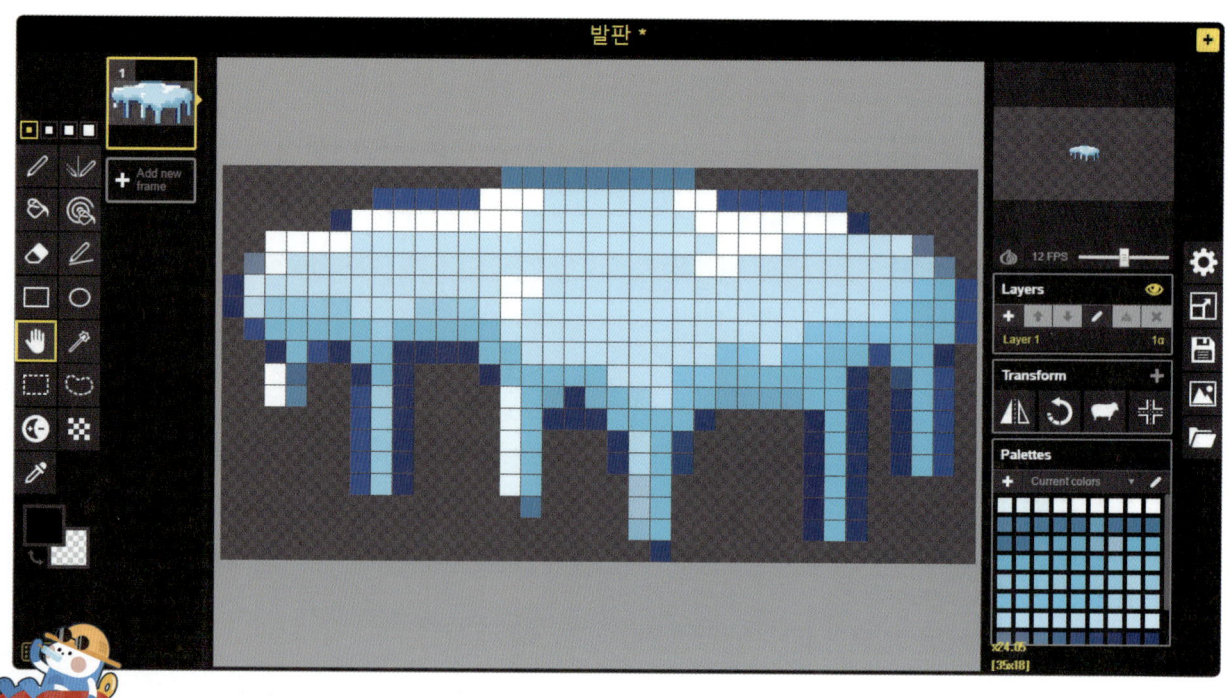

2 배경음악과 효과음 다운로드하기

❶ 픽사베이 사이트(https://pixabay.com)에 접속하여 [음악] 카테고리를 클릭하고 게임 스토리에 어울리는 배경음악을 검색합니다.

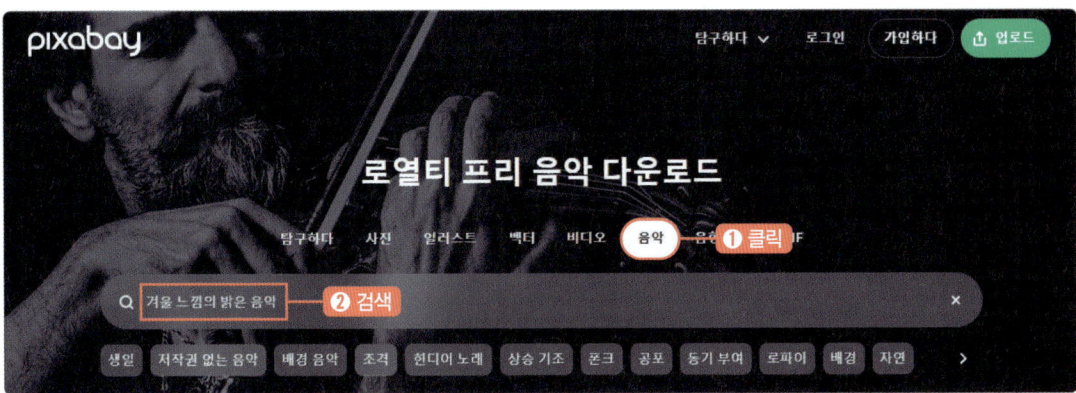

❷ 검색된 음악이 표시되면 게임 스토리에 어울리는 배경음악을 찾아 다운로드합니다.

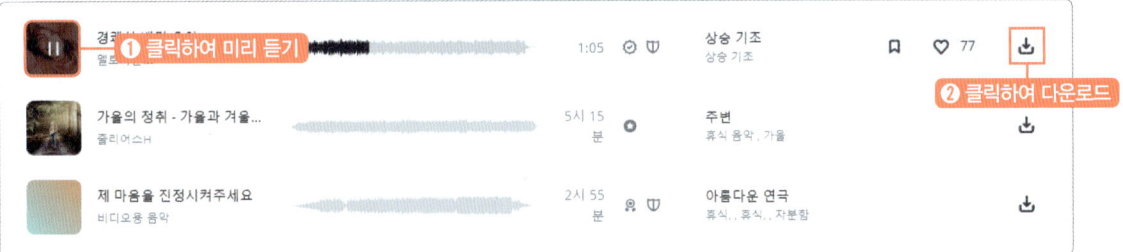

❸ [음향 효과] 카테고리를 클릭하고 게임 실패 시 재생할 효과음을 찾아 다운로드합니다.

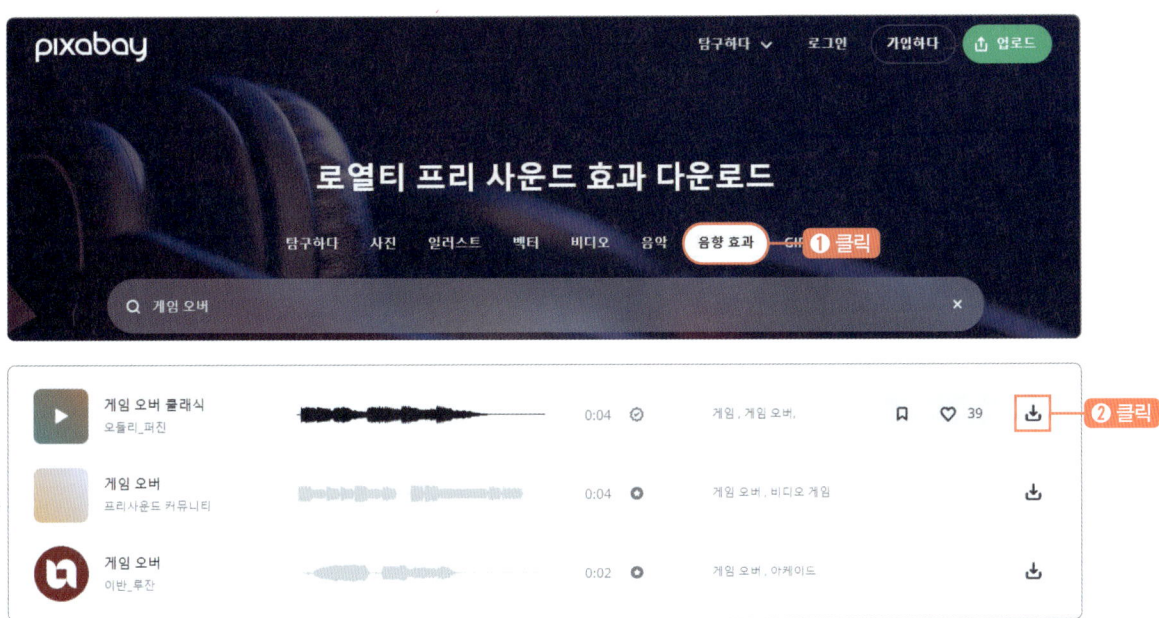

3 게임 장면 꾸미기

① 엔트리를 실행한 후 '19강 펭귄의 얼음 등반(예제).ent' 파일을 불러와 +오브젝트 추가하기 를 클릭하여 [오브젝트 추가하기] 창이 나타나면 [파일 올리기]-[파일 올리기]를 클릭한 후 피스켈을 이용하여 만든 '펭귄', '발판' 오브젝트를 추가합니다.

Tip '펭귄', '발판' 오브젝트는 앞서 피스켈을 이용하여 만든 오브젝트로 불러와요. 단, 오브젝트를 만들지 못했다면 [19강 요소] 폴더에서 해당 오브젝트를 불러와요.

② ①과 같은 방법으로 '발판' 오브젝트를 한 번 더 추가하고 오브젝트 순서와 이름을 그림과 같이 설정한 후 '펭귄' 오브젝트의 중심점을 아래쪽으로 조절하고 실행 화면에서 오브젝트의 크기와 위치를 조절합니다.

③ '펭귄' 오브젝트를 선택하고 회전 방식을 '좌우 회전(↔)'으로 설정합니다.

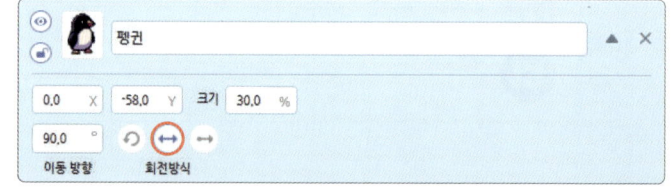

④ 오브젝트의 크기와 위치를 참고하여 장면을 완성해 봅니다.

오브젝트	위치	크기
펭귄	x : 0.0 y : -58.0	30%
발판1	x : 0.0 y : 0.0	82.5%
준비 발판	x : 0.0 y : -60.0	82.5%

Tip

[19강 요소] 폴더에서 오브젝트를 불러와 사용했을 경우 오브젝트 목록에서 해당 오브젝트를 선택하고 위와 같이 크기와 위치 속성 값을 지정해요. 오브젝트를 직접 만들어 사용하는 경우 오브젝트 목록에서 속성 값을 변경해 가며 적절한 크기와 위치를 찾아요.

⑤ 게임 장면이 완성되면 [저장하기(📋)]-[복사본으로 저장하기]를 클릭하여 '펭귄의 얼음 등반' 파일을 저장합니다.

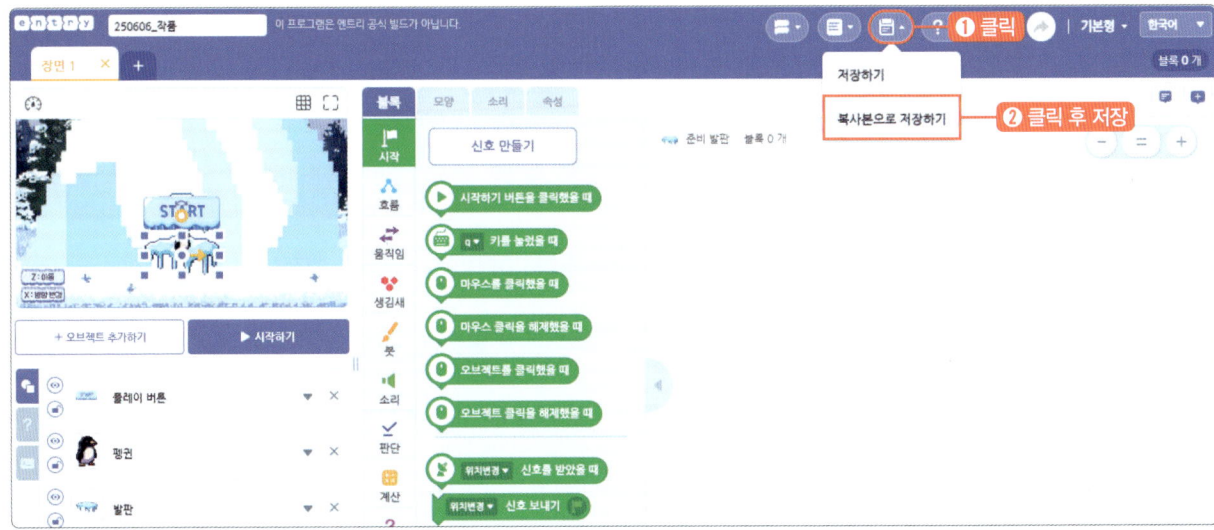

Chapter 20

게임 만들기

펭귄의 얼음 등반 게임 만들기

학습목표
- z 키를 누르면 펭귄이 얼음벽을 올라가요.
- x 키를 누르면 펭귄이 방향을 변경하여 얼음벽을 올라가요.
- 변수와 리스트를 이용하여 얼음벽의 위치를 지정해요.

미리보기

- 예제 파일 : 20강 펭귄의 얼음 등반(예제).ent
- 완성 파일 : 20강 펭귄의 얼음 등반(완성).ent

사용 프로그램

- `10 항목을 y좌표▼ 에 추가하기` : 리스트에 값을 추가하여 발판의 위치를 지정합니다.
- `y좌표▼ 1 번째 항목을 10 (으)로 바꾸기` : 리스트에서 발판의 위치를 변경합니다.
- `x: 0 y: 0 위치로 이동하기` : 발판을 지정한 위치로 이동시킵니다.

1 게임 시작 장면 설정하기

❶ 엔트리를 실행하고 '19'강에서 저장한 파일을 불러온 후 [속성] 탭에서 변수('x좌표 임시값', 'y좌표 임시값')와 리스트('x좌표', 'y좌표'), 신호('게임 시작')를 생성하고 변수와 리스트를 실행 화면에서 숨깁니다.

Tip
리스트는 '일반 리스트로 사용 (작품에 저장)'으로 선택해요.

❷ '발판1' 오브젝트를 선택하고 게임이 시작되면 화면에서 모양을 숨기도록 코딩합니다.

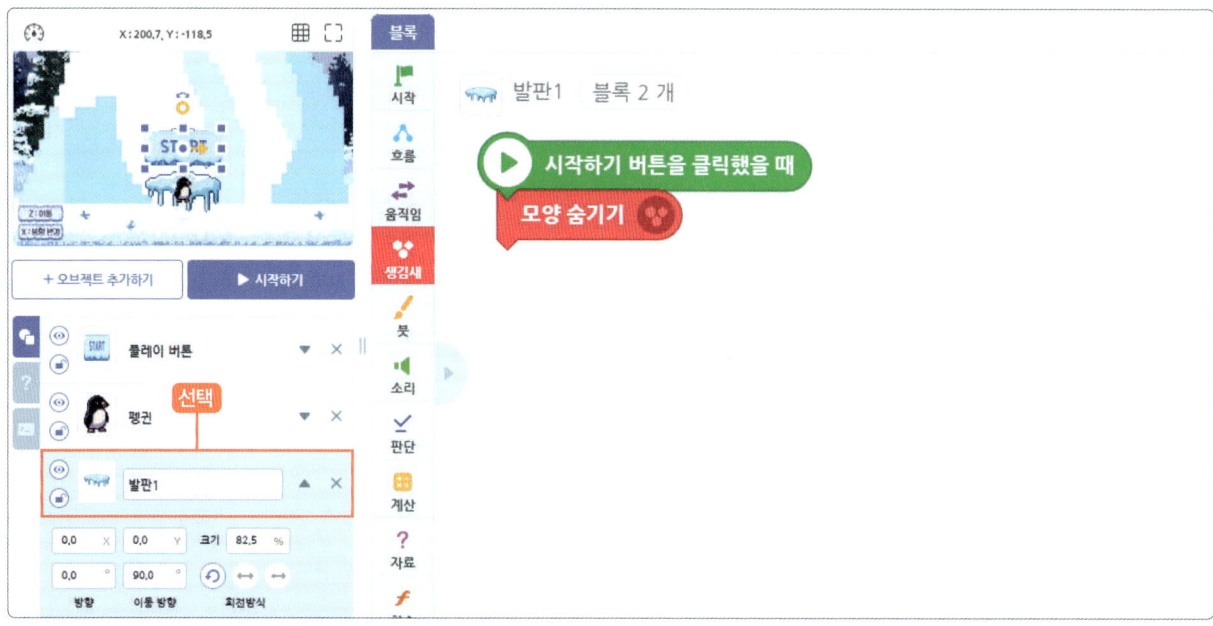

❸ '플레이 버튼' 오브젝트를 선택하고 '플레이 버튼'을 클릭하면 화면에서 모양을 숨긴 후 첫 번째 발판의 위치를 'x좌표 임시값', 'y좌표 임시값' 변수로 지정하도록 코딩합니다.

Tip
'x좌표 임시값', 'y좌표 임시값' 변수를 이용하여 다음 발판의 위치를 지정할 예정이에요.

❹ 'x좌표', 'y좌표' 리스트에 'x좌표 임시값', 'y좌표 임시값' 변숫값을 '8'번 추가하도록 코딩합니다.

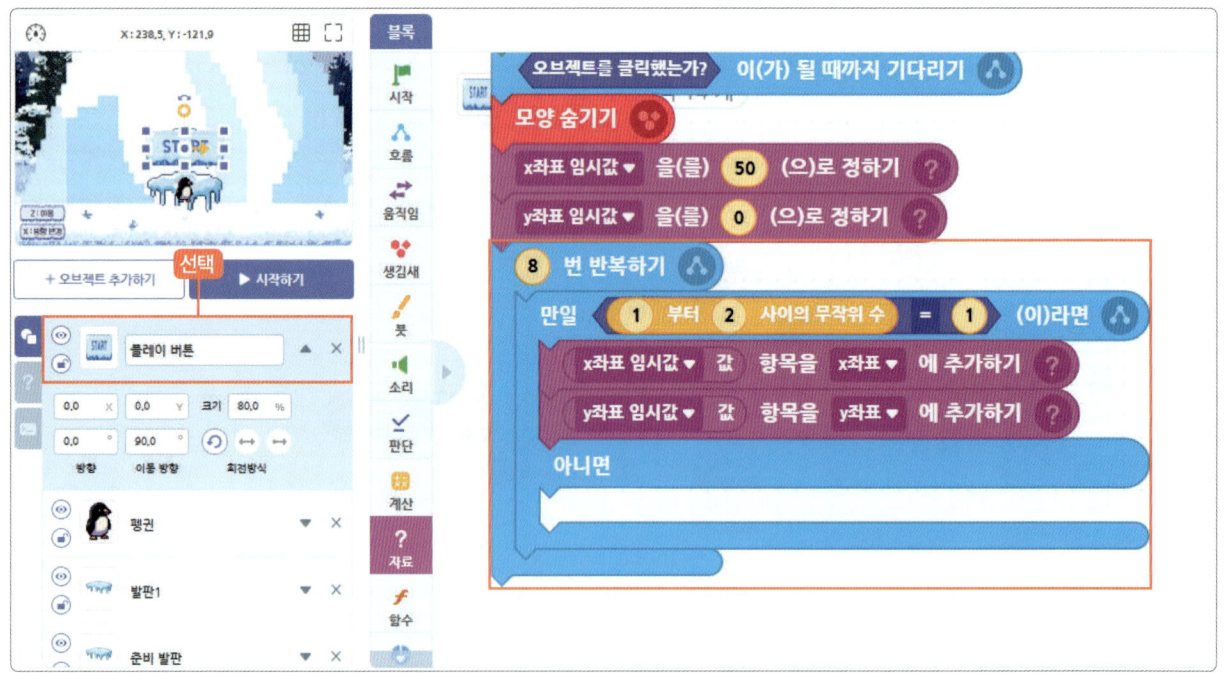

랜덤으로 발판이 나타날 위치를 지정한 후 각 변숫값을 리스트에 추가하는 코드예요.

❺ 선택된 조건이 '1'이면 다음 발판이 오른쪽 위에서 나타나도록 코딩합니다.

❻ 선택된 조건이 '1'이 아니면 다음 발판이 왼쪽 위에서 나타나도록 코딩합니다.

❼ '8'번 반복하여 발판의 위치를 지정한 후 '게임 시작' 신호를 보내도록 코딩합니다.

2 발판 설정하기

❶ '준비 발판' 오브젝트를 선택하고 '게임 시작' 신호를 받았을 때 'z' 키 또는 'x' 키를 누르면 화면에서 모양을 숨기도록 코딩합니다.

❷ '발판1' 오브젝트를 선택하고 '게임 시작' 신호를 받으면 'x좌표', 'y좌표' 리스트의 '1'번째 항목에 기록된 위치로 이동하도록 코딩합니다.

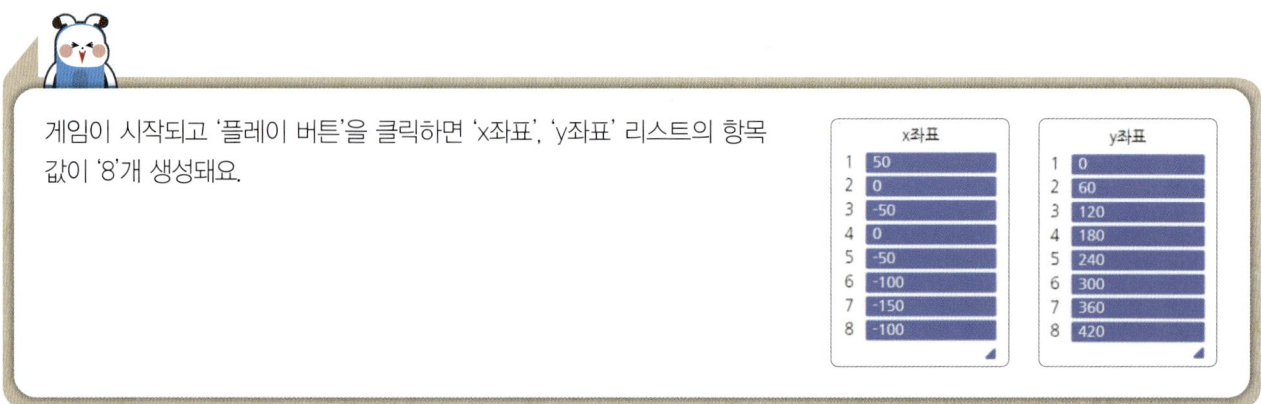

게임이 시작되고 '플레이 버튼'을 클릭하면 'x좌표', 'y좌표' 리스트의 항목 값이 '8'개 생성돼요.

❸ '발판1'이 아래쪽 벽에 닿을 때까지 반복하여 'z' 키 또는 'x' 키를 누르면 '발판1'의 이동 방향이 '펭귄'의 이동 방향과 반대로 설정되도록 코딩합니다.

❹ '발판1'이 '펭귄'과 반대 방향 아래쪽으로 이동하도록 코딩합니다.

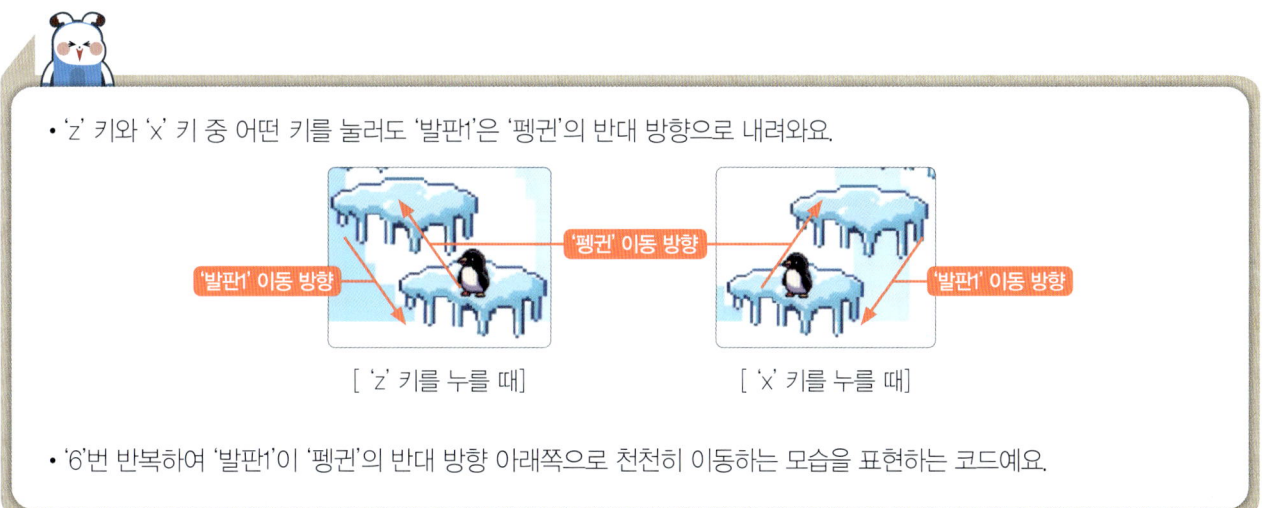

- 'z' 키와 'x' 키 중 어떤 키를 눌러도 '발판1'은 '펭귄'의 반대 방향으로 내려와요.

    ['z' 키를 누를 때]　　　　['x' 키를 누를 때]

- '6'번 반복하여 '발판1'이 '펭귄'의 반대 방향 아래쪽으로 천천히 이동하는 모습을 표현하는 코드예요.

❺ '발판1'이 아래쪽으로 이동한 후 'x좌표', 'y좌표' 리스트 값이 실시간으로 업데이트되도록 코딩합니다.

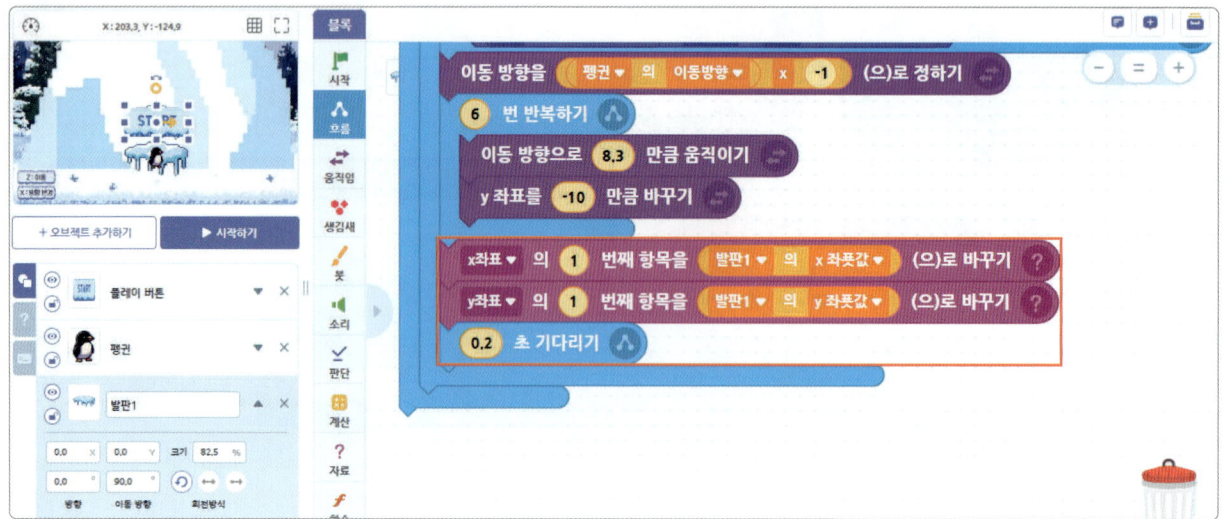

리스트에 기록된 좌푯값으로 발판의 위치를 지정하기 때문에 변경된 '발판1'의 위치 좌푯값을 다시 'x좌표', 'y좌표' 리스트의 1번째 항목 값으로 변경해요.

❻ '발판1'이 아래쪽 벽에 닿았을 때 조건 값이 '1'이면 '발판1'이 다시 하늘 오른쪽 위에서 나타나도록 코딩합니다.

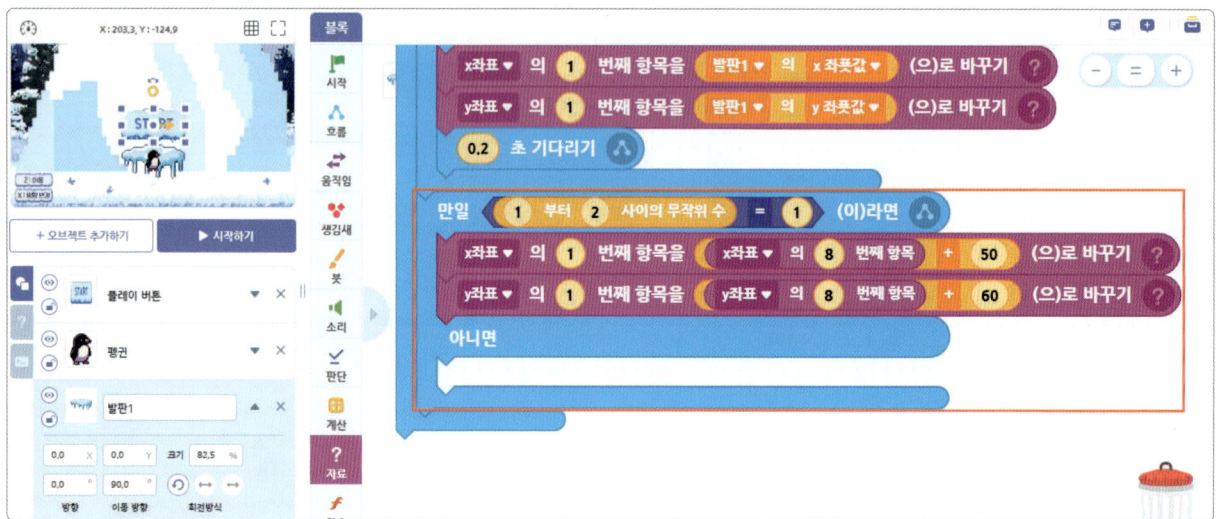

조건 값이 '1'이면 '발판'이 마지막 8번째 '발판'의 위치보다 오른쪽 위에서 나타나도록 'x좌표' 리스트의 1번째 항목 값을 마지막 8번째 항목 값보다 x좌표는 '50'만큼 크게, y좌표는 '60'만큼 크게 변경해요.

❼ '발판1'이 아래쪽 벽에 닿았을 때 조건 값이 '1'이 아니면 '발판1'이 다시 하늘 왼쪽 위에서 나타나도록 코딩합니다.

❽ '발판1'이 변경된 'x좌표', 'y좌표' 리스트의 1번째 항목 값 위치로 이동하도록 코딩합니다.

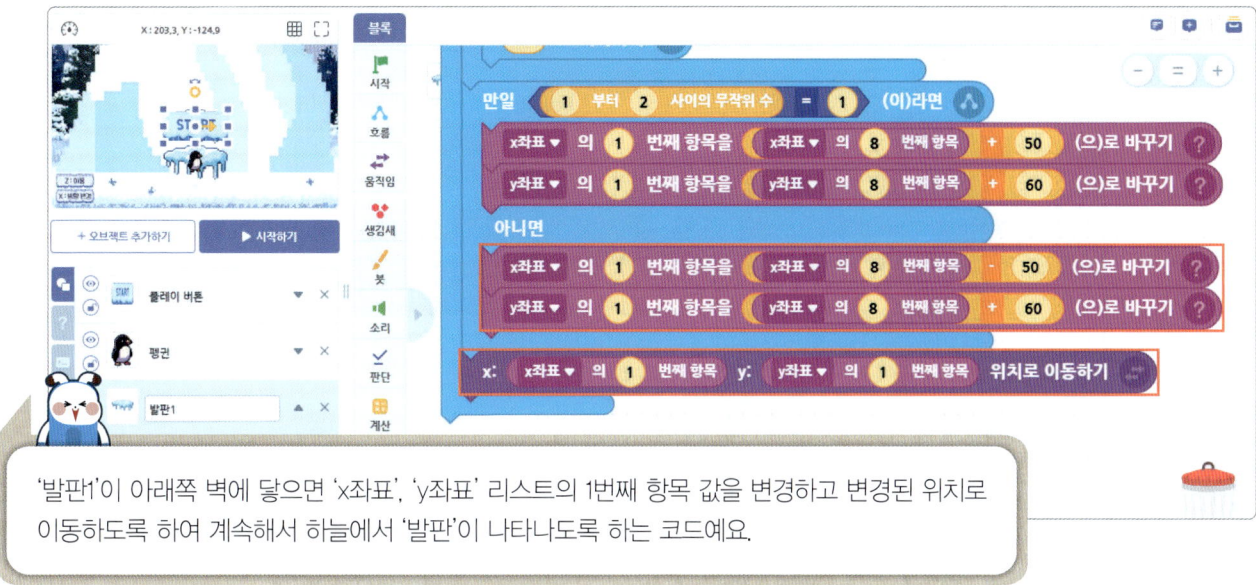

'발판1'이 아래쪽 벽에 닿으면 'x좌표', 'y좌표' 리스트의 1번째 항목 값을 변경하고 변경된 위치로 이동하도록 하여 계속해서 하늘에서 '발판'이 나타나도록 하는 코드예요.

❾ 오브젝트 목록에서 '발판1' 오브젝트를 복제하여 총 '8'개의 '발판'을 만들고 순서를 변경한 후 그림과 같이 '발판2' 오브젝트의 항목 값을 수정합니다.

CHAPTER 20 펭귄의 얼음 등반 게임 만들기 _ **167**

🔟 '발판3' 오브젝트를 선택하고 9️⃣와 같은 방법으로 항목 값을 수정합니다.

⑪ 같은 방법으로 '발판4'~'발판8' 오브젝트를 각각 선택하고 항목 값을 수정합니다.

발판	변경 리스트 항목	참고 리스트 항목
발판4	4	3
발판5	5	4
발판6	6	5
발판7	7	6
발판8	8	7

3 펭귄 이동 설정하기

❶ '펭귄' 오브젝트를 선택하고 '게임 시작' 신호를 받았을 때 'x' 키를 누르면 '펭귄'이 반대 방향을 바라보고 점프한 후 다시 원래 위치로 돌아오도록 코딩합니다.

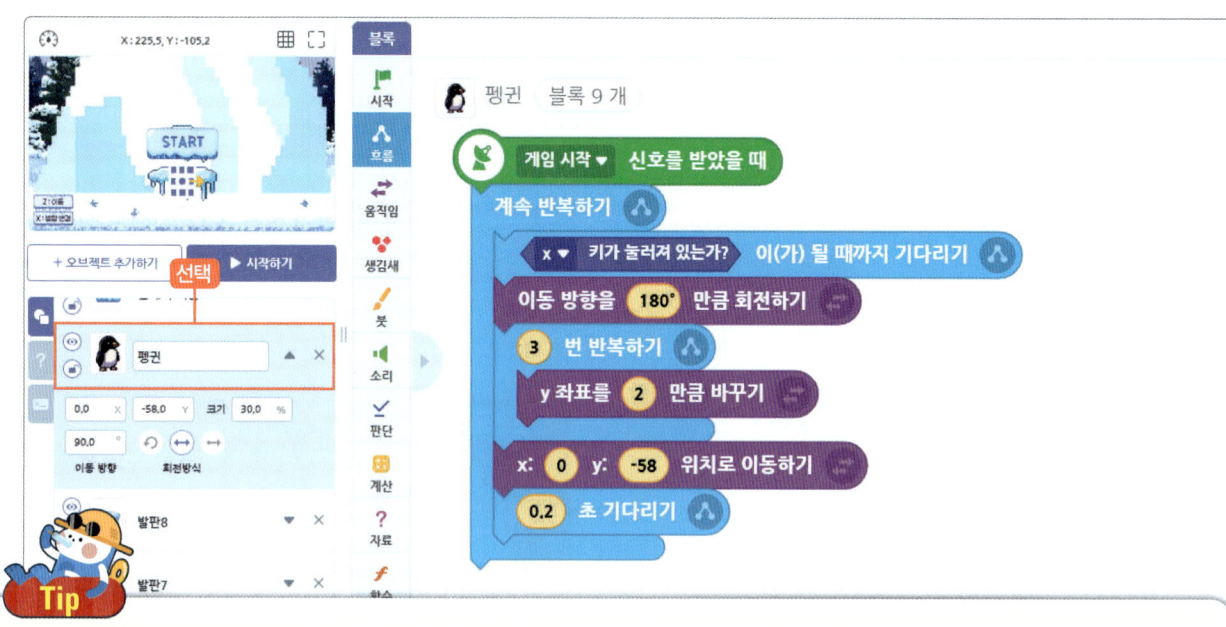

Tip '발판'의 위치를 변경하여 '펭귄'이 하늘 위로 올라가는 모습을 표현하기 때문에 '펭귄'은 점프하는 모습을 표현한 후 다시 원래 위치로 돌아와요.

❷ '게임 시작' 신호를 받았을 때 'z' 키를 누르면 '펭귄'이 점프한 후 다시 원래 위치로 돌아오도록 코딩합니다.

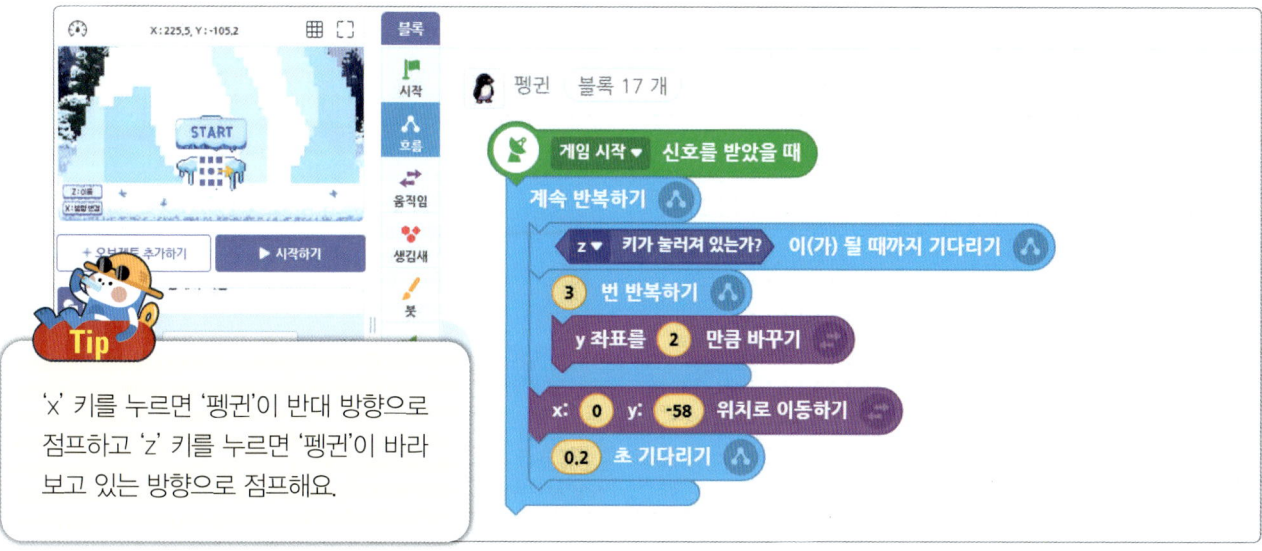

Tip 'x' 키를 누르면 '펭귄'이 반대 방향으로 점프하고 'z' 키를 누르면 '펭귄'이 바라보고 있는 방향으로 점프해요.

❸ 게임이 완성되면 게임을 실행하여 '펭귄'이 얼음벽을 오르도록 해봅니다.

Chapter 21

게임 업그레이드
펭귄의 얼음 등반 레벨 업!

학습목표
- 펭귄이 발판에 닿으면 효과음이 출력돼요.
- 펭귄이 바닥에 떨어지면 게임에 실패해요.
- z 키 또는 x 키를 누르면 배경과 빙산이 아래쪽으로 이동해요.
- 펭귄이 올라간 얼음벽의 높이가 화면에 출력돼요.

 미리보기　• 예제 파일 : 21강 펭귄의 얼음 등반(예제).ent　• 완성 파일 : 21강 펭귄의 얼음 등반(완성).ent

게임 업그레이드

- 오브젝트 추가하여 장면 꾸미기
- 펭귄이 발판에 닿으면 효과음 출력하기
- 펭귄이 발판에 닿으면 층 변숫값 증가하기
- z, x 키 누르면 배경과 빙산 아래쪽으로 이동하기
- 현재 펭귄의 높이 화면에 출력하기
- 펭귄이 발판을 밟지 못하면 게임 실패하기

1 게임 장면 꾸미기

❶ 엔트리를 실행하고 '20'강에서 저장한 파일을 불러온 후 +오브젝트 추가하기 를 클릭하고 [21강 요소] 폴더에서 '높이 표시' 오브젝트를 추가하여 그림과 같이 장면을 꾸밉니다.

❷ [속성] 탭에서 변수('층')와 신호('발판 충돌 확인', '게임 종료')를 생성하고 변수를 실행 화면에서 숨깁니다.

❸ +오브젝트 추가하기 를 클릭하고 '글상자' 오브젝트를 추가한 후 오브젝트 이름을 '등반 높이'로 변경합니다.

❹ 이어서 글꼴('산돌 씨네마극장'), 글자색('검정'), 배경색('없음')을 지정하고 글상자 내용을 "0"으로 입력한 후 '높이 표시' 오브젝트 위치로 이동시킵니다.

2 배경음악과 효과음 추가하기

❶ '배경' 오브젝트를 선택하고 [소리] 탭-[소리 추가하기]-[파일 올리기]를 클릭하여 '배경음악' 파일을 불러온 후 게임이 시작되면 '배경음악'이 재생되도록 코딩합니다.

Tip 다운로드 받은 '배경음악' 파일이 없다면 [21강 요소] 폴더에서 '배경음악' 파일을 불러와요.

❷ '플레이 버튼' 오브젝트를 선택하고 ❶과 같은 방법으로 '실패 효과음' 파일을 불러온 후 '게임 종료' 신호를 받으면 다른 오브젝트의 움직임을 멈추고 '게임 오버' 모양을 표시한 후 '실패 효과음'이 재생되도록 코딩합니다.

Tip 다운로드 받은 '실패 효과음' 파일이 없다면 [21강 요소] 폴더에서 '실패 효과음' 파일을 불러와요.

3 배경과 빙산 이동 설정하기

① '배경' 오브젝트를 선택하고 '게임 시작' 신호를 받았을 때 'z' 키 또는 'x' 키를 누르면 아래쪽으로 이동하도록 코딩합니다.

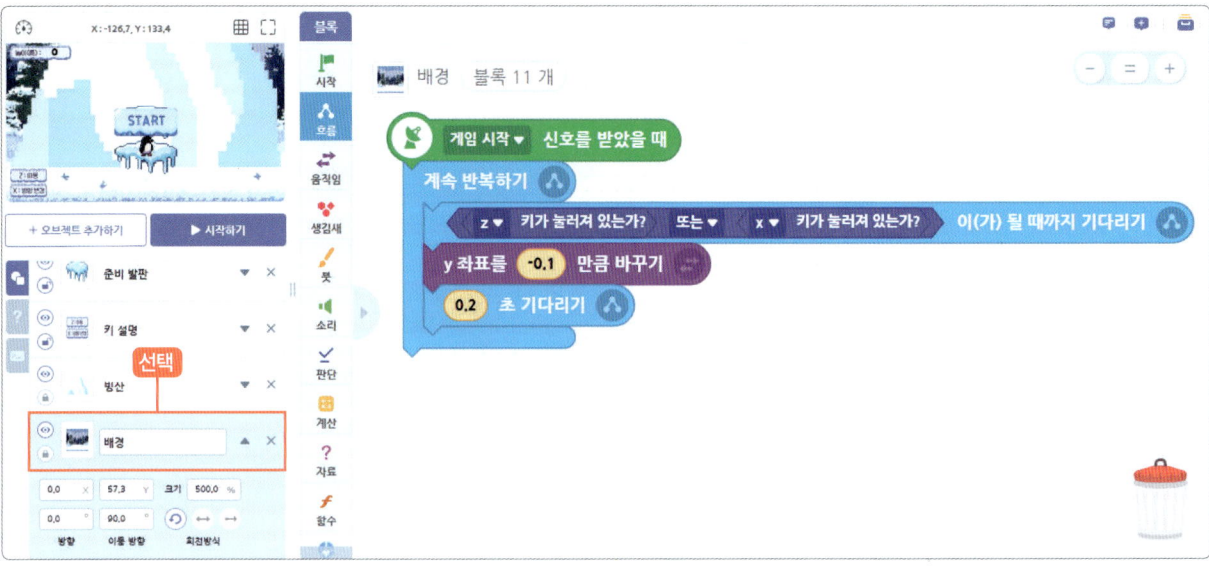

② '빙산' 오브젝트를 선택하고 '게임 시작' 신호를 받았을 때 'z' 키 또는 'x' 키를 누르면 아래쪽으로 이동하도록 코딩합니다.

'배경'과 '빙산'을 아래쪽으로 이동시켜 '펭귄'이 얼음벽을 밟고 위로 올라가는 모습을 표현하도록 해요. '빙산'이 '배경'보다 조금 더 앞쪽에 위치하므로 '배경'보다 빨리 내려가는 모습을 표현하도록 좌푯값을 '-0.5'로 지정해요.

4 등반한 높이 출력하기

❶ '등반 높이' 오브젝트를 선택하고 게임이 시작되면 '층' 변수의 초기 값을 '0'으로 지정하고 계속해서 '층' 변숫값과 "층" 텍스트를 결합하여 화면에 출력하도록 코딩합니다.

❷ '펭귄' 오브젝트를 선택하고 'x' 키를 누르면 '펭귄'이 반대 방향으로 점프하고 원래 위치로 돌아온 후 '발판 충돌 확인' 신호를 보내도록 코드를 추가합니다.

❸ 'z' 키를 누르면 '펭귄'이 점프하고 원래 위치로 돌아온 후 '발판 충돌 확인' 신호를 보내도록 코드를 추가합니다.

❹ [소리] 탭-[소리 추가하기]를 클릭하여 [소리 추가하기] 창이 나타나면 '작은 탐탐' 소리를 검색하여 추가합니다.

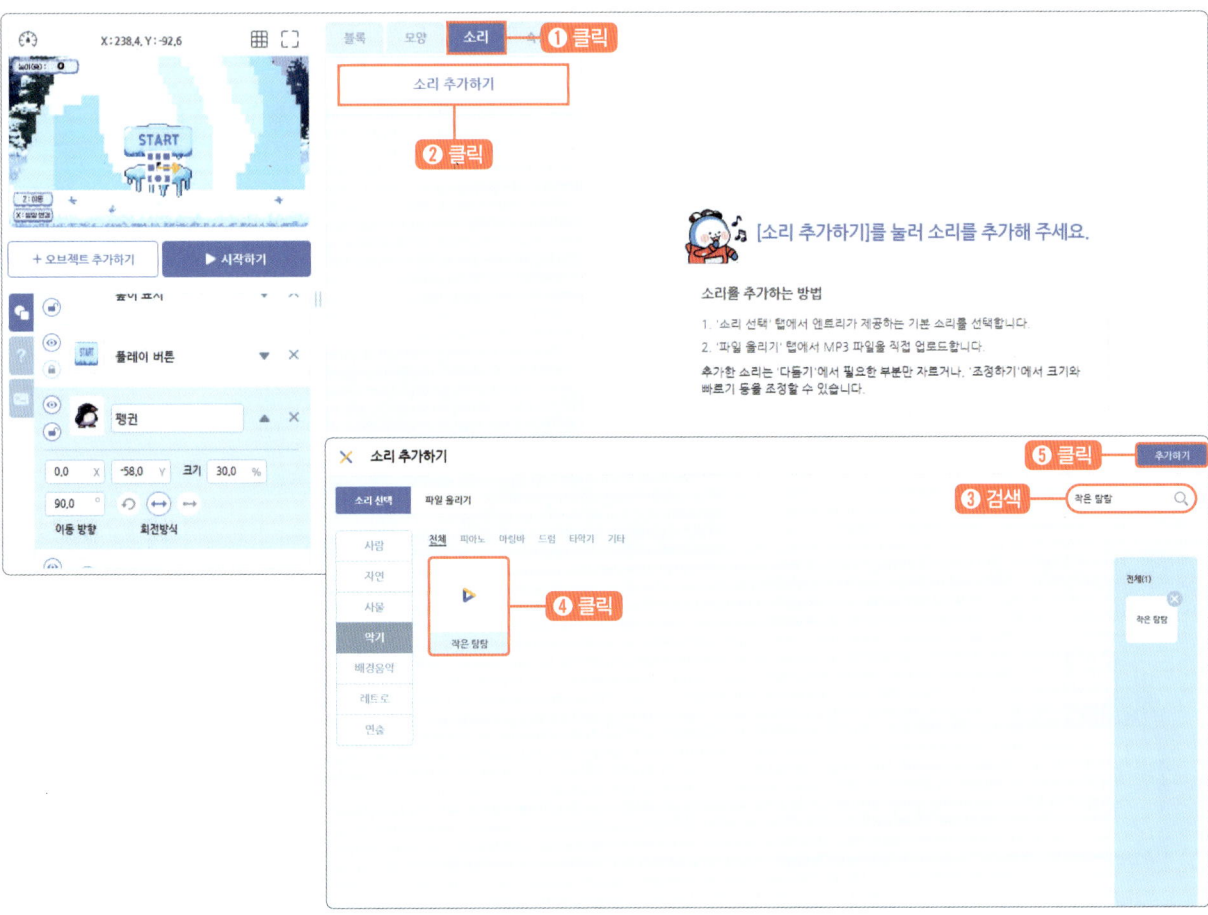

❺ '발판 충돌 확인' 신호를 받았을 때 '펭귄'이 '발판1'~'발판8'에 닿으면 '작은 탐탐' 소리를 출력한 후 '층' 변숫값을 '1'만큼 증가하도록 코딩합니다.

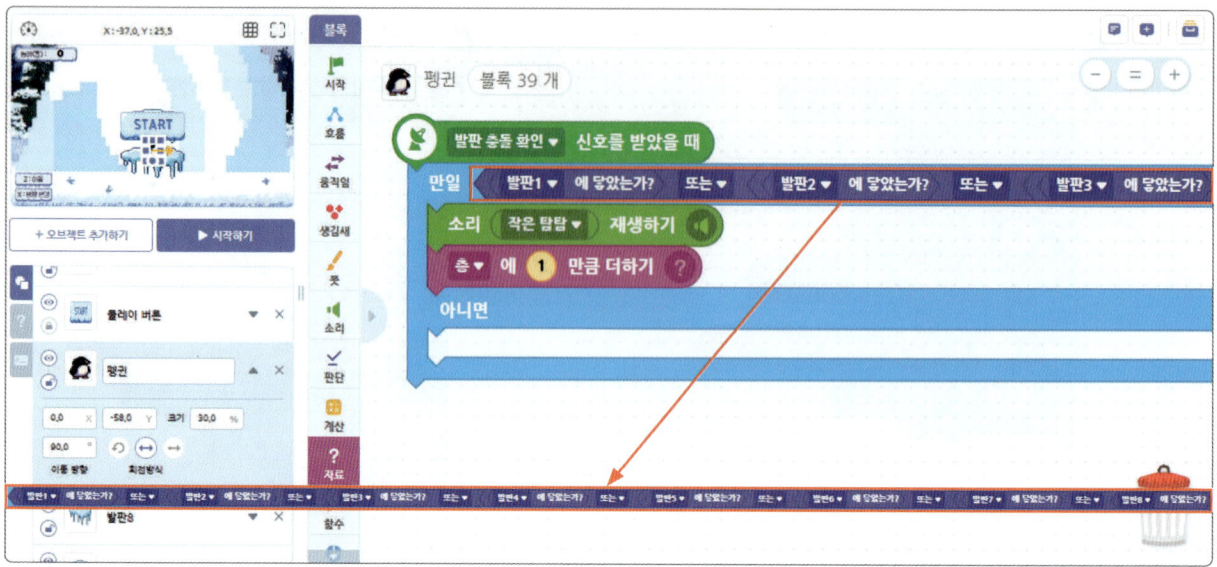

❻ '펭귄'이 '발판1'~'발판8'에 닿지 않으면 아래쪽 벽에 닿을 때까지 아래쪽으로 이동하다가 아래쪽 벽에 닿으면 '게임 종료' 신호를 보내도록 코딩합니다.

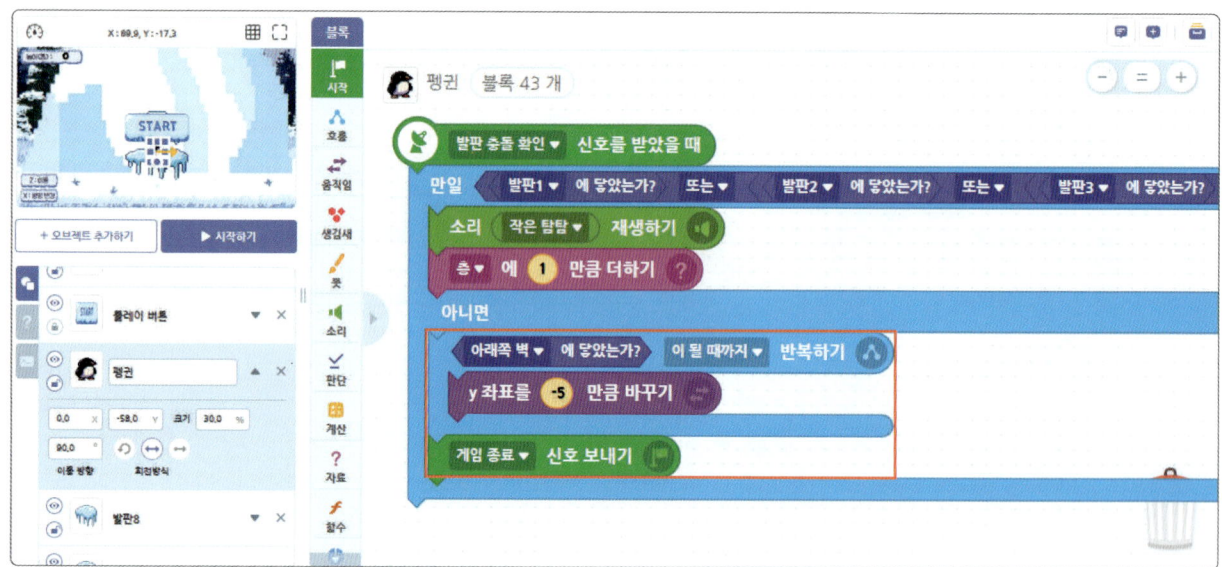

'z' 키나 'x' 키를 누르면 '펭귄'이 점프하고 '발판 충돌 확인' 신호를 보내도록 코딩했어요. '펭귄'이 점프했을 때 '발판1'~'발판8'에 닿지 않았다면 '발판'을 밟지 못했다는 의미이므로 바닥으로 떨어지도록 코딩해요.

❼ 게임이 완성되면 게임을 실행하여 업그레이드된 게임을 체험해 봅니다.

Chapter 22

게임 디자인
바구니로 과일 받기 장면 만들기

학습목표
- 피스켈에서 게임에 필요한 오브젝트를 만들어요.
- 게임에 필요한 음악을 다운로드해요.
- 오브젝트를 추가하여 게임 장면을 만들어요.

 미리보기 • 예제 파일 : 22강 과일 받기(예제).ent • 완성 파일 : 22강 과일 받기(완성).ent

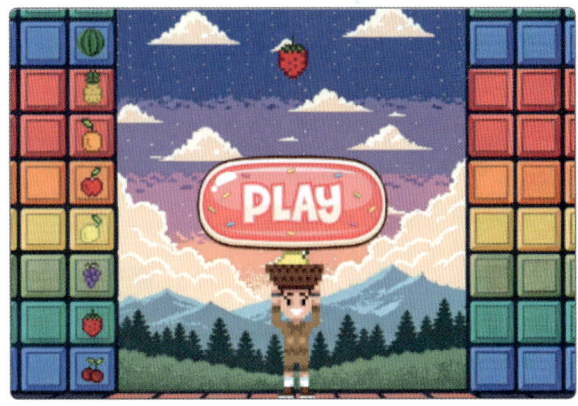

사용 프로그램

- **피스켈** : 게임에서 사용할 오브젝트를 만듭니다.
- **픽사베이** : 게임에서 사용할 음악을 다운로드합니다.
- **엔트리** : 장면을 꾸미고 게임을 제작합니다.

1 피스켈로 오브젝트 만들기

❶ 제작할 게임의 스토리를 확인합니다.

> 넓은 들판에서 정성껏 과일을 키우는 부지런한 농부가 있었어요. 여느 때와 다름 없이 농사일에 집중하고 있던 어느 날. 갑자기 하늘에서 반짝이는 과일 하나가 툭! 하고 떨어졌어요.
> "오! 이건 앵두잖아?"
> 농부가 앵두를 과일 바구니에 담자 이번엔 하늘에서 딸기가 떨어졌어요. 농부가 과일을 과일 바구니에 담을 때마다 하늘에서 '앵두 → 딸기 → 포도 → 레몬 → 사과 → 배 → 파인애플 → 수박'이 순서대로 떨어지기 시작했어요.
> 그때 하늘에서 목소리가 들렸어요.
> "부지런한 농부야, 과일의 순서를 기억하고 꼭 순서대로 과일을 받아야 하느니라. 그래야 너의 과일 농사가 풍년이 들 것이야!"
> 농부는 과일의 순서를 기억하며 하늘에서 떨어지는 과일을 순서대로 과일 바구니에 담기 시작했어요.

❷ 제작할 오브젝트를 확인합니다.

제작할 오브젝트			
앵두	딸기	포도	레몬
사과	배	파인애플	수박

❸ 피스켈 아이콘( )을 더블클릭하여 프로그램을 실행한 후 캔버스 크기를 Width('20px'), Height('23px')로 변경합니다.

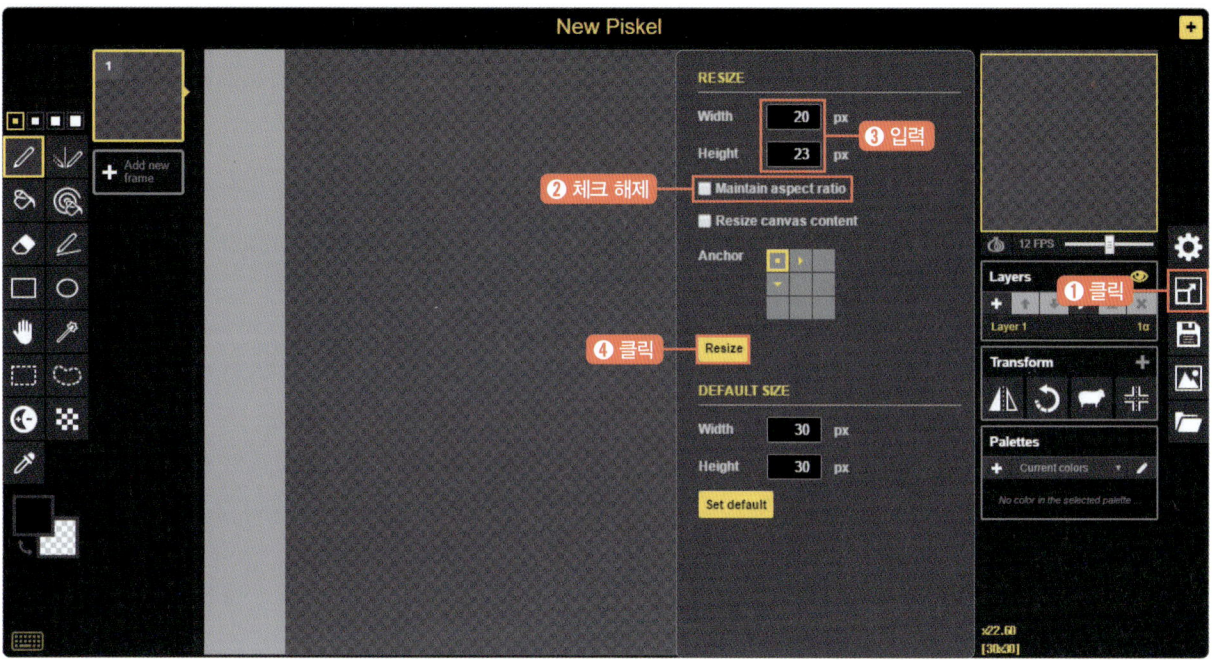

❹ 다양한 도구를 이용하여 자유롭게 앵두를 그리고 이미지 크기를 '76'×'87'로 지정한 후 이미지 파일('앵두')로 저장합니다.

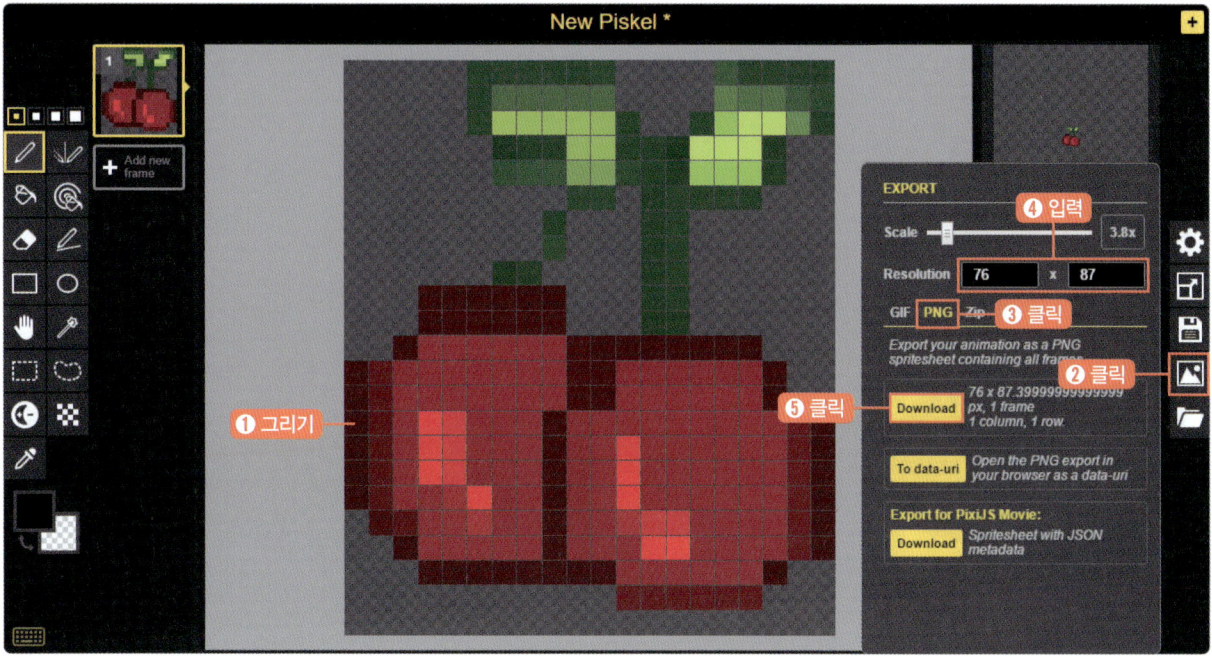

❺ [새 스프라이트(➕)]를 클릭하고 ❸~❹와 같은 방법으로 '딸기', '포도', '레몬', '사과', '배', '파인애플', '수박'을 그리고 이미지 파일로 저장합니다.

오브젝트		캔버스 크기	이미지 크기
	딸기	• Width('20px') • Height('27px')	88×119
	포도	• Width('20px') • Height('27px')	99×134
	레몬	• Width('20px') • Height('25px')	91×114
	사과	• Width('20px') • Height('26px')	130×169
	배	• Width('22px') • Height('34px')	148×229
	파인애플	• Width('22px') • Height('37px')	147×247
	수박	• Width('25px') • Height('24px')	158×152

Tip

• 캔버스 크기는 [캔버스 설정(🖼)]을 클릭하여 지정하고 이미지 크기는 [내보내기(🖼)]를 클릭한 후 Resolution에서 지정해요.
• 엔트리에서 모양을 추가할 때 각 과일 오브젝트의 크기를 맞추기 위해 이미지 크기를 설정해요.

2 배경음악과 효과음 다운로드하기

① 픽사베이 사이트(https://pixabay.com)에 접속하여 [음악] 카테고리를 클릭하고 게임 스토리에 어울리는 배경음악을 검색합니다.

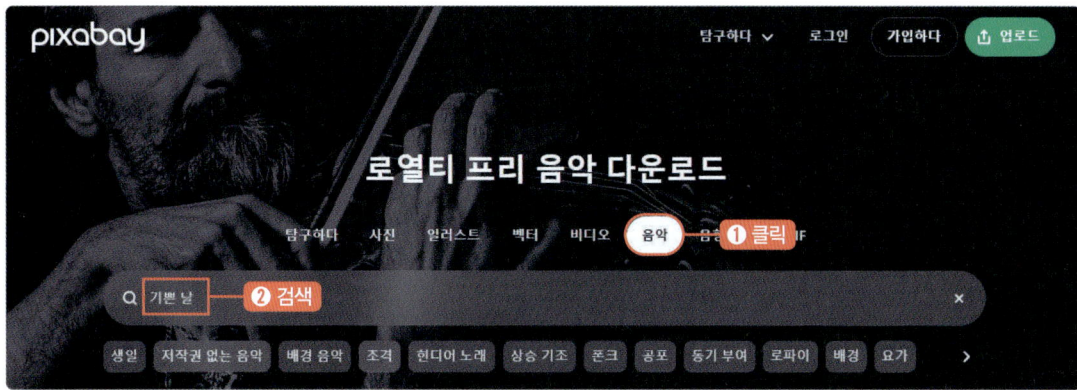

② 검색된 음악이 표시되면 게임 스토리에 어울리는 배경음악을 찾아 다운로드합니다.

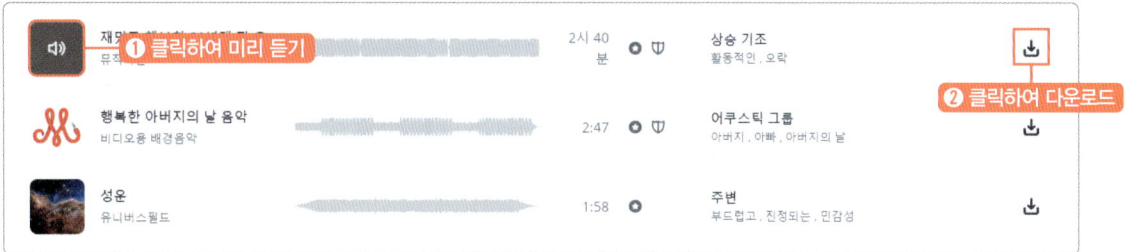

③ [음향 효과] 카테고리를 클릭하고 게임 성공, 게임 실패 시 재생할 효과음을 찾아 다운로드합니다.

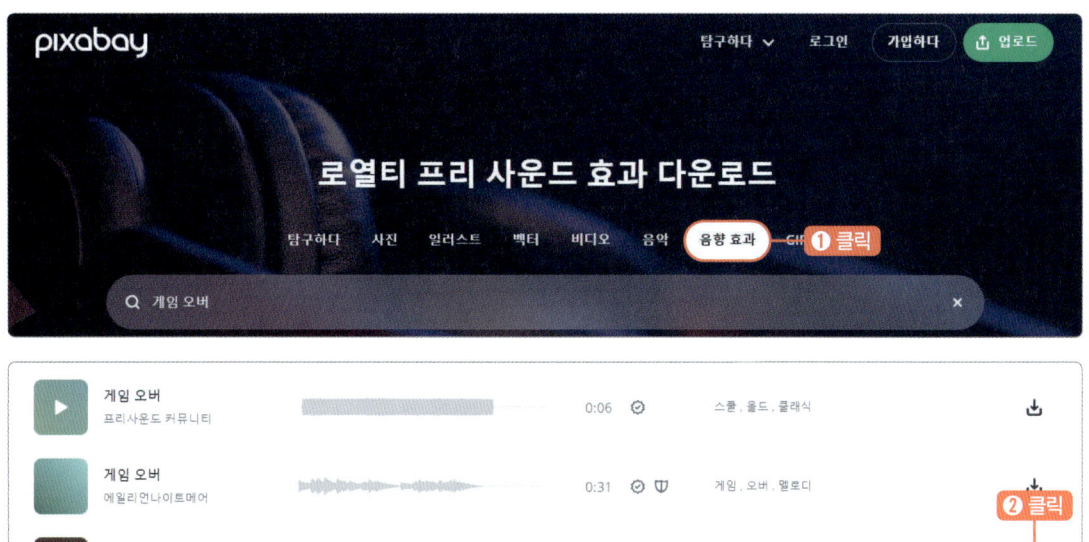

3 게임 장면 꾸미기

❶ 엔트리를 실행한 후 '22강 과일 받기(예제).ent' 파일을 불러와 +오브젝트 추가하기 를 클릭하여 [오브젝트 추가하기] 창이 나타나면 [파일 올리기]-[파일 올리기]를 클릭한 후 피스켈을 이용하여 만든 '앵두' 오브젝트를 추가합니다.

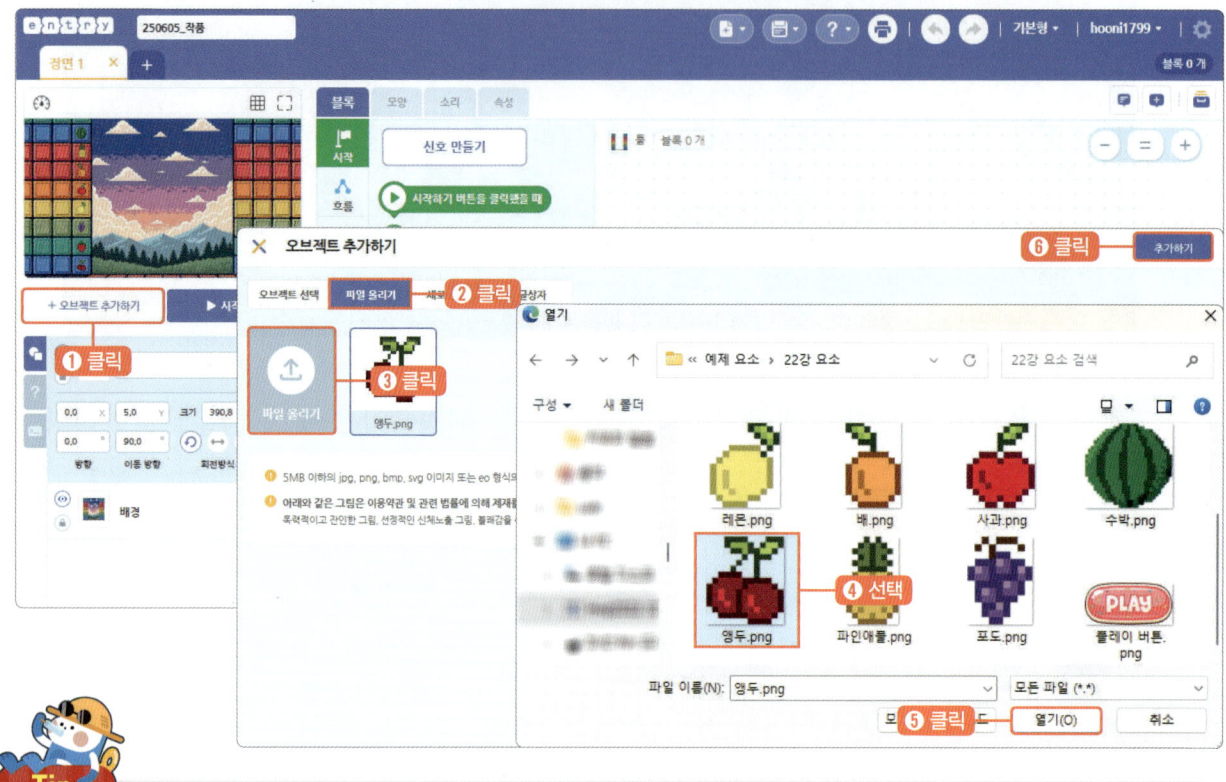

Tip
'앵두' 오브젝트는 앞서 피스켈을 이용하여 만든 오브젝트로 불러와요. 단, 오브젝트를 만들지 못했다면 [22강 요소] 폴더에서 해당 오브젝트를 불러와요.

❷ ❶과 같은 방법으로 '앵두' 오브젝트를 한 번 더 추가하고 오브젝트 순서와 이름을 그림과 같이 설정한 후 실행 화면에서 오브젝트의 크기와 위치를 조절합니다.

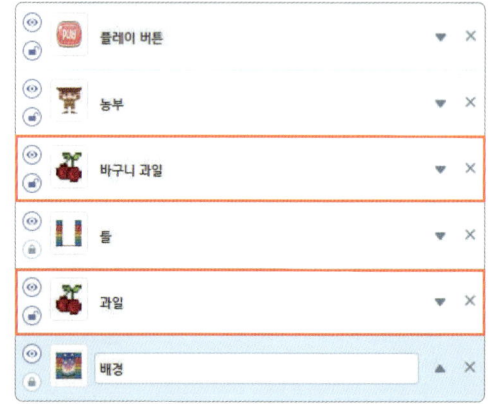
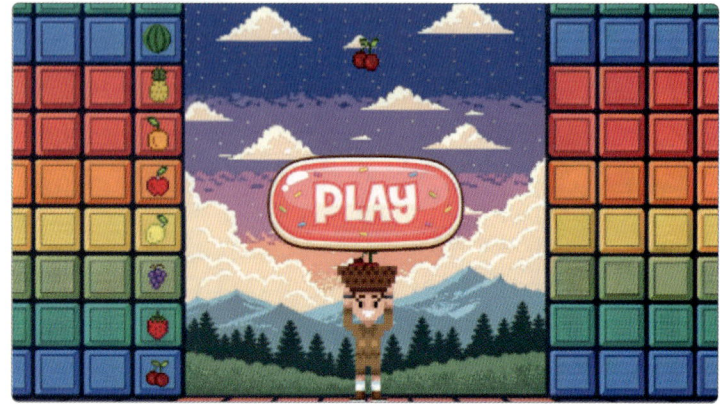

❸ '바구니 과일' 오브젝트를 선택하고 실행 화면에서 중심점을 아래쪽으로 이동시킵니다.

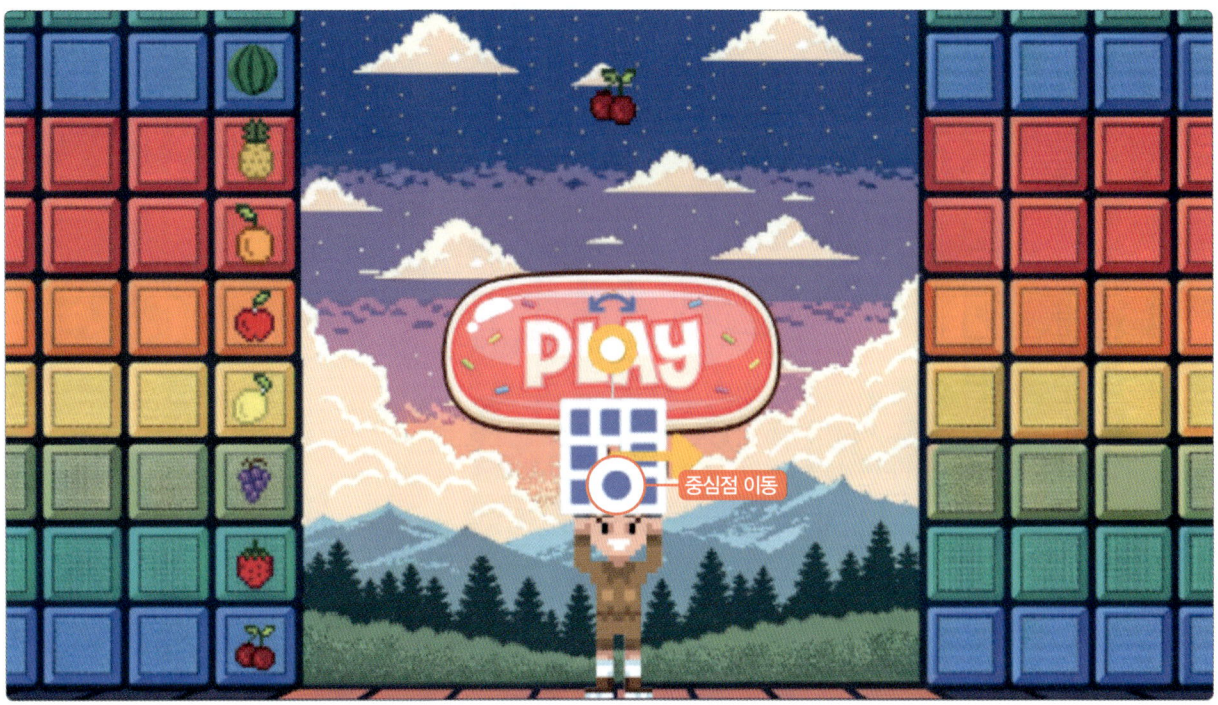

❹ 오브젝트의 크기와 위치를 참고하여 장면을 완성해 봅니다.

오브젝트	위치	크기
바구니 과일	x : 0.0 y : −53.0	25%
과일	x : 0.0 y : 100.0	20%

Tip

[22강 요소] 폴더에서 오브젝트를 불러와 사용했을 경우 오브젝트 목록에서 해당 오브젝트를 선택하고 위와 같이 크기와 위치 속성 값을 지정해요. 오브젝트를 직접 만들어 사용하는 경우 오브젝트 목록에서 속성 값을 변경해 가며 적절한 크기와 위치를 찾아요.

❺ '과일' 오브젝트를 선택하고 [모양] 탭-[모양 추가하기]를 클릭하여 앞서 피스켈에서 만든 '딸기'~'수박' 모양을 추가한 후 모양 순서를 그림과 같이 변경합니다.

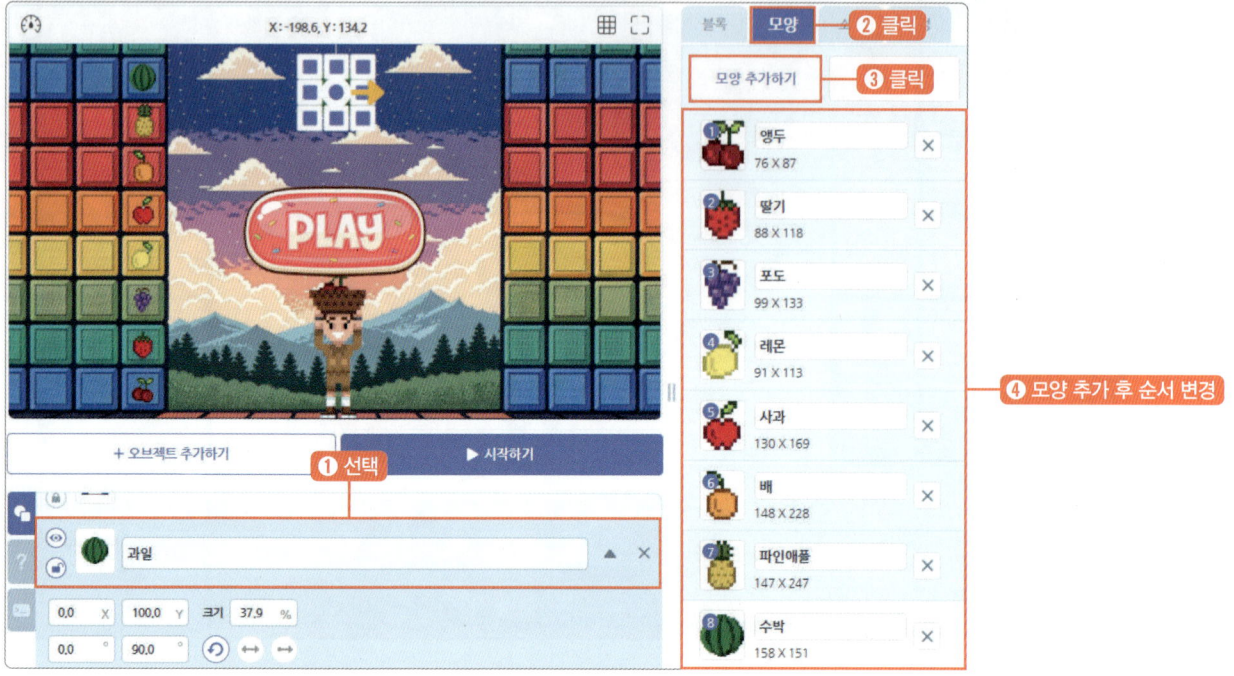

❻ '바구니 과일' 오브젝트를 선택하고 ❺와 같은 방법으로 '딸기'~'수박' 모양을 추가한 후 모양 순서를 그림과 같이 변경합니다.

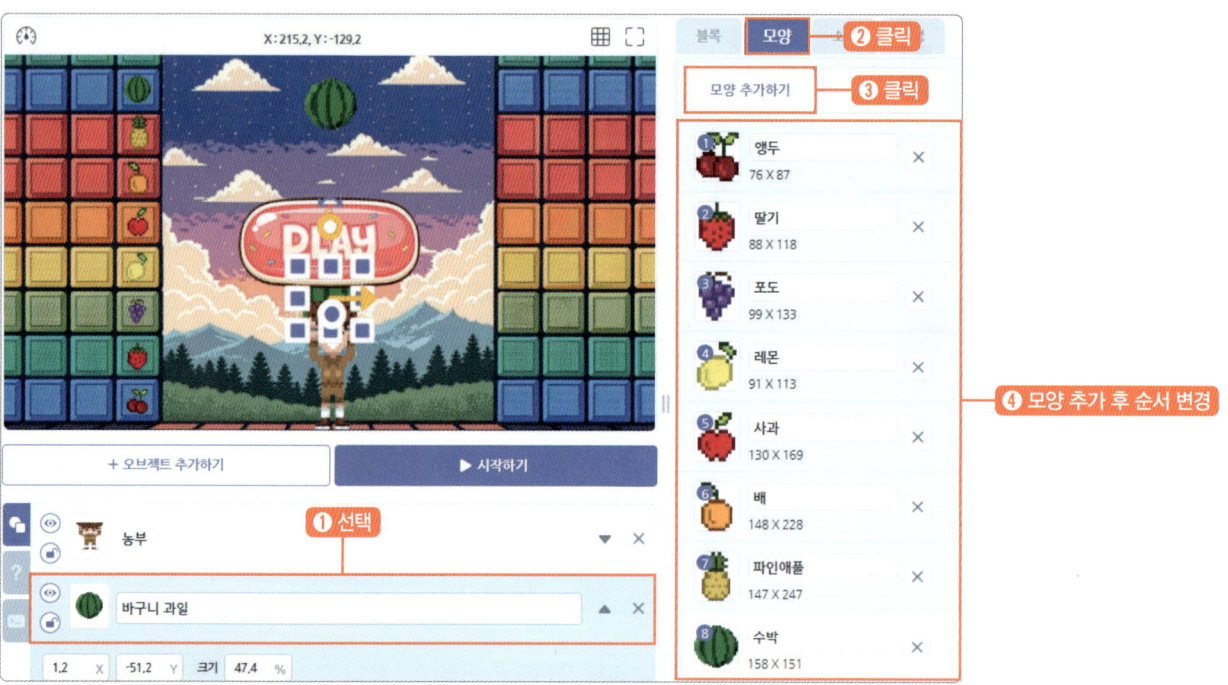

❼ 게임 장면이 완성되면 [저장하기(💾)]-[복사본으로 저장하기]를 클릭하여 '과일 받기' 파일을 저장합니다.

Chapter 23

바구니로 과일 받기 게임 만들기

게임 만들기

학습목표
- 농부는 계속해서 좌우로 랜덤의 거리만큼 이동해요.
- 마우스를 클릭하면 과일이 마우스의 x좌표 위치에서 떨어져요.
- 키보드의 방향키로 과일의 위치를 변경해요.
- 변수와 리스트를 이용하여 바구니 과일의 모양을 변경해요.

미리보기

- 예제 파일 : 23강 과일 받기(예제).ent
- 완성 파일 : 23강 과일 받기(완성).ent

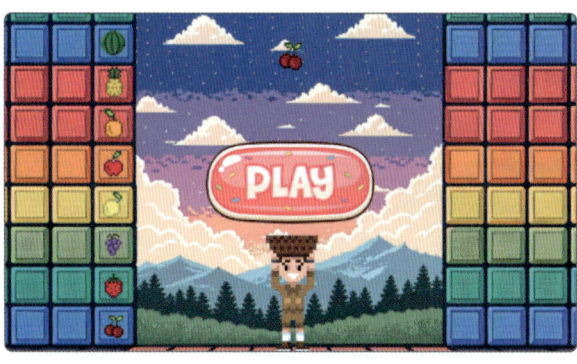

사용 프로그램

- `과일 순서▼ 의 순서▼ 값 번째 항목` : 리스트의 순서 변숫값 번째 항목에 있는 과일의 이름을 확인합니다.
- `과일 순서▼ 항목 수` : 리스트에 있는 과일 이름의 개수를 확인합니다.
- `0 부터 10 사이의 무작위 수` : 과일의 모양을 랜덤으로 변경합니다.
- `x: 마우스 x▼ 좌푯값 위치로 이동하기` : 과일이 마우스의 x좌표 위치로 이동합니다.

1 게임 시작, 게임 성공, 게임 실패 장면 설정하기

❶ 엔트리를 실행하고 '22'강에서 저장한 파일을 불러온 후 [속성] 탭에서 변수('순서')와 신호 ('게임 실패', '게임 시작', '게임 성공')를 생성하고 변수를 실행 화면에서 숨깁니다.

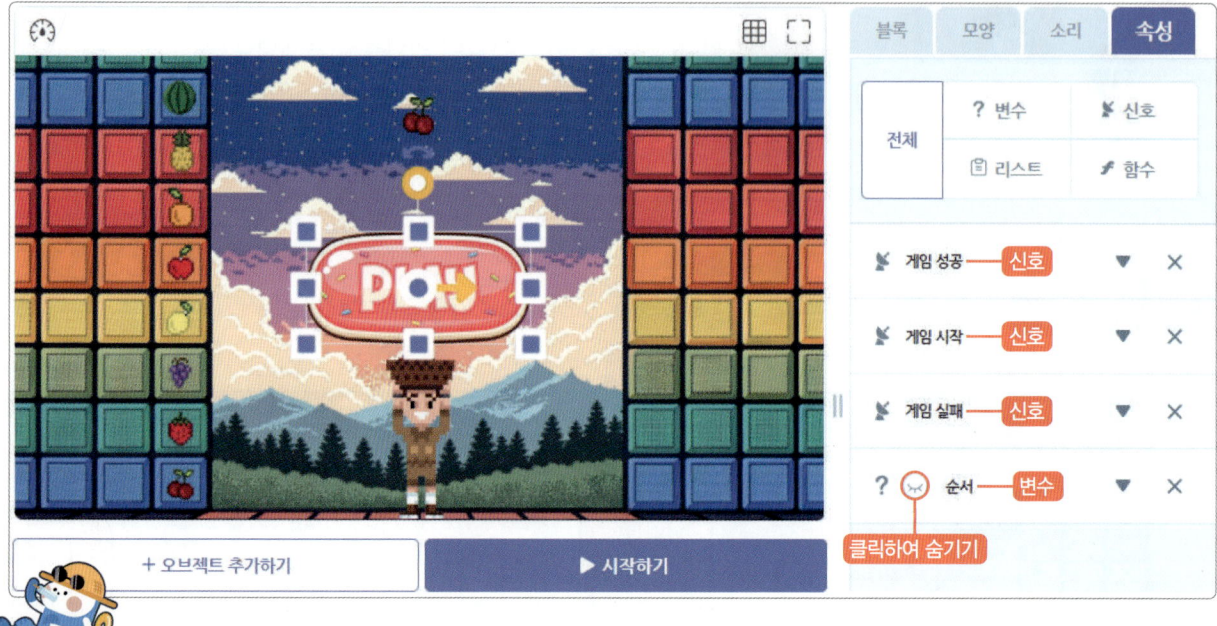

Tip
22강에서 저장한 파일이 없다면 '23강 과일 받기(예제).ent' 파일을 불러와 작업해요.

❷ [리스트]-[리스트 추가하기]를 클릭하여 리스트 이름('과일 순서')을 입력하고 [공유 리스트로 사용 (서버에 저장)]을 선택한 후 [리스트 추가]를 클릭합니다.

❸ [리스트 불러오기]를 클릭하여 그림과 같이 리스트 항목을 입력하고 [저장하기]를 클릭한 후 리스트를 실행 화면에서 숨깁니다.

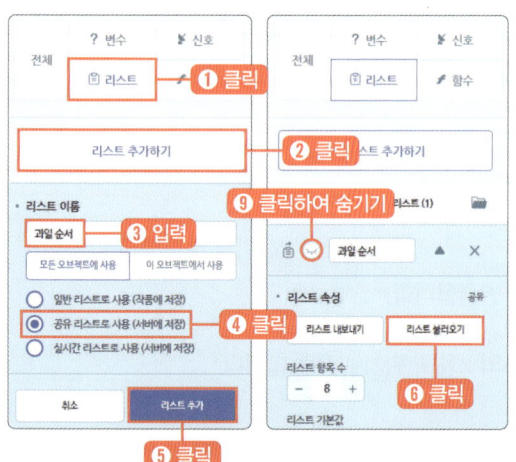
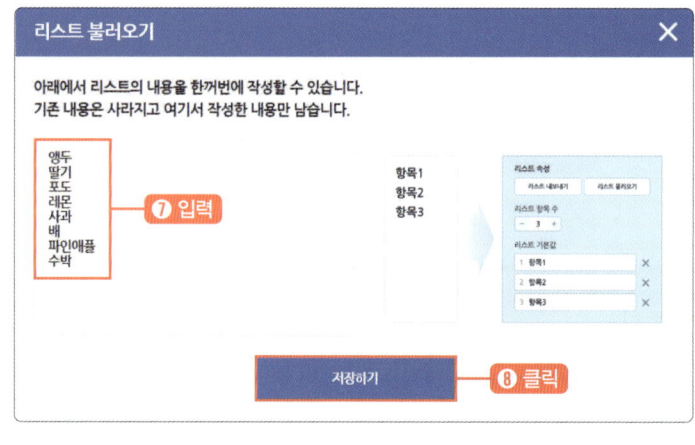

❹ '플레이 버튼' 오브젝트를 선택하고 '플레이 버튼'을 클릭하면 화면에서 모양을 숨기고 '게임 시작' 신호를 보내도록 코딩합니다.

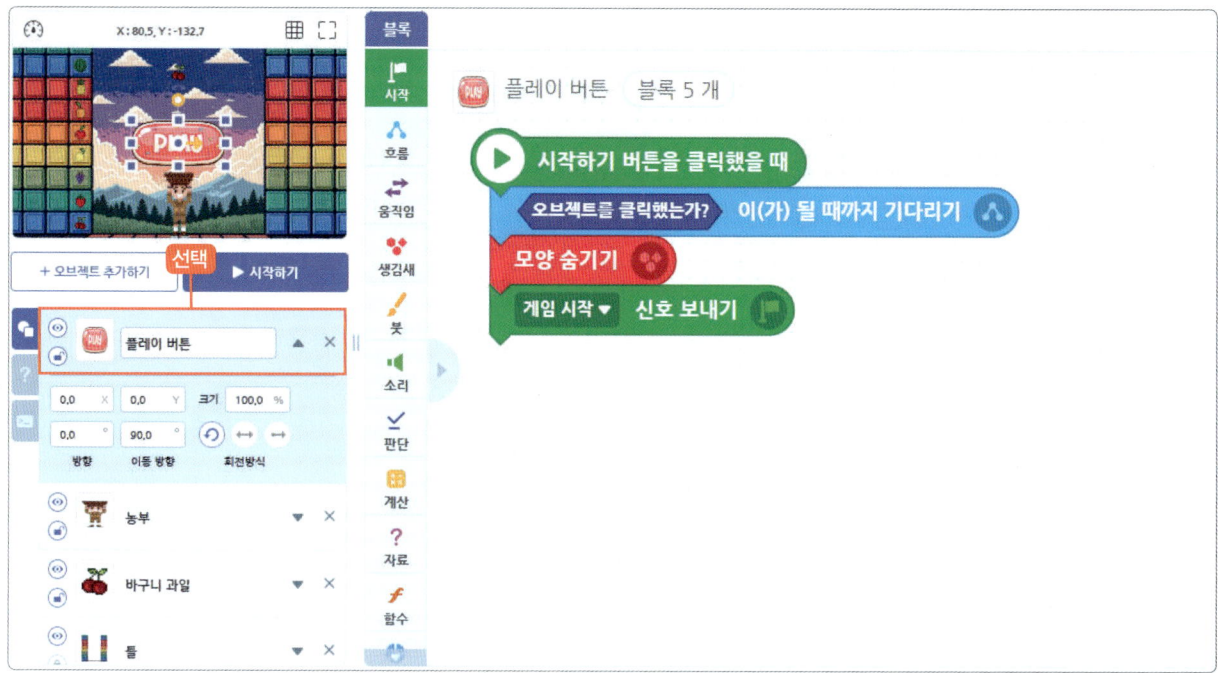

❺ [함수] 그룹-[함수 만들기]를 클릭하여 게임에 성공하거나 실패하면 화면에 해당하는 장면이 나타나도록 하기 위해 함수를 정의합니다.

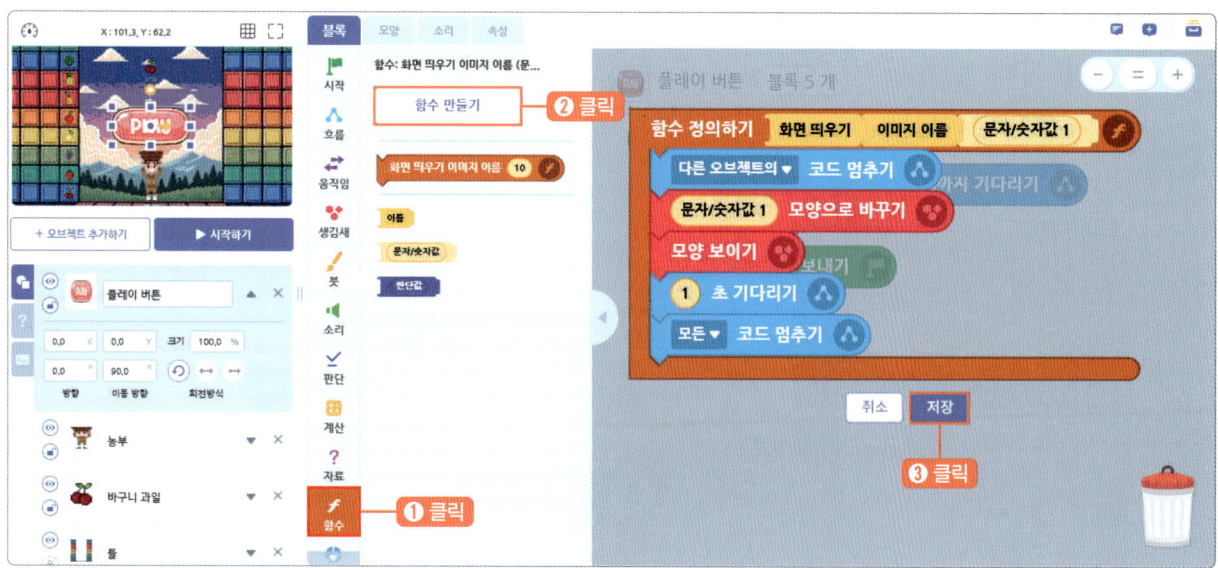

Tip

게임 성공, 게임 실패 시 화면에 나타나는 모양 이름만 다르고 나머지 코드가 동일하기 때문에 함수를 활용하면 더욱 편리하게 작업할 수 있어요.

❻ '게임 성공' 신호를 받으면 게임 성공 장면이 나타나고 게임이 종료되도록 코딩합니다.

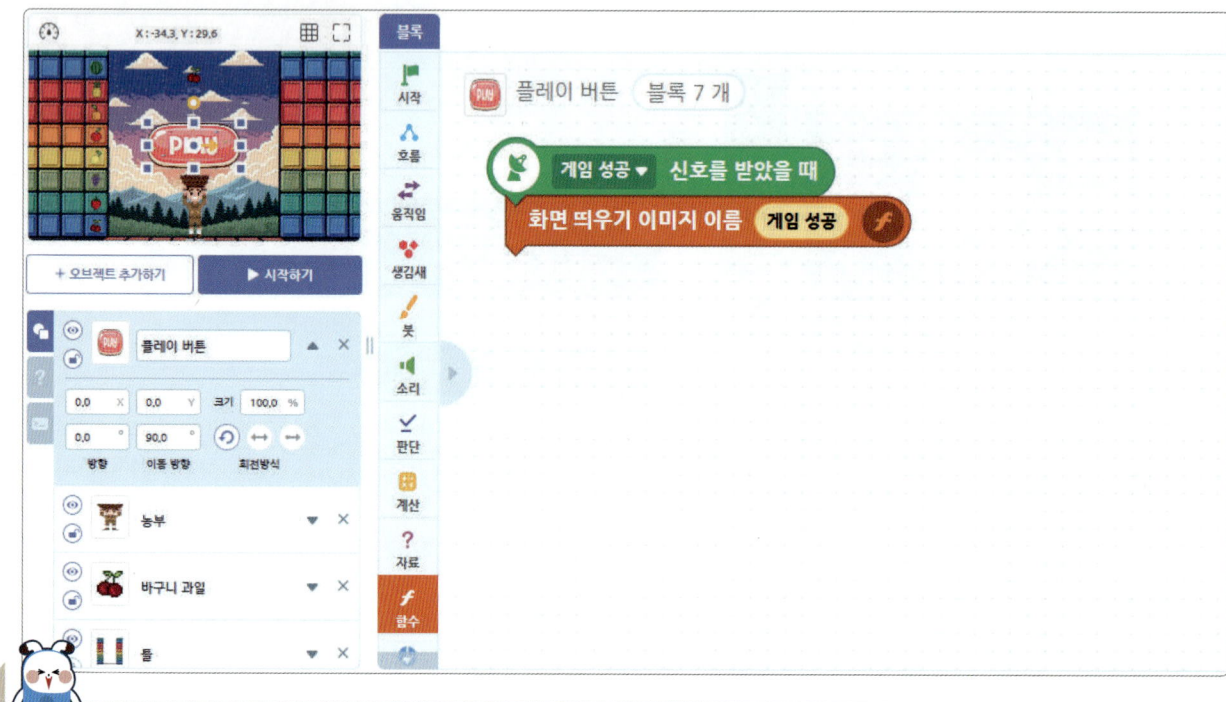

- '화면 띄우기' 함수가 호출되면 다른 오브젝트의 움직임을 멈추고 '플레이 버튼' 오브젝트의 모양이 매개 변수에 입력한 모양('게임 성공')으로 변경되어 화면에 나타난 후 게임이 종료돼요.
- [모양] 탭에서 '플레이 버튼'의 모양과 모양 이름을 확인해 보세요.

❼ '게임 실패' 신호를 받으면 게임 실패 장면이 나타나고 게임이 종료되도록 ❻과 같은 방법으로 코딩합니다.

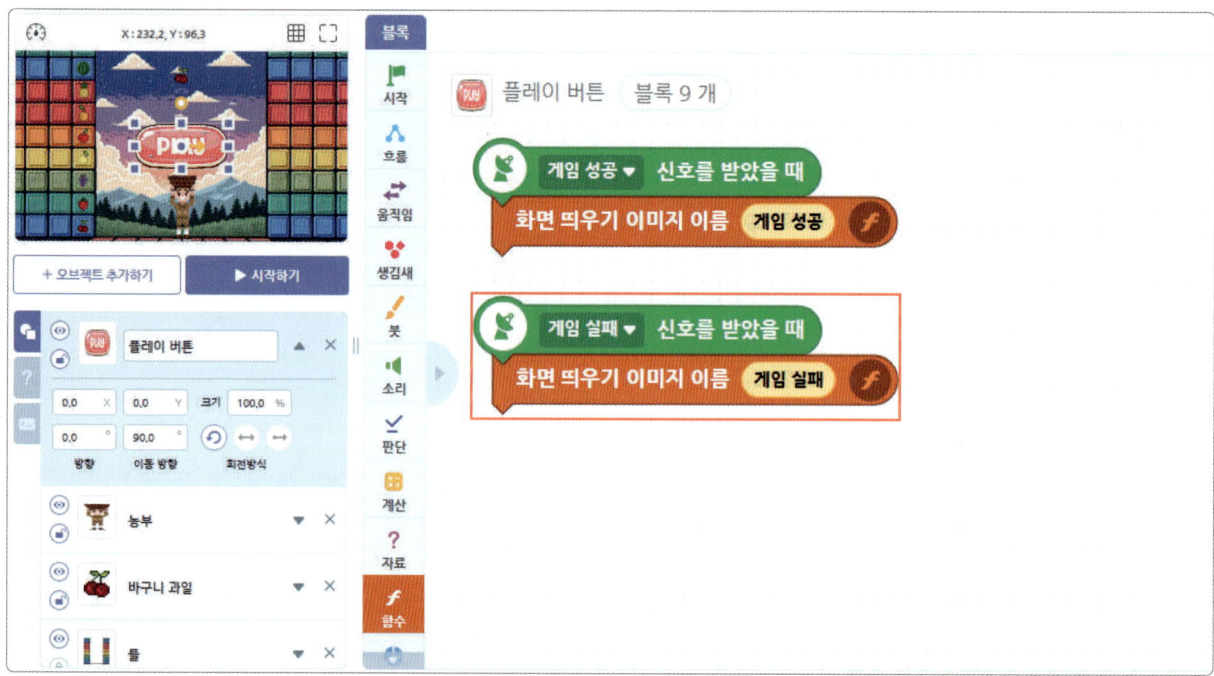

2 농부 이동 설정하기

❶ '농부' 오브젝트를 선택하고 '게임 시작' 신호를 받으면 '농부'가 랜덤의 횟수만큼 반복하여 랜덤의 속도로 이동하다가 화면 끝에 닿으면 방향을 변경하도록 코딩합니다.

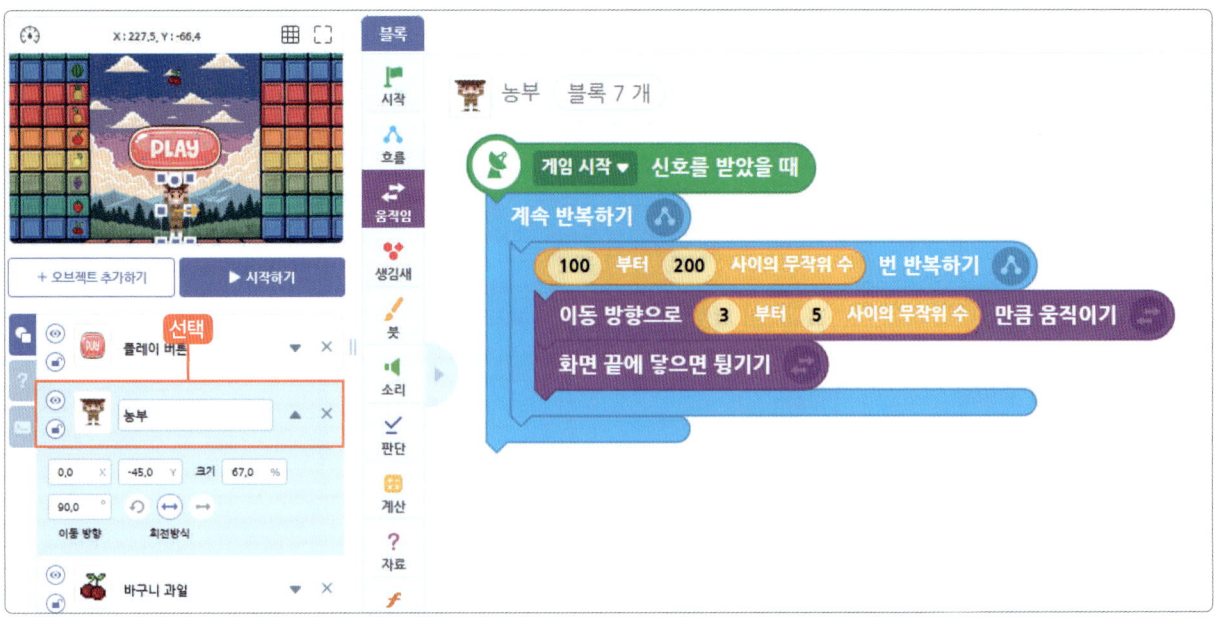

❷ '농부'가 랜덤의 횟수만큼 반복하여 이동 방향으로 이동하다가 이동 방향을 '180' 또는 '360' 만큼 회전하여 이동하도록 코딩합니다.

'농부'가 이동 방향으로 이동하다가 언제 반대 방향으로 이동할지 예상하지 못하도록 하는 코드예요.
- 180×1 : '농부'가 반대쪽 방향으로 이동해요.
- 180×2 : '농부'가 이동하던 방향으로 이동해요.

3. 바구니 과일 설정하기

❶ '바구니 과일' 오브젝트를 선택하고 게임이 시작되면 '순서' 변수의 초기 값을 '0'으로 지정한 후 '바구니 과일'이 화면에서 보이지 않도록 하고 '농부'를 따라 다니도록 코딩합니다.

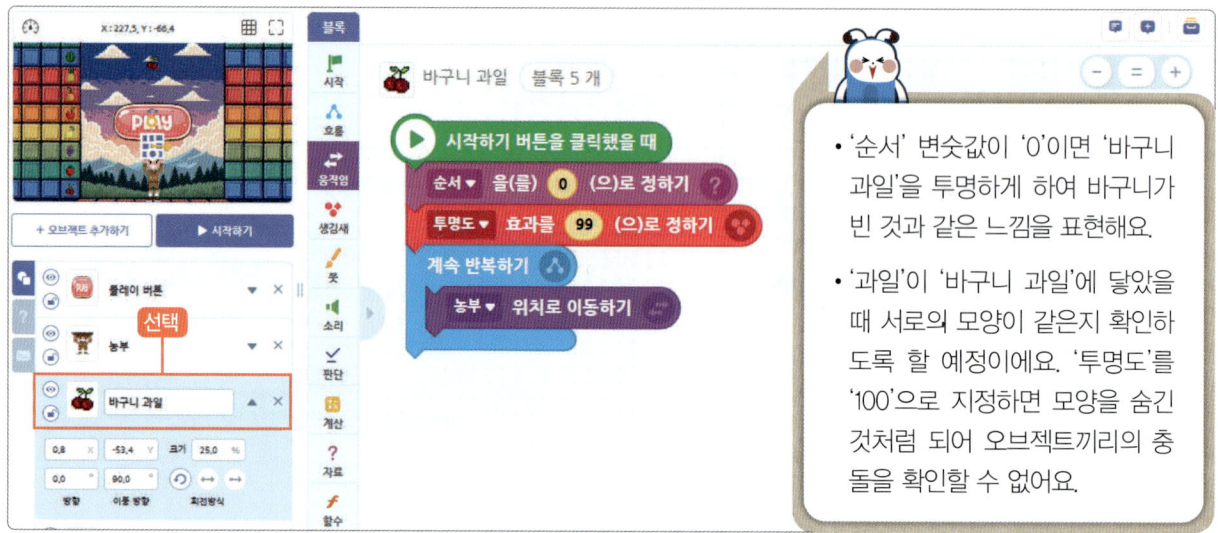

- '순서' 변숫값이 '0'이면 '바구니 과일'을 투명하게 하여 바구니가 빈 것과 같은 느낌을 표현해요.
- '과일'이 '바구니 과일'에 닿았을 때 서로의 모양이 같은지 확인하도록 할 예정이에요. '투명도'를 '100'으로 지정하면 모양을 숨긴 것처럼 되어 오브젝트끼리의 충돌을 확인할 수 없어요.

❷ '순서' 변숫값이 '0'보다 크면 '바구니 과일'이 화면에 나타나고 '순서' 변숫값에 따라 '바구니 과일'의 모양을 변경하다가 '바구니 과일'의 모양 이름이 '수박'이면 '게임 성공' 신호를 보내도록 코딩합니다.

- '순서' 변숫값이 '0'보다 크면 '바구니 과일'을 화면에 나타내 과일을 받은 느낌을 표현해요.
- 앞서 '과일 순서' 리스트에 항목을 추가했어요. 이 중 '순서' 변숫값 번째 항목 모양으로 '바구니 과일'의 모양을 변경하는 코드예요.
- 마지막 과일인 '수박'을 받으면 '게임 성공' 신호를 보내요.

앵두
딸기
포도
레몬
사과
배
파인애플
수박

4 과일 이동 설정하기

❶ '과일' 오브젝트를 선택하고 '게임 시작' 신호를 받으면 '과일'이 마우스의 x좌표를 따라다니다가 마우스를 클릭하면 '과일'의 복제본을 생성하도록 코딩합니다.

Tip 마우스를 클릭하기 전까지 '과일'은 마우스를 따라 좌우로만 이동해요.

❷ '위쪽 화살표' 키를 누르면 복제된 '과일'이 아래쪽 벽에 닿을 때까지 위쪽으로 이동하도록 코딩합니다.

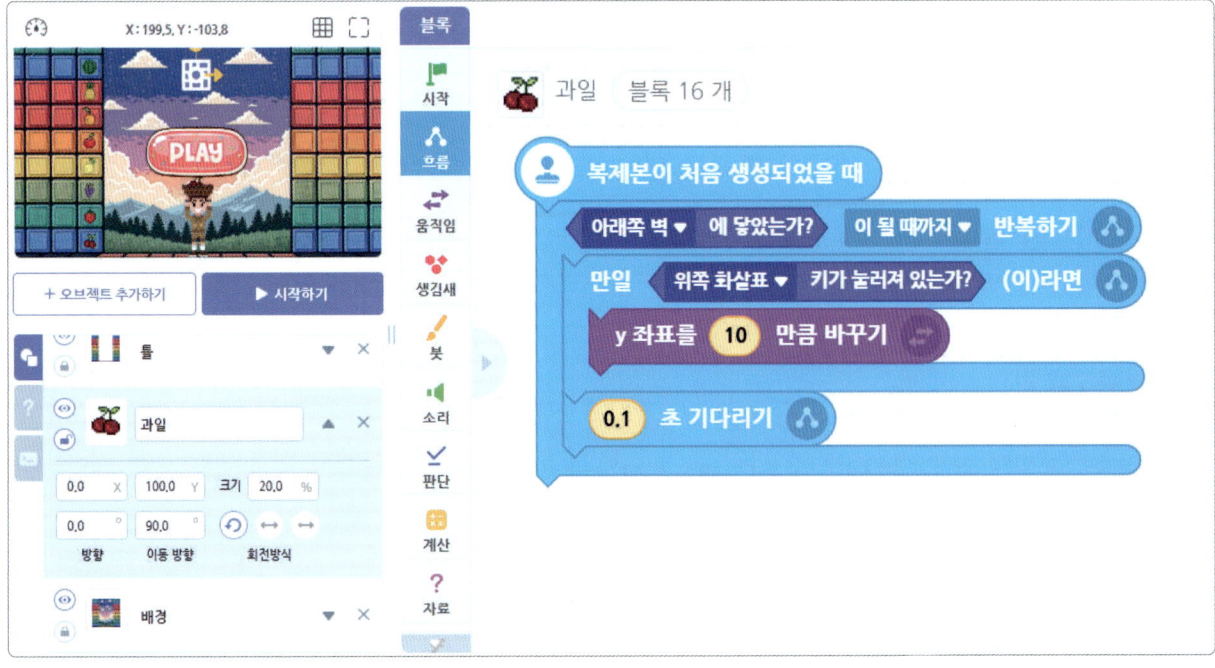

❸ 키보드의 좌우 방향키를 누르면 복제된 '과일'이 아래쪽 벽에 닿을 때까지 해당 방향으로 이동하도록 코딩합니다.

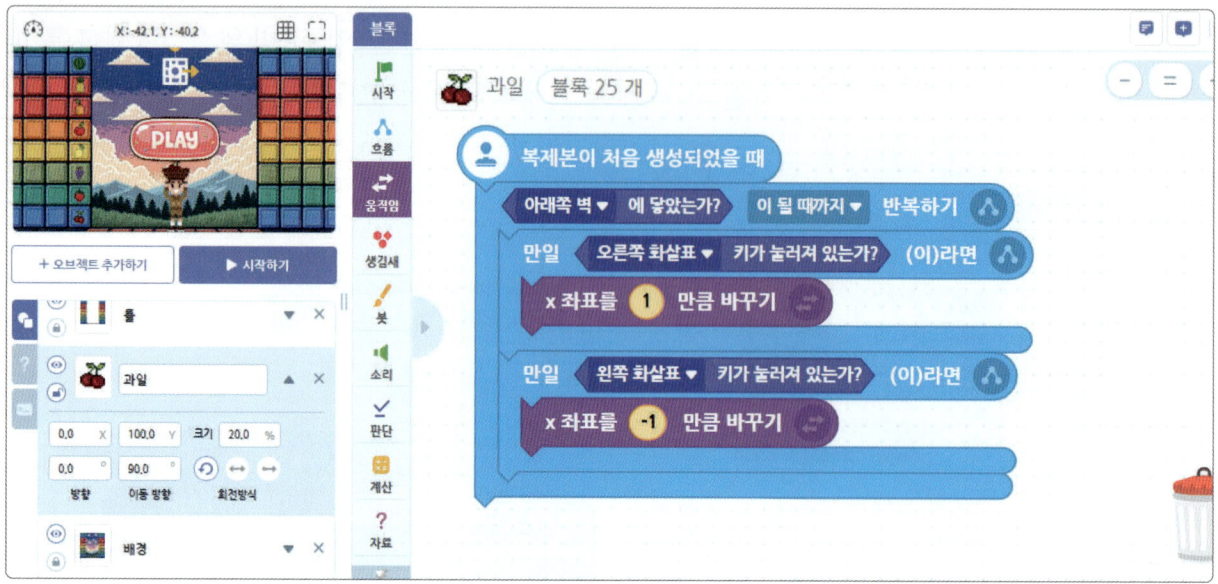

❹ 복제된 '과일'의 모양을 랜덤으로 변경하고 아래쪽 벽에 닿을 때까지 아래쪽으로 이동하다가 '틀'에 닿거나 아래쪽 벽에 닿으면 복제본이 삭제되도록 코딩합니다.

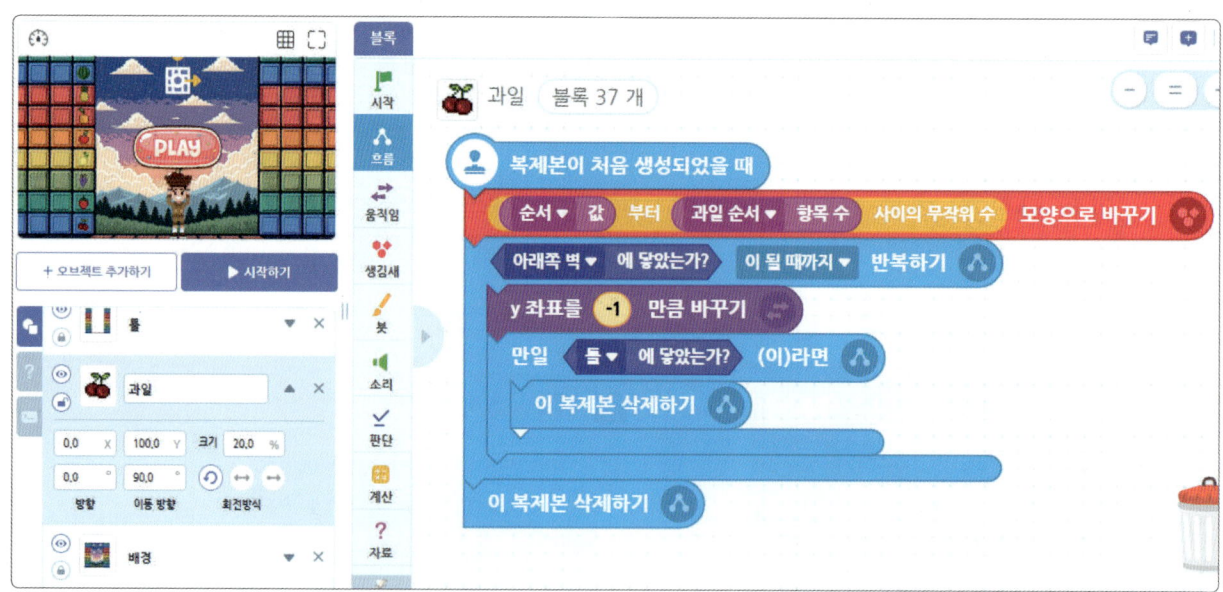

Tip

바구니로 받은 '과일'은 더 이상 나타나지 않도록 하기 위해 '순서' 변숫값부터 '과일 순서' 항목 수('8') 사이의 모양으로 변경하도록 해요.

❺ 복제된 '과일'이 아래쪽으로 이동하다가 '바구니 과일'에 닿았을 때 받아야 하는 과일의 이름과 복제된 '과일'의 모양 이름이 같다면 '순서' 변숫값을 증가하고 그렇지 않으면 '게임 실패' 신호를 보내도록 코딩합니다.

- '바구니 과일'에 복제된 '과일'이 닿았을 때 '순서' 변숫값이 '과일 순서' 리스트의 항목 수('8')보다 작을 때만 다음 코드가 실행되도록 설정해요.
- '과일 순서' 리스트의 '순서' 변숫값 번째 항목으로 변경되는 '바구니 과일'의 모양은 '농부'가 받은 '과일'을 표현하고, '과일 순서' 리스트의 '순서' 변숫값+1번째 항목은 '농부'가 받아야 할 '과일'을 표현해요.
- 예를 들어, '순서' 변숫값이 '0'일 때 '바구니 과일'은 비어 있고, 처음으로 받을 과일은 '앵두'예요. '과일 순서' 리스트의 '순서' 변숫값('0')+1번째 항목('앵두')이 랜덤의 모양으로 복제되어 나타난 '과일'의 모양 이름('앵두')과 같으면 '순서' 변숫값을 '1'만큼 증가하고 '바구니 과일' 모양이 '앵두'로 변경되어 '앵두'를 받은 모습을 표현해요.

❻ 게임이 완성되면 게임을 실행하여 '앵두'-'딸기'-'포도'-'레몬'-'사과'-'배'-'파인애플'-'수박'의 순서대로 '과일'을 받아 봅니다.

Chapter 24

게임 업그레이드
바구니로 과일 받기 레벨 업!

학습목표
- 변숫값으로 화살표를 이동시켜 받아야 할 과일을 알려줘요.
- 받아야 할 과일의 이미지와 남은 게임 시간이 화면에 출력돼요.
- 받아야 할 과일을 받으면 남은 게임 시간이 초기화돼요.
- 게임에 성공하거나 실패하면 해당하는 효과음이 출력돼요.

 미리보기 • 예제 파일 : 24강 과일 받기(예제).ent   • 완성 파일 : 24강 과일 받기(완성).ent

게임 업그레이드

- 오브젝트 추가하여 장면 꾸미기
- 과일 받으면 화살표 위치 변경하기
- 과일 받으면 남은 시간 초기화하기
- 화면에 남은 시간 출력하기

- 화면에 받아야 할 과일 이미지 출력하기
- 과일이 바구니 과일, 틀에 닿으면 효과음 출력하기
- 남은 시간이 소진되면 게임에 실패하기
- 게임에 성공하거나 실패하면 효과음 출력하기

1 게임 장면 꾸미기

① 엔트리를 실행하고 '23'강에서 저장한 파일을 불러온 후 `+오브젝트 추가하기` 를 클릭하고 [24강 요소] 폴더에서 '진행 판', '화살표' 오브젝트를 추가합니다.

② 오브젝트 목록에서 '과일' 오브젝트를 복제하여 이름을 '다음 과일'로 변경하고 그림과 같이 장면을 꾸밉니다.

③ [속성] 탭에서 변수('남은 시간', '화살표 위치')를 생성하고 변수를 실행 화면에서 숨깁니다.

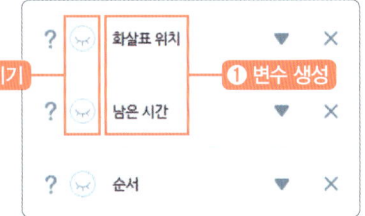

④ `+오브젝트 추가하기` 를 클릭하고 '글상자' 오브젝트를 추가한 후 오브 젝트 이름을 '남은 시간'으로 변경합니다.

⑤ 이어서 글꼴('둥근모꼴체'), 글자색('흰색'), 배경색('없음')을 지정하고 글상자 내용을 "0"으로 입력한 후 '진행 판' 오브젝트 위치로 이동시킵니다.

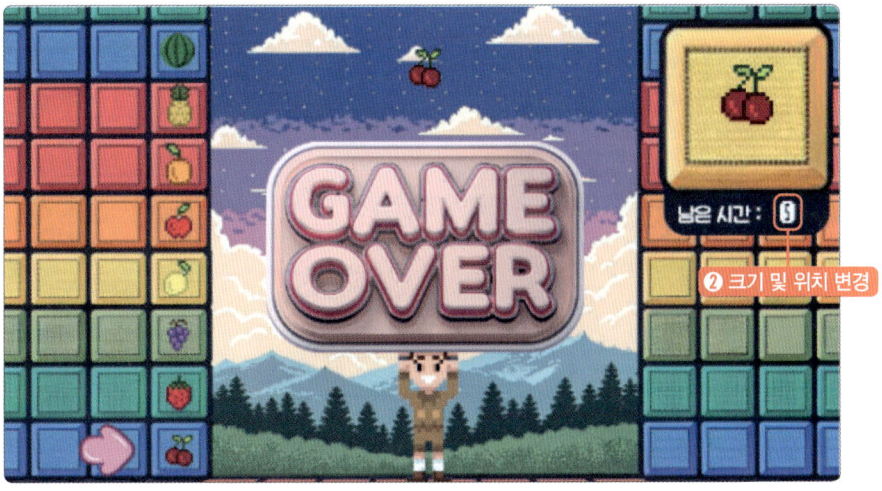

2 배경음악과 효과음 추가하기

❶ '배경' 오브젝트를 선택하고 [소리] 탭-[소리 추가하기]-[파일 올리기]를 클릭하여 '배경음악' 파일을 불러온 후 게임이 시작되면 '배경음악'이 재생되도록 코딩합니다.

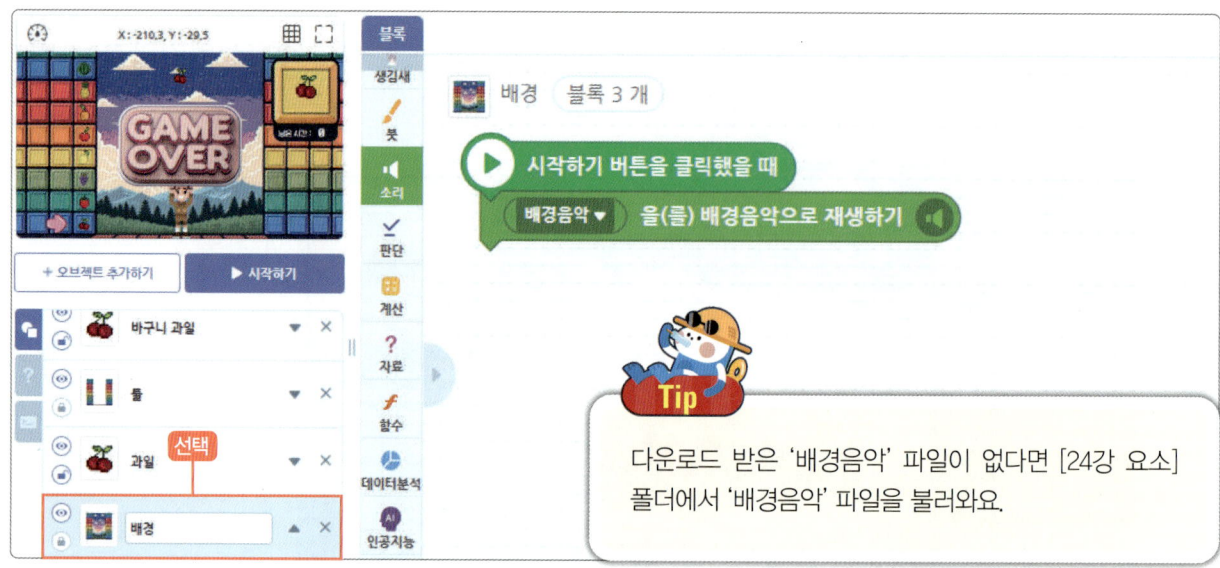

Tip 다운로드 받은 '배경음악' 파일이 없다면 [24강 요소] 폴더에서 '배경음악' 파일을 불러와요.

❷ '플레이 버튼' 오브젝트를 선택하고 ❶과 같은 방법으로 '성공 효과음', '실패 효과음' 파일을 불러온 후 '화면 띄우기' 함수가 호출되면 배경음악을 멈추고 해당 효과음이 재생되도록 코드를 수정합니다.

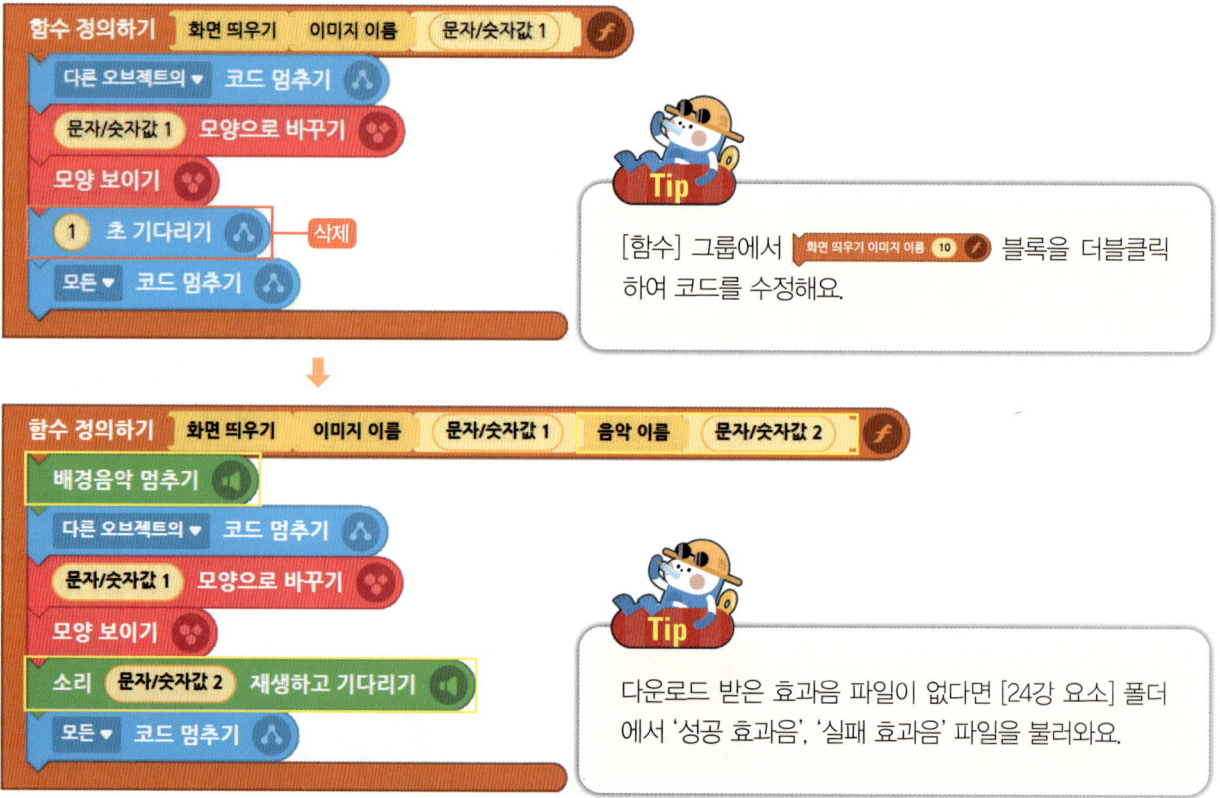

Tip [함수] 그룹에서 `화면 띄우기 이미지 이름 10` 블록을 더블클릭하여 코드를 수정해요.

Tip 다운로드 받은 효과음 파일이 없다면 [24강 요소] 폴더에서 '성공 효과음', '실패 효과음' 파일을 불러와요.

❸ '게임 성공' 신호를 받으면 '게임 성공' 장면과 '성공 효과음'을 기록하여 '화면 띄우기' 함수를 호출하도록 코드를 수정합니다.

❹ '게임 실패' 신호를 받으면 '게임 실패' 장면과 '실패 효과음'을 기록하여 '화면 띄우기' 함수를 호출하도록 코드를 수정합니다.

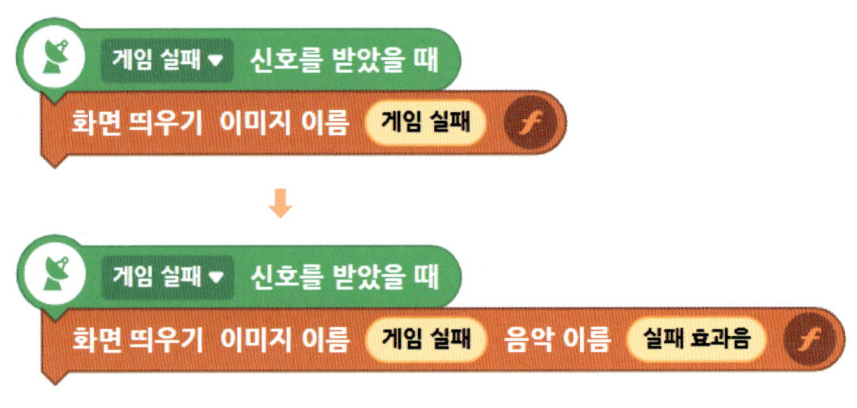

- '게임 성공' 신호를 받으면 배경음악과 다른 오브젝트의 코드가 멈추고 '게임 성공' 모양이 나타난 후 '성공 효과음'이 재생되고 게임이 종료돼요.
- '게임 실패' 신호를 받으면 배경음악과 다른 오브젝트의 코드가 멈추고 '게임 실패' 모양이 나타난 후 '실패 효과음'이 재생되고 게임이 종료돼요.

3 다음 과일 출력 설정하기

❶ '다음 과일' 오브젝트를 선택하고 조립된 코드를 전부 삭제한 후 '게임 시작' 신호를 받았을 때 '순서' 변숫값이 '과일 순서' 리스트의 항목 수보다 작으면 '과일 순서' 리스트의 '순서' 변숫값+1번째 항목의 모양으로 변경되도록 코딩합니다.

Tip 다음으로 받아야 할 과일의 모양이 출력되도록 하기 위해 '순서' 변숫값에서 '1'을 더한 항목의 값을 '다음 과일'의 모양으로 지정해요.

❷ '화살표' 오브젝트를 선택하고 '화살표'의 y좌표가 계속해서 '화살표 위치' 변숫값 좌표 위치로 이동하도록 코딩합니다.

'농부'가 '과일'을 받을 때마다 '화살표 위치' 변숫값이 변경되도록 코딩할 거예요. '화살표 위치' 변숫값이 변경될 때마다 실시간으로 '화살표' 오브젝트의 위치가 변경되도록 해요.

❸ 게임이 시작되면 '화살표 위치' 변수의 초기 값을 지정하고 '화살표'가 좌우로 흔들리는 모습을 표현하도록 코딩합니다.

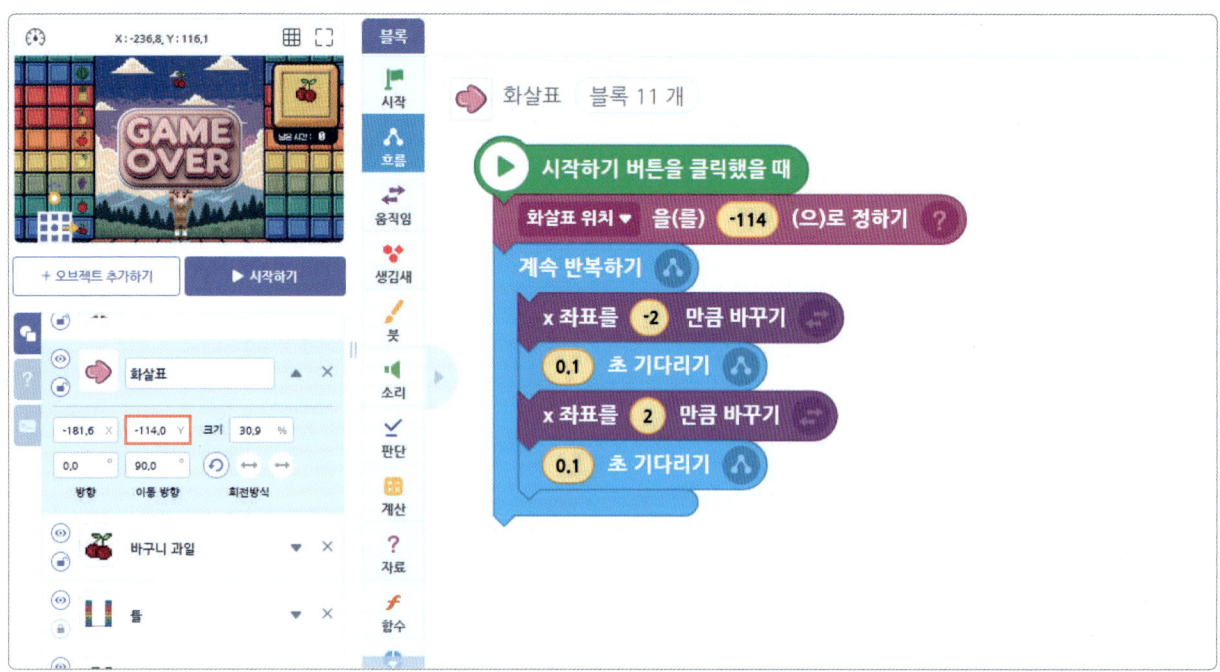

'화살표'가 처음에는 '앵두'를 가리키도록 '화살표 위치' 변수의 초기 값을 지정해요.

❹ '과일' 오브젝트를 선택하고 [소리] 탭-[소리 추가하기]를 클릭하여 '기합', '또이' 소리를 추가합니다.

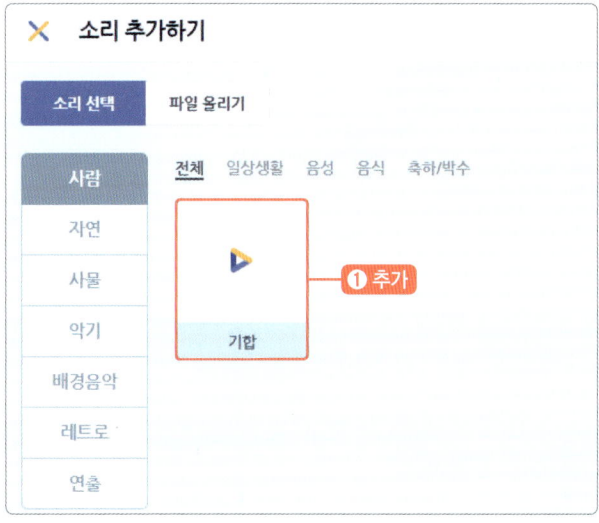
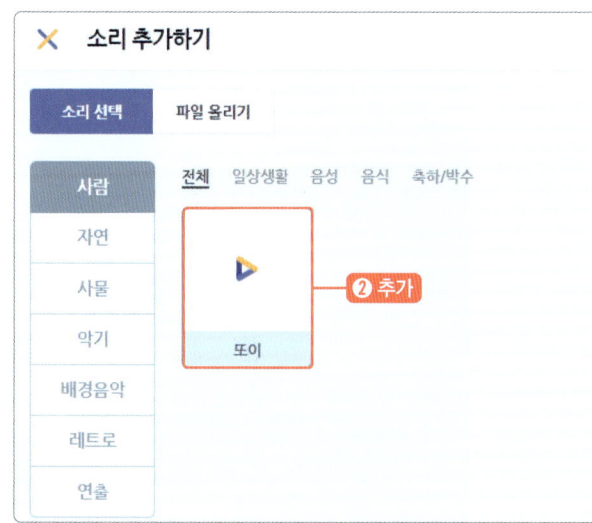

❺ 복제된 '과일'이 '틀'에 닿으면 '기합' 효과음이 재생되도록 코드를 추가합니다.

❻ 복제된 '과일'이 '바구니 과일'에 닿았을 때 '과일 순서' 리스트의 '순서' 변숫값+1번째 항목이 복제된 '과일'의 모양 이름과 같으면 '또이' 효과음이 재생되도록 코드를 추가합니다.

⑦ 복제된 '과일'이 '바구니 과일'에 닿았을 때 '과일 순서' 리스트의 '순서' 변숫값+1번째 항목이 복제된 '과일'의 모양 이름과 같으면 '남은 시간' 변숫값을 초기화하고 '화살표 위치' 변숫값을 '32'만큼 증가하도록 코드를 추가합니다.

⑧ 완성된 코드를 확인합니다.

4 남은 시간 출력하기

❶ '남은 시간' 오브젝트를 선택하고 게임이 시작되면 '남은 시간' 변수의 초기 값을 '30'으로 지정하도록 코딩합니다.

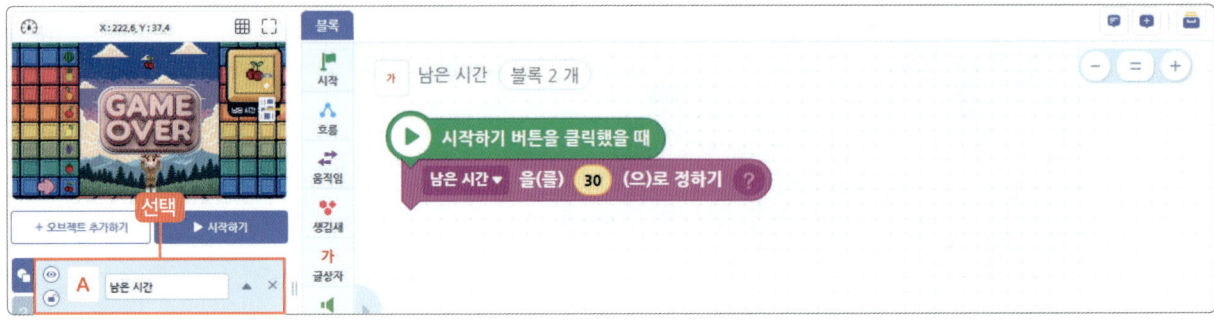

❷ '게임 시작' 신호를 받으면 '1'초 간격으로 '남은 시간' 변숫값이 '1'씩 감소하고 화면에 '남은 시간' 변숫값이 출력되도록 코딩합니다.

❸ '남은 시간' 변숫값이 '0'이 되면 '게임 실패' 신호를 보내도록 코딩합니다.

❹ 게임이 완성되면 게임을 실행하여 업그레이드된 게임을 체험해 봅니다.

초등 전과목
디지털학습 플랫폼

디지털 초ㅋ

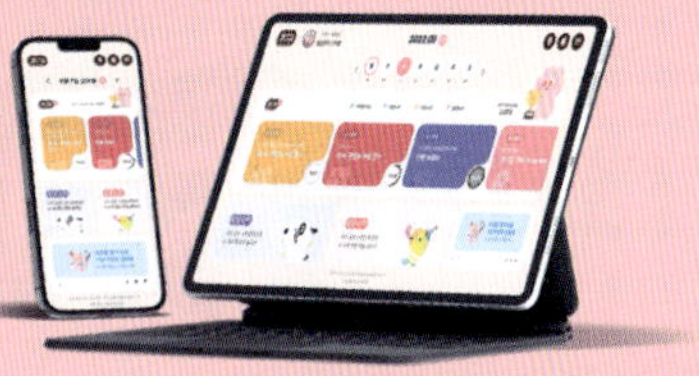

첫 달 100원
무제한 스터디밍

지금 신규 가입하면
첫 달 ~~9,500원~~ → 100원!

초ㅋPOP	달달독해	달달수학	초ㅋTOON
초등 전과목 교과 학습	AI 문해력 강화 솔루션	AI 수학 실력 향상 프로그램	웹툰으로 만나는 학습 만화

초중고 교과서 발행 부수 1위 기업 **MiraeN**

초등 전과목
디지털학습 플랫폼

디지털 초ㅋ

첫 달 100원
무제한 스터디밍

지금 신규 가입하면
첫 달 ~~9,500원~~ → 100원!

초등 전과목
교과 학습

AI 문해력
강화 솔루션

AI 수학 실력
향상 프로그램

웹툰으로 만나는
학습 만화

초중고 교과서 발행 부수 1위 기업 MiraeN